L'APPEL DU CHAMPION

Collection • SPORT •

ERIC BLONDEL JEAN RENE MARIANI

L'APPEL DU CHAMPION

DIE
Diffusion
Internatinal
Edition

Illustration, Graphisme, Maquette : Philippe IVANOVSKI
correction et relecture : Aurore BRIARD

DIE ©
Diffusion
Internatinal
Edition

91, avenue de Clichy
75017 PARIS
- 2009 -

ISSN : en cours
ISBN : 2-914295-25-1

à ma mère

E.B.

à Monica

J.R.M.

Préface

-Lorsqu'on est mené au score, à la mi temps, il se passe de drôles de choses dans les vestiaires.
C'était au PSG...
Un jour, pour électrocuter mes joueurs, je me tourne vers Eric et je leur dis :
-Vous vous rendez compte de ce que vous êtes en train de faire…
Regardez Eric, il est trois fois champion du monde et je vous assure que la boxe, c'est plus dur que le football…
Alors par respect pour lui, bougez vous les gars, il faut qu'on gagne ce match…
On l'a gagné.
Voilà.
Eric, c'est quelqu'un avec qui je travaille depuis 13 ans. Ensemble, on a coaché cinq clubs dans trois pays différents et tous les jours, j'ai remercié le ciel de m'avoir envoyé ce garçon dont la fidélité, l'efficacité et le professionnalisme ne m'avaient pas échappé, lorsqu'en 2001, je lui ai donné sa chance.
Depuis, il est devenu mon assistant et mon homme de confiance…

Aussi, lorsqu'il m'a demandé de faire la préface de son livre, j'ai tout de suite compris qu'il ne s'agissait pas d'une blague.
Lui qui est passé du cyclisme à la boxe professionnelle, de la protection rapprochée de personnalités à celle de l'un des plus grands clubs de football professionnels, et qui, de là, a réussi à intégrer le staff technique, voilà qu'il se lance dans la littérature.
Connaissant l'homme et ses qualités, j'ai immédiatement accepté de le soutenir et de l'encourager.
-Allez Eric, vas-y, il faut les prendre ces trois points…
J'espère simplement que cette nouvelle vocation pour l'écriture ne t'empêchera pas de me rejoindre pour me seconder dans nos futures aventures footballistiques.

Luis Fernandez.

Présentation

Depuis quelques jours, c'est l'effervescence dans la petite loge de gardien qu'occupent Michèle et Yves, 3 place du Général Stéphanik à Paris.
Ils fêtent un heureux évènement.
L'arrivée à la maison, d'Eric, leur fils, né le 30 juin 1964, à la Villa Nöel, la maternité de Boulogne-Billancourt.
Il est le deuxième enfant de ce couple heureux.
Lui, il est magasinier à *La malle pour tous*, le fameux magasin de pièces détachées pour automobile de l'avenue de la Grande Armée.
Elle est la gardienne de cet immeuble cossu du 16ième arrondissement.
Une aubaine pour ces jeunes parents qui font ainsi l'économie d'un loyer.
La loge est petite, certes, mais au moins, ils pourront consacrer l'essentiel de leurs revenus à l'éducation de leurs enfants, Myriam et maintenant Eric.
-Il sera boxeur comme papa.
-Ah non pas question.
-Bon alors footballeur ou coureur cycliste...
-Ecoute, pour l'instant on va tenter de lui trouver une place bien à lui dans nos trente cinq mètres carrés.
-Tu as raison Michèle.
Mais Michèle a toujours raison depuis qu'elle a rencontré Yves, au bal de la mutualité, organisé par la mairie de Paris.
C'était un 14 juillet.
Elle avait 17 ans, il en avait 19.
La douceur du soir promettait à qui l'espérait, un avenir radieux.
C'est elle qui a fait le premier pas.
C'est elle qui a transformé cette rencontre en une histoire pour la vie.
C'est elle enfin, qui voulait des enfants...
Lui, il était d'accord.
Pour tout dire, quand il l'a épousée, il a admis une fois pour toutes et presque comme une vérité définitive, que Michèle aurait toujours raison...
Donc, Eric ne sera pas boxeur.

Du reste, ça fait longtemps qu'il a arrêté.
C'est vrai qu'elle ne supportait pas de le voir revenir tuméfié de ses combats, même lorsqu'il était vainqueur.
Surtout lorsqu'il était vainqueur, « *parce que ça l'encourage à continuer dans une discipline qui ne pourra nous apporter que du malheur* », disait-elle.
Il l'a bien compris et en gage de paternité, il a fini par se ranger à ses arguments.
Elle se souvient encore du jour où il est revenu de Senlis, avec la coupe.
Il l'a posée sur la table sans rien dire, puis il a fouillé dans la boîte à outils, il a saisi un marteau, il a choisi un mur et il y a planté un clou.
Ensuite, il a ouvert son sac de sport et il a accroché ses gants usés en déclarant laconiquement :
-Tu vois, je raccroche…
J'arrête la boxe
Quel beau cadeau il lui a fait ce jour-là.
Elle n'aura plus à trembler en attendant son retour.
Un retour chaque fois douloureux qui mettait parfois des semaines à s'effacer de son corps endolori.
Oh, il ne se plaignait pas, mais elle le voyait bien se plier en deux de douleur, lorsqu'il se levait brusquement. Elle voyait sur son visage les stigmates presque tatoués de chacun de ses combats.
Le nez d'abord, puis les arcades. Et les coupures, qui, avec le temps, finiraient par lui donner une gueule cassée, comme celles de ces vieux, qu'on trouve encore dans les villages, parce qu'ils ont fait la première guerre mondiale.
Alors oui, ce clou planté a été un cadeau.
Un vrai cadeau.
Un qu'on ne peut pas acheter avec de l'argent.
D'ailleurs, chez les Blondel, il en sera toujours ainsi avec les cadeaux.
Ils n'auront jamais de prix, même lorsqu'ils coûteront très cher comme le premier vélo du petit Eric.

-En tout cas, mon fils, il ne sera pas boxeur comme papa. Non.
On va l'installer là, tiens
Il sera bien, à côté de sa sœur, non ?

Manifestement Eric n'est pas un enfant du hasard.
Désiré, conçu, attendu par ses parents autant que par sa sœur, il trouve immédiatement sa place dans cette loge rudimentaire, composée d'une pièce principale dans laquelle dorment ses parents, d'une petite chambre et d'une minuscule salle d'eau avec sa cuisine attenante.
C'est l'époque où vivre avec un salaire d'ouvrier commence à devenir difficile à Paris. Voilà pourquoi Michèle est devenue la gardienne de cet immeuble de 8 étages dont elle assure quotidiennement l'entretien.
Le logement est exigu, mais il est confortable. La petite Myriam occupe la chambre qu'elle partagera désormais avec son frère.
Évidemment, Michèle aurait préféré disposer d'un espace plus grand pour accueillir son fils, mais quand on s'aime vraiment, tout est possible.
Et puis elle se souvient que la vie était tellement compliquée, en 1958, quand elle a accepté ce travail, que ne plus avoir de loyer à payer avait été une véritable bénédiction. Une bénédiction qui est tombée sur le berceau de Myriam alors qu'elle n'avait pas un an. Si bien que ce 30 juin 1964, avec la naissance d'Eric, on va devoir se serrer un peu plus, voilà tout. Il faut dire que malgré le développement économique qui enivre alors la France, les conditions de vie des Blondel ne se sont pas améliorées depuis six ans qu'ils habitent l'immeuble.
Il n'est donc pas question de déménager.
Le petit est robuste et il fait déjà le bonheur de son papa qui déclare fièrement à qui veut l'entendre :
-4,100 kilos d'amour, mon fils, et encore c'est son poids à la naissance.
Attendez un peu qu'il grandisse, vous allez voir...

Qui aurait pu se douter à cet instant que l'enfant dont il est question allait devenir trois fois champion du monde de Kick-Boxing ?

Palmarès et parcours professionnel

Personne et surtout pas Eric.

•Sportif Amateur

1982/83/84 : Combats amateur classe C
1985/86/87 : Combats amateur classe B
1988/89/90/91 :Combats amateur classe A
1992 : Kick-boxeur professionnel WKA.

•Palmarès sportif professionnel

49 combats, 48 victoires, 1 défaite.

1992. Vainqueur du critérium d'Afrique de Kick-boxing.
1993. Champion d'Europe professionnel de Kick-boxing.
1994. Champion d'Europe professionnel de Kick-boxing.
1995. Champion du monde professionnel de Kick-boxing.
1996. Champion du monde professionnel de Kick-boxing.
1997. Champion du monde professionnel de Kick-boxing.

•Parcours professionnel

1982 Menuisier.
1983 Service militaire.
1984 Petits boulots.
1985 Agent de sécurité
1986 Agent de sécurité
1987 Agent de sécurité
1988 Agent de sécurité +protection rapprochée.
1988 Agent de sécurité +protection rapprochée.
1989 Agent de sécurité +protection rapprochée.
1990 Agent de sécurité +protection rapprochée.Régine
1991 Agent de sécurité +protection rapprochée.
1992. Protection rapprochée.
1993. Protection rapprochée.
1994/1995. Responsable de la sécurité des joueurs au PSG.
1995/1996. Responsable de la sécurité des joueurs au PSG.
1996/1997. Responsable de la sécurité des joueurs au PSG.
1997/1998. Responsable de la sécurité des joueurs au PSG.
1998/1999. Responsable de la sécurité des joueurs au PSG.
1999/2000. Responsable de la sécurité des joueurs au PSG.
2000/2001. Assistant technique au PSG.
2001/2002. Assistant technique au PSG.
2002/2003. Assistant technique au PSG.
2003/2004. Préparateur physique au Red Star
2004/2005. Préparateur physique au FC Al Ryan (Qatar)
2005/2006. Préparateur physique au Betar Jérusalem.(Israël)
2006/2007. Préparateur physique à l'AS Cannes.(France)
2008/2009 Collaborateur du Président à l'AS Saint-Etienne (France)

Préambule

Si aujourd'hui je raconte mon histoire, ce n'est pas pour faire une carrière dans la littérature, ce n'est pas pour raviver quelques paillettes d'une gloire passée, ce n'est pas non plus pour l'argent que l'hypothétique succès de ce livre pourrait me rapporter. Non. C'est pour mener un combat légitime, le plus beau de toute ma vie et sans doute, le plus formidable aussi. Celui de la reconversion des sportifs de haut niveau.

J'ai eu la chance de ne pas être confronté à cette difficile épreuve, puisque, pour ma part, j'ai toujours travaillé. J'étais un Kick-boxeur professionnel, mais je ne vivais pas de la boxe et j'ai toujours dû faire en sorte que mes emplois successifs ne soient pas incompatibles avec la pratique de mon sport.
C'est le cas de tous les sportifs de haut niveau dont les disciplines ne sont pas médiatisées.
Pourtant, les efforts, les sacrifices, les privations, les obstacles à surmonter pour se hisser sur un sommet, quel qu'il soit, sont les mêmes pour tous. Car la règle est simple. Seuls, ceux qui font retentir la Marseillaise aux quatre coins du monde sont reconnus. Malgré cette perspective peu encourageante, il y a toujours des champions qui parviennent à détrôner d'autres champions. C'est la loi du sport. C'est sa dynamique. Les hommes et les femmes qui y consacrent leur vie savent parfaitement qu'ils seront oubliés dès qu'ils descendront du podium ou que le drapeau national sera replié, puisque l'exploit sportif est par nature éphémère, imprévisible, instantané. Ce qui ne l'est pas, c'est le travail préalable qui est nécessaire à son accomplissement. Or, après l'exploit, tout s'arrête. Tout se passe comme si les qualités extraordinaires que les athlètes doivent mettre en œuvre pour réaliser leurs performances n'avaient pas de valeur dans la vie de tous les jours. On dirait presque que la gloire leur consacre un instant afin de mieux occulter les qualités fondamentales qui en font des personnes d'exception. De fait, il n'y a pas d'après. Le monde du travail persiste à croire que le champion n'est fait que de muscles et qu'à ce titre, il n'aurait pas de cerveau, pas de cerveau recyclable en tout cas. Le

constat est triste mais il est réel. Dès qu'ils mettent un terme à leur carrière, les sportifs ne valent plus un clou. Ils sont bons pour la casse.

Je ne suis pas en train de faire un mauvais rêve. J'ai vu des choses. Je vois encore des choses. J'ai conscience qu'un livre est une arme bien dérisoire face à l'abandon de ceux qui nous ont fait rêver. Mais s'il pouvait simplement servir à réveiller les consciences, alors, j'aurai gagné mon dernier combat.

Celui que j'ai découvert à travers ma propre expérience et qui consiste à faire en sorte que les sportifs ne soient pas abandonnés, par les pouvoirs publics, par les annonceurs ou par les entreprises, une fois qu'ils mettent un terme à leur carrière.

Je sais à l'avance que ce combat est inégal.

Mais lutter contre un adversaire qui nous dépasse, c'est le quotidien de tous les sportifs, non ?

Introduction

J'ai découvert le Kick-boxing dans les années 80 grâce à mon ami Christian Chieze, plus connu sous le nom de Cruchot, puisque c'est comme ça qu'on l'appelait. Christian pratiquait la boxe thaïlandaise et comme il voyait que j'étais en train de partir en vrille, il m'a proposé de le suivre à la salle. J'avais 16 ans et demi. Je venais de perdre mon père et j'étais totalement perdu. Je faisais du vélo à l'époque mais j'avais arrêté parce que mon père dont j'étais très proche, partageait cette passion avec moi. Il était mon guide, mon ami, mon sponsor. Sans lui, cette passion n'avait plus de raison d'être. C'est lui qui m'emmenait tous les dimanches dans les patelins où avaient lieu les courses et quand il est parti, je n'ai plus du tout eu envie de courir. On avait une telle complicité, on avait vécu tellement de choses ensemble, on avait tellement de souvenirs en commun que son absence m'était insupportable. Je ne concevais pas de faire de la selle sans lui. Il fallait que j'arrête. C'est simple, si j'avais continué le vélo, j'aurais eu l'impression de le trahir. Je savais qu'il avait fait de la boxe amateur. On en avait parlé, je lui avais dit à plusieurs reprises que je voulais essayer, mais il avait toujours esquivé la question. Chaque fois que cette conversation revenait sur le tapis, il disait :
« Écoute, tu vas prendre des coups, c'est dangereux ».
Bref, il ne m'interdisait pas d'y penser mais je sentais qu'il n'était pas très chaud. Et puis je faisais déjà du vélo donc la question ne se posait pas. Je n'étais pas bon mais je ne me décourageais pas. Je voulais faire au moins un résultat. Alors on s'acharnait, moi sur le vélo, lui sur le bord de la piste. On formait chaque fois la plus belle équipe de la course. Et même si on ne gagnait pas, on rêvait ensemble de la même chose :
-Remporter le tour de France auquel on ne participerait jamais. C'était extraordinaire.
Le soir, après chaque course, on mettait le vélo sur la voiture et on rentrait à la maison. Là, pendant des heures, on refaisait l'épreuve que j'avais perdue. On essayait de savoir ce qui clochait, on mettait des stratégies au point pour la course suivante. On changeait le dérailleur, on mettait des pignons tout neufs, plus souples, moins lourds

Ça ne changeait pas grand-chose au résultat, mais chaque fois, on espérait faire mieux la prochaine fois. C'était ça notre force. Notre relation en matière de sport était tellement fusionnelle qu'elle nourrissait toute notre vie.

Et puis un jour, mon père est mort. Je n'ai pas compris ce qu'il se passait, mais à la seconde même, j'ai arrêté le vélo. Mon existence s'est figée d'un coup. J'étais comme paralysé.
Je ne faisais plus rien, plus de sport, plus de sorties, plus rien du tout. Je ne pensais qu'à lui. J'étais à la dérive. Alors, pour me changer les idées, pour que je ne reste pas trop sur le côté, Christian qui se rendait compte que je n'allais pas bien du tout, m'a gentiment pris sous son aile. Il m'a dit :
« Eric, tu ne peux pas rester comme ça, tu devrais venir avec moi, ne serait-ce que pour voir comment ça se passe, là-haut, au Panthéon, chez Jacques Mairesse ».
Je n'avais pas la tête à ça mais je savais que, s'il me surveillait du coin de l'œil, c'était uniquement par bienveillance. Alors finalement, pour qu'il arrête de s'inquiéter, je l'ai accompagné à son entraînement, rue Malebranche. Ça a été une véritable révélation. Là, j'ai vu des mecs qui étaient en train de taper dans des sacs, en train de faire du shadow, en train de s'entraîner. Ça m'a littéralement scotché. J'ai senti l'ambiance de la salle, l'odeur du vestiaire, ça m'a plu immédiatement.
Je me suis dit :
« Voilà, c'est ça, c'est exactement ce qu'il faut que je fasse ».
C'est comme ça que j'ai commencé la boxe Thaï. Avec toute l'énergie négative que j'avais accumulée, il fallait au moins ça pour me calmer. Au début, je m'entraînais tous les jours.
Etant donné que je venais de me faire virer de mon boulot, j'avais tout mon temps, ce qui est très mauvais quand tu es jeune, donc, en plus, ça m'évitait de faire des conneries. Parce que vu mon état de révolte, ça n'aurait pas loupé. C'était vraiment tout nouveau comme sport, il n'y avait pas beaucoup de salles où l'on pouvait pratiquer. Il y avait quoi ? Sept huit clubs dans toute la France ? À Paris, il y avait celui

où je m'entraînais. Il y avait la Laos boxing à la porte de Versailles. Il y avait la salle de Couderc à Nanterre. Il y avait la salle de Roger Paschy, celle de Richard Dieux qui se trouvait du côté de la rue Saint-Denis et je crois que c'est tout.
Ça ne fait pas beaucoup de salles. Lorsque les frères Paschy et Jacques Mairesse ont commencé à introduire le Kick-boxing et la boxe thaï en France, c'était complètement moderne comme discipline. Avant il n'y avait que la boxe classique, c'est-à-dire, la boxe anglaise. Évidemment, j'avais vu des salles de boxe auparavant, mais là, ça n'avait rien à voir. Il y avait les Paos, les shorts, les sacs de frappe, la technique, l'esprit, c'était tout un ensemble de petites choses qui faisaient la différence. Lorsque tu as 16 ou 17 ans, tu aimes bien être sur la vague montante. Moi, j'ai suivi cette mode de boxe thaïlandaise et de Kick-boxing qui émergeait dans les années 80. Le fait est que j'aurais très bien pu m'orienter vers la boxe anglaise, mais non, ça n'a pas été le cas. Mon ami Cruchot pratiquait déjà à haut niveau et il était plus facile d'aller m'entraîner avec lui plutôt que de débarquer dans une salle où je ne connaissais personne. Et puis pendant ce temps, au moins, je n'étais pas tout seul. On allait et on revenait de la salle ensemble, tous les jours. C'est comme ça qu'il a réussi à me sortir de ma détresse. Grâce à son amitié et à la boxe thaïlandaise. C'est vrai que j'ai eu une évolution assez rapide parce que je m'entraînais tellement que j'ai presque tout de suite fait des résultats. Au bout d'un an, je me suis retrouvé à faire des combats amateurs que je gagnais.
Je ne sais pas si j'étais doué mais ce qui est certain c'est que j'avais une morphologie qui était totalement inadaptée à la pratique de ce sport. Je venais du vélo et j'étais assez frêle, tout en ayant ma taille actuelle. Or pour faire de la boxe Thaï, il faut tout de même être relativement costaud. Mentalement j'étais prêt mais physiquement je ne l'étais pas du tout. Je pesais 69 kilos, tout mouillé, ce qui n'est pas assez pour encaisser les coups. Je me souviens que peu de temps après mon arrivée, Jacques, le patron de salle, m'a dit:
« Tu as quelque chose mais si tu veux continuer, il va falloir que tu changes de corps. Il faut que tu fasses de la musculation, il faut que tu

t'étoffes physiquement, il faut que tu prennes du poids sinon ce n'est pas la peine ».
Déjà, quand j'ai pris ma licence et que les mecs ont vu que j'habitais dans le 16ième, ils m'ont prédit un bel avenir dans ce sport de *racaille*. Chaque fois c'était la même histoire. Tous les combats se déroulaient en banlieue et au début je tombais sur des mecs, qui, vu ma corpulence de freluquet, ne se méfiaient pas de moi. Et systématiquement, dans les vestiaires, dès que j'avais le dos tourné, j'entendais :
« Moi, ce soir, je me tape un petit canapé au champagne, les gars ».
Ils parlaient de moi. Ça, c'était avant de monter sur le ring, évidemment, parce qu'en général, après, ils ne pouvaient plus parler. Ah oui, sur le ring, j'étais un vrai sauvage. Mais je me suis vite rendu compte que dans ce sport, le mental ne suffisait pas. Jacques avait vu juste. Pour progresser, pour rencontrer les bons, il fallait que je m'étoffe.

Chapitre 1

L'apprentissage

Entre 17 et 18 ans, je perds mon père, j'arrête le vélo, je découvre la boxe, je fais l'armée et je rentre dans la sécurité.

1- Une enfance heureuse

Un enfant du 16

J'étais un enfant du 16ième mais comme maman était gardienne porte de Saint-Cloud, pour ce qui concerne le sport, j'ai toujours été licencié à L'ACBB, dans la municipalité voisine. Il faut savoir qu'à Boulogne, non seulement les infrastructures sportives étaient magnifiques, mais en plus, elles étaient moins chères. Pour mes parents, ce n'était pas qu'un détail et par la suite je me suis rendu compte que la vie était parfois dure pour eux, même s'il y avait beaucoup d'amour à la maison. Parce qu'on a eu cette richesse, ma sœur et moi. On a toujours été très aimé. Il faut dire aussi que je n'avais qu'une rue à traverser pour aller au sport. Et puis à force, je connaissais bien le club puisque c'est là-bas que tout petit, j'ai commencé à jouer au football. J'avais sept ans. J'allais au stade Le Gallo. J'ai joué jusqu'à douze ans et après, j'ai choisi le vélo, mais je suis resté à l'ACBB. ACBB ça veut dire Athlétique Club de Boulogne-Billancourt.

Mon premier sport, ça a été le foot

J'allais souvent au Parc des Princes, avec mon père. C'était magique. Parce qu'il m'expliquait tout sur la manière dont se déroulait le jeu. Il était fou de foot papa. Et comme il savait que ça me plaisait, il m'emmenait voir les matchs. On était de vrais fans du PSG. On n'allait pas à tous les matchs et on n'avait pas non plus accès à la tribune présidentielle mais on se mettait en face, dans la tribune populaire. Pour nous, les grandes stars, c'était Mustapha Dalheb, c'était Pilorget, c'était Justier, c'était Jacky Novi, c'était Pantélic, le gardien, c'était Locoli, Laposte, c'était ça le foot. J'ai bien connu tous ces gens-là.

Jeune supporter du PSG

Mon grand secret, celui qui a alimenté cette passion, c'est qu'à 10 ans, j'ai assisté à une discussion avec tout le staff. Le Paris Saint Germain venait de monter en D1 et à l'époque, le président Daniel Hechter avait organisé une réunion dans les bureaux de l'avenue Franklin Roosevelt, pour essayer de créer un club de supporters. C'était mon prof d'école, Monsieur Mayer, qui nous y avait emmenés. Il était fan de football et un jour, il nous avait dit :

« Mercredi, l'école organise une sortie. Ceux qui s'intéressent au foot pourront voir comment se passe une réunion entre les dirigeants mais, rassurez-vous, il y aura aussi les joueurs du PSG ».

Il voyait bien ceux qui accrochaient ou pas. Il avait opéré sa sélection en fonction de l'intérêt des enfants pour le foot. Quand tu es prof et que tu proposes une sortie, tu vois tout de suite ceux que ça intéresse ou pas. Il y a ceux qui se bagarrent dans la cour, ceux que ça n'intéresse pas, ceux qui jouent au foot et qui mordent à l'hameçon, bref, au bout du compte, on était une dizaine. On s'est rendu dans les bureaux du PSG pour voir comment ça se passait.

En fait, le président Hechter discutait avec des gens qui voulaient relancer le club. Ils voulaient développer des choses et notamment un club de supporters.

Moi, je ne voyais que les joueurs. Ceux que j'allais applaudir au Parc avec papa. Tout à coup, ils étaient là, devant moi. J'étais en admiration devant eux. C'est comme ça que je me suis retrouvé en photo dans le journal avec Juste Fontaine, l'entraîneur de l'époque, Jacky Novi, Justier, Pilorget. J'ai toujours aimé le sport en général mais je crois que ma passion pour le Paris Saint Germain est née grâce à cette réunion.

La passion du sport et du PSG

C'est extraordinaire de voir à quel point le sport peut façonner un destin. Parce que ce sont des gens que j'ai retrouvés 20 ans plus tard, lorsque j'ai moi-même été engagé au PSG. C'est simple, ce jour-là, je me suis demandé ce qui se passait. Je me pinçais pour être sûr que tout était vrai. Je me répétais sans arrêt :

« Mais c'est quoi, ce rêve qui se réalise ? »

C'était un truc de fou. Je savais que personne ne pouvait imaginer le millième de la passion que j'avais toujours nourrie pour ce club. Même pas les gens avec lesquels j'allais travailler. Alors quand j'ai réalisé que je n'étais pas en train de rêver, je me suis dit :

« Tu es un privilégié mon pote, est-ce que tu te rends compte à quel point tu es un privilégié ? »

Par la suite, je me suis souvent répété cette phrase. Très souvent

Les débuts à l'ACBB

Mon premier souvenir de sportif, c'est que lorsqu'on s'inscrivait à l'ACBB, avant de pouvoir faire quoi que ce soit, il y avait la visite médicale collective. Elle avait lieu tous les premiers mercredis de septembre, dans un centre médical situé derrière l'église de Boulogne. Ce jour-là, on n'avait pas le droit de jouer puisqu'il fallait passer la visite. Et tous les ans, c'était la même chose. C'était pénible, on perdait la journée, et surtout, on ne s'amusait pas. C'est vrai qu'on est impatient lorsqu'on est enfant, alors on ne comprend pas ces choses-là. Après la visite, on revenait au stade le Gallo en bus. De là, on allait dans un grand local où quelqu'un prenait nos pointures et ensuite on nous prêtait l'équipement pour la saison. Le short, le maillot, les chaussettes et les chaussures. Parce que lorsqu'on était

inscrit à l'ACBB, on n'achetait même pas les chaussures. C'était le club qui nous les fournissait. Il nous prêtait tout l'équipement et à la fin de la saison, on le rendait. Je me souviens que c'était Kader, l'entraîneur des jeunes, qui nous faisait choisir nos chaussures. Le club devait avoir des accords avec les grandes marques de l'époque, ce qui lui permettait de nous équiper gratuitement. On savait que le jour de l'inscription, il nous fournirait un nouvel équipement pour la saison à venir. J'imagine que c'était un véritable soulagement pour les parents modestes, parce qu'on sait bien que d'une année sur l'autre, les enfants grandissent et qu'ils ont systématiquement besoin de changer de fringues. La plupart du temps, les équipements avaient déjà servi à d'autres gosses mais il n'empêche que le matériel était fourni.
C'était vraiment une époque où le sport éducatif était pratiqué dans le bon esprit associatif.
C'était extraordinaire. C'était une très bonne école de sport l'ACBB. Quand tu étais gamin, il n'y avait pas de sélection pour y rentrer. Non. Ils prenaient tout le monde. Ils ne laissaient pas ceux qui voulaient faire du sport à la porte. Ils arrivaient toujours à les caser quelque part.
Et puis le sport était pratiquement gratuit, parce que même s'il y avait une cotisation pour la licence, c'était vraiment minime comme participation pour faire du sport toute l'année. Elle devait coûter l'équivalent de 20 euros d'aujourd'hui. Quand tu n'avais pas d'argent, c'était cher, mais au moins tu savais qu'il n'y avait que ça à payer. Ce n'est plus le cas aujourd'hui. Tu vas dans n'importe quel club, il faut que tu payes pour les fringues, que tu payes pour les chaussures, que tu payes pour tout. À l'époque, ça ne se passait pas comme ça. Il y avait beaucoup d'aides pour les gens qui n'avaient pas les moyens d'inscrire leurs enfants. Il y avait des arrangements de paiement, c'était une autre époque, le sport était essentiellement éducatif. Et puis il n'y avait pas encore l'engouement que l'on a désormais pour le football. Non. Ça n'avait rien à voir. Moi, j'ai vu des matchs au Parc des Princes avec deux mille personnes. Deux mille personnes c'est pas beaucoup quand on y pense. J'ai vu des matchs où la tribune centrale et les deux

virages étaient fermés. Il n'y avait que le bandeau présidentiel qui était ouvert.

Meilleur buteur

J'ai toujours aimé le foot mais j'ai commencé à devenir bon quand j'étais poussin. Je jouais avant-centre. J'ai fait cinq saisons dans le club. Chaque année, je progressais et un jour, Monsieur Milo, qui était le responsable des joueurs a dit à mes parents :

« Eric est doué pour le football. Il va falloir qu'il y ait un suivi, il est très bon, il est fait pour le football ».

Je savais que techniquement, on était deux ou trois à être un peu meilleurs que les autres. Je dis ça parce lorsque tu es jeune, tu n'as pas de physique, c'est donc techniquement que la différence se fait. Mais je me souviens que la dernière année, j'ai fait des étincelles dans le championnat. Attention, le championnat, ce n'était que celui des Haut-de-Seine. Il y avait Rueil-Malmaison, Suresnes, Meudon, Saint-Cloud, tout le monde quoi. J'avais 12 ans et j'ai fini meilleur buteur du championnat des benjamins.

Un jour, je découvre le vélo

Et puis un jour, presque par hasard, j'ai découvert le vélo. On allait souvent chez mes grands-parents paternels qui avaient une maison en Eure-et-Loir. Mon grand-père que j'appelais pépé, maintenant on n'appelle plus ses grands-parents pépé ou mémé mais à l'époque, ça se faisait, donc pépé, mon grand-père était un sportif de haut niveau qui avait été champion de France de marche à pied. Il avait travaillé toute sa vie chez Renault et le jour où il est parti à la retraite, il a acheté sa petite maison à La Loupe. Depuis, il vivait là-bas, avec ma grand-mère. Un week-end sur deux, on allait leur rendre visite, parce qu'à leur âge, ils ne se déplaçaient plus. Je me souviens qu'une fois, au moment d'arriver à la Loupe, on tombe sur un barrage de gendarmes. Mon père leur demande ce qu'il se passe et ils répondent :

« Il y a une course cycliste, la route est fermée pendant encore un quart d'heure».

On est resté dans la voiture à attendre.Tout d'un coup, j'ai vu passer le peloton, là, juste devant moi. J'ai été ébloui, ça m'a fait comme un éclair, je suis immédiatement tombé sous le charme. C'était pourtant un sport que je connaissais, puisque tous les ans, je suivais le tour de France avec papa, à la télé, mais là, c'était autre chose. De voir passer les coureurs en vrai, ça a tout changé. En une seconde, je suis devenu coureur cycliste. J'ai arrêté le foot et je suis passé au vélo. Lorsqu'on est jeune et qu'on fait du sport, on a du mal à trouver sa voie. On essaye un peu tout, c'est normal. Tout petit, à l'école, je faisais du judo avec Monsieur Carré, mais ça ne m'a pas plu, alors j'ai arrêté. Mais cette fois, c'était différent. Comme en plus la saison venait de se terminer, je pouvais changer de sport. Dans son rétroviseur, mon père qui avait vu ma réaction m'a dit :
« Ah tu veux faire du vélo, je te préviens que c'est dur, attention. On va en discuter et si à la fin des vacances, tu n'as pas changé d'avis, l'année prochaine, je t'inscris au vélo ».

Licence de vélo
Et voilà. À la rentrée suivante, il m'a inscrit au vélo. J'en ai fait cinq ans. Ce n'était plus du tout la même limonade. Je venais de quitter un sport où j'étais brillant pour me lancer dans un autre où j'avais tout à apprendre. Au début, c'était terrible. J'ai souffert comme personne ne peut l'imaginer. Déjà, il y avait les sorties d'hiver. Il fallait faire entre 300 à 400 bornes par semaine pour préparer la saison. On appelle ça faire de la selle. Comme il n'y a pas de compétitions, l'hiver est consacré à la préparation. Je passais des heures et des heures à m'entraîner dans la vallée de Chevreuse. Tous les week-ends, je me tapais les 17 tournants, la montée de Dampierre et je finissais par la côte de l'Homme Mort
Je faisais plusieurs fois le même circuit en boucle. La première fois, je me suis demandé pourquoi elle avait cette appellation, la côte de l'Homme Mort, mais après y avoir presque chaque fois rendu l'âme, j'ai réalisé à quel point elle méritait bien ce nom, la côte en question. Et j'ai aussi compris que c'était un sport très difficile.

Un sport très coûteux

Sans compter qu'au niveau financier, ce n'était pas comme le foot. Parce qu'ils ne te fournissaient pas de vélo à l'ACBB. Or, mes parents n'avaient pas les moyens de m'en offrir un. À vrai dire je ne sais pas comment ils ont fait, mais ils m'en ont offert un. Ils se sont probablement sacrifiés sur autre chose pour me l'acheter, parce que ça coûte extrêmement cher un vélo. Et puis il n'y a pas que le vélo qui coûte cher. Dès que tu roules un peu, ce sont les boyaux qu'il faut changer régulièrement, ce sont tous les équipements qui vont avec, il y a des tenues d'hiver, des tenues d'été, des gants, en fait, dans ce sport, il y a toujours quelque chose à acheter. Financièrement, c'est sans fin. En plus, papa voulait absolument que je courre sur un vélo italien, donc il m'avait acheté un vélo monté de toutes pièces en Shimano et en Campagnolo. Or, il faut savoir qu'à l'époque, le matériel Shimano et Campagnolo, c'était ce qu'il y avait de plus cher. Malgré tout, il avait réussi à m'offrir ce vélo. C'est vrai que dès qu'il s'agissait de sport, mon père était capable de faire tous les sacrifices. C'est incroyable quand j'y pense.

La différence sociale

Je crois franchement que ce qui comptait le plus dans sa vie c'était ses enfants. Il voulait s'en occuper. Déjà, quand on était petit, il tenait absolument à ce que ma mère passe du temps avec nous, ne serait-ce que pour nous emmener à l'école, pour venir nous chercher, pour faire les devoirs. La famille avait une grande importance pour lui et il voulait qu'à la maison, on se sente chez nous. Ce qui était le cas. Quoique, lorsque tu vis dans une loge de gardien, tu n'es jamais complètement chez toi, parce que les gens viennent sans arrêt taper à la porte, pour une fuite d'eau, pour du courrier, pour tout et rien à la fois, bref, il y a toujours un truc. Mais même si on était souvent dérangé, pour mon père, l'essentiel c'était qu'on soit ensemble.

Il était magasinier. Autant dire que vivre dans le 16ième avec deux petits salaires, ça ne devait pas être simple pour mes parents. Surtout avec un fils qui faisait du vélo. Il faut reconnaître que lorsque tu es enfant d'ouvrier et que tu habites dans un quartier chic, c'est très compliqué. Au début je ne voyais pas la différence. J'allais à l'école du Parc des Princes et je me retrouvais avec des gamins de mon âge dont les parents occupaient des emplois importants pour la plupart. Il y avait un décalage énorme. Ne serait-ce qu'au niveau des vacances ou des tenues vestimentaires. Encore que jc ne faisais pas trop attention à ces choses-là. Mais lorsque tu as 6 ans et que tu vois un gamin avec un jouet qui te plaît, dès tu rentres chez toi, tu demandes à ta mère de t'acheter le même. Alors elle peut te l'offrir, ou elle ne peut pas, mais généralement, chez nous, l'argent servait plus à subsister qu'à acheter des jouets. Et du surplus, il n'y en avait pas. Une fois qu'on avait fait les courses, il ne restait plus rien. Quand tu es gamin, tu ne comprends pas tout, mais il y avait un décalage terrible avec le quartier, avec ce qu'on était, avec la façon dont on était élevé, et avec la manière dont vivaient les autres enfants. Par chance, avec ma sœur, on a eu des parents intelligents qui nous ont toujours tout expliqué. Ils ne nous ont pas caché la réalité. Ils ont toujours été à l'écoute. Quand ils pouvaient faire plus, ils faisaient, mais quand ils ne pouvaient pas, ils nous le disaient. Tu comprends vite ce genre de choses. Tu te mets dans le rythme. Tu sais qu'il faut faire attention à l'argent. Alors pour éviter de les blesser, tu ne leur demandes pas de t'offrir un truc qu'ils ne pourraient pas t'acheter. Tu t'habitues, tu prends conscience des réalités. Plus tard, quand tu grandis, tu sais très bien qu'ils ne peuvent pas te donner 200 ou 300 francs d'argent de poche par semaine, comme c'était le cas pour certains enfants. Là, il y a une différence matérielle énorme. Et plus ça va, plus elle te paraît terrible cette différence. Mais comme on était heureux, ma sœur et moi, on s'en foutait. Nos parents s'aimaient, ils nous aimaient, tout le monde s'entendait bien et finalement c'était ça le principal. Evidemment, comme dans tous les couples, ils ont dû avoir des hauts et des bas, mais nous, on n'a jamais senti de discorde à la maison. On était très heureux tout en manquant un petit peu matériellement. La compensation, c'était l'éducation du cœur et l'amour qu'ils nous donnaient. Parce que dans les familles aisées il y a aussi des enfants qui sont élevés sans amour, qui se sentent abandonnés, à qui l'on ne dit jamais qu'on les aime, qu'on n'écoute pas, où tout est conditionné par l'argent. Chez nous ce n'était pas le cas. Il n'y avait pas grand-chose, mais on a toujours mangé à notre faim et il y avait beaucoup d'amour à la maison. Et ça, lorsque tu es enfant, c'est primordial.

Les espoirs de mon père

Côté sportif, je ne pense pas que mon père s'attendait à ce que je fasse des résultats extraordinaires, ni qu'il espérait que je deviendrais un jour sportif professionnel. Non, il me semble qu'à travers moi, il retrouvait ses rêves. J'ai un peu cette impression quand même. Parce que lorsque j'ai commencé à jouer au foot, il était là, il assistait à tous les matchs. Quand j'ai fait du vélo, il était là. C'est lui qui m'accompagnait. Il était toujours avec moi lorsque je faisais du sport. Pour moi, le pire, c'est qu'il ne m'a jamais vu boxer. Il ne m'a pas connu champion du monde de Kick-boxing. Non. Je crois en Dieu et j'espère que d'où il est, il m'a vu mais mon grand regret, c'est de ne pas avoir vécu cette aventure avec lui. Je pense que s'il avait pu assister à mon ascension sportive, ça aurait été le plus beau cadeau que la vie aurait pu lui faire. C'est en tout cas ce que je crois. Avec tout ce qu'il a fait pour que je devienne un bon sportif, il me semble qu'il aurait été très fier de moi. Malheureusement ça n'a pas pu être le cas.

La préparation d'hiver

À ce moment-là, je ne sais pas encore que mon père va disparaître, alors arc-bouté sur mon Campagnolo, je roule tous les hivers dans la vallée de Chevreuse et je me tape mes 400 bornes régulièrement. J'effectue ce qu'on appelle la préparation d'hiver. C'est un programme d'entraînement qui dure environ deux mois et demi et qui doit te permettre d'arriver en forme pour la saison des courses. En amateur, la saison débute généralement vers le mois d'avril et les courses ont lieu tous les dimanches. Alors évidemment il fallait être préparé. Et pour ça il fallait que je m'entraîne tout l'hiver. Donc, en semaine, je faisais Longchamp. J'allais tourner à Longchamp parce que c'était à côté de

la maison. J'étais encore minime, mais je m'incrustais chez les juniors de l'ACBB et je courais avec eux tous les soirs. On se donnait rendez-vous et on tournait ensemble sur la piste de 3,7 kilomètres, aménagée autour du champ de course que tous les cyclistes parisiens connaissent bien. Quand arrivait le week-end, je partais avec mon père dans la vallée de Chevreuse et je passais ma journée sur le vélo. Parfois, je partais directement en vélo de la porte de Saint-Cloud et hop direction la vallée de Chevreuse. Lui, il me suivait en voiture. Le soir, quand on revenait, je rangeais mon vélo dans un placard verrouillé qui se trouvait juste à côté de la loge. Mais avant, je le lavais, je l'astiquais, je le bichonnais avec un pinceau. J'avais la burette d'huile, le chiffon spécial, la peau de chamois, la cire pour la selle et tout et tout. Je passais des heures à le nettoyer. Je le récurais pour qu'il soit prêt pour l'entraînement du lendemain. C'était un bijou mon vélo. Je tournais avec un double plateau de cinq, six pignons derrière, c'était un truc de fou. D'ailleurs, le vélo, je l'ai encore. Je parle de mon dernier vélo, parce que j'avais 12 ans lorsque j'ai commencé, alors forcément, en 5 ans, j'ai grandi. Et donc j'ai dû changer plusieurs fois de vélo.
J'étais plutôt frêle au départ mais j'ai poussé de 15 centimètres d'un seul coup et la dernière saison, je mesurais 1,82 m. D'ailleurs, sur les photos, entre mes débuts en minime et le moment où je courais en junior, je ne suis plus du tout le même mec.

Le vélo m'a forgé le mental

Entre-temps, le vélo m'a forgé le mental. Parce que si j'ai grandi physiquement depuis mes débuts, c'est en faisant des courses pendant cinq ans que moralement, j'ai appris à souffrir. Au début c'est tellement dur que tu ne sais plus ou tu habites. Tu te dis :
« Ah bon, c'est ça le vélo ».
Mais je n'avais déjà pas un tempérament à me décourager. Alors je me suis accroché. Mes parents m'avaient offert un vélo et il n'était pas question que je les déçoive en renonçant avant d'avoir véritablement tout essayé. C'était la moindre des choses. Et puis moi non plus, je ne voulais pas me décevoir moi-même. Même si mon père m'avait fait

ce cadeau sans se demander si j'avais les qualités pour être un coureur cycliste, il savait parfaitement que j'étais un battant, il me connaissait bien. Et d'ailleurs, il ne s'est pas trompé, puisque je n'ai jamais lâché. Sauf quand il est parti. Mais ça, c'est autre chose. Cela dit, en vélo, j'étais mauvais. Je le dis honnêtement, j'étais très mauvais. Je n'étais pas fait pour ça. Sur le plat, ça allait à peu près, parce que j'étais puissant, mais dès que ça montait, j'étais cuit. Or il n'y a pas deux courses qui se ressemblent. Les parcours ne sont jamais identiques. Il y a des courses rapides, avec des arrivées au sprint, mais elles ne sont jamais vraiment plates, il y en a avec des passages plutôt vallonnés où tu dois changer de rythme en permanence et puis il y a celles où ça monte sans arrêt

Alors là, bonjour la galère

L'école cycliste de l'ACBB

Je me souviens qu'un jour, j'ai couru dans la vallée de Chevreuse, Je connaissais bien le parcours puisque c'est là -bas que je m'entraînais tous les hivers. Je me suis tapé les 17 tournants, les 8 virages et la côte de l'homme mort, mais en course et plusieurs fois en boucle. Je crois que j'ai dû finir dans les trois derniers. C'était un truc impossible. Et puis, en circuit, en plus, c'était mortel

Je n'étais pas fait pour ça. J'allais vite au sprint, parce que je m'entraînais plus que les autres, mais je savais au fond de moi que je n'étais pas fait pour ça. Je me souviens également d'une course que j'ai disputée à Gif-sur-Yvette. Ce jour-là, six coureurs s'étaient échappés et on ne les a jamais revus. En revanche, on devait être une centaine dans le peloton, eh bien je les ai tous sautés au sprint. J'allais vite au sprint. Mais ce n'était pas suffisant pour faire un coureur, surtout que l'ACBB était une référence en matière de cyclisme. J'ai quand même fait du vélo pendant cinq saisons dans un club qui a sorti des pros. Et pas n'importe lesquels.

Il y avait Bernard Thévenet, ce qui n'est pas rien, il y avait Phil Anderson, il y avait Millard, il y avait aussi Beucherie qui était un grand coureur. Il y avait de grands noms du cyclisme à l'ACBB. C'était vraiment une excellente école. Je me souviens que c'est Monsieur Escalon qui s'occupait de la section cyclisme. À l'époque, c'était un club qui sortait régulièrement des pros. Moi je m'entraînais en espérant qu'un jour, peut-être, il y aurait un déclic, mais je reconnais honnêtement que je n'étais pas fait pour ça.

L'acharnement

Je continuais par défi et probablement un peu pour faire plaisir à mon père. C'est simple, pour résumer ma carrière de cycliste amateur, à raison de 25 à 30 courses par an, en 5 ans, j'ai dû faire 150 courses. Eh bien, je n'en ai pas gagné une seule. Jamais. Au départ, on était toujours entre 80 et 100, mais je n'ai jamais gagné une course de ma vie. Et le pire, c'est qu'avec le temps, je n'étais pas en train de me rapprocher du haut du podium. Pas du tout. Je n'arrivais pas à comprendre pourquoi je ne parvenais pas à faire l'ombre d'un résultat. J'avais pratiqué un sport où j'étais bon et je me retrouvais dans un sport où je ne l'étais plus. La question qui me trottait sans arrêt dans la tête, c'était :

« Pourquoi, au football, je marquais but sur but et pourquoi, dans le vélo, je n'avance pas, alors que je m'entraîne dur et régulièrement. »

Le refus de l'échec

Il n'était pas question que j'arrête avant d'avoir obtenu la réponse. Je n'ai jamais eu cette tentation, parce que, pour moi, c'était un échec et je ne supporte pas l'échec. Mais c'était bel et bien un échec. Je m'en voulais de faire sans arrêt dépenser de l'argent à mes parents, qui trouvaient les fonds pour continuer de me sponsoriser, malgré le fait que je n'obtenais aucun résultat. Ben oui, ils me sponsorisaient, puisque c'est eux qui payaient tout. Ce qui n'était pas le cas lorsque je faisais du foot, parce que le club me fournissait tout l'équipement à l'année, bien qu'en comparaison, dans le foot, il n'y ait pas grand-chose à donner. Alors qu'en cyclisme, c'était tout le contraire. Mais bon, il est évident que le club ne pouvait pas fournir un vélo à tout le monde. Enfin si, mais pour ça, il aurait fallu que je fasse des résultats. Il aurait fallu que je monte en équipe première et que je devienne un espoir. Là, oui, j'aurais pu être sponsorisé par Peugeot, puisque c'est Peugeot qui fournissait l'ACBB. Mais ce n'était pas le cas. Je n'étais pas assez bon pour être dans l'équipe première. Gilles Loison était un avenir, Curval était un avenir, Franck Candelier était un avenir, mais pas moi. Moi, même en junior, j'étais un coureur de seconde zone. J'avais déjà un mental de champion, c'est-à-dire que tant que je ne réussissais pas, je ne lâchais pas, mais je n'étais pas bon.

Le mental de champion

Je crois que c'est à cette époque que je me suis forgé un vrai mental.
Je m'étais dit :
« Tant que je ne gagne pas au moins une course, je n'arrête pas ».
C'était ça le challenge. Mon père m'accompagnait tous les dimanches. Il m'amenait en voiture. On mettait le vélo sur le toit et on partait, ensemble. Si on fait le compte, ça coûte cher tous ces déplacements. Alors oui, mes parents se sont sacrifiés pour moi. C'est sûr.

Les doués du vélo.

Il y a quelque chose qui m'a beaucoup marqué à l'époque. J'avais un ami, Gilles Loison avec qui je m'entraînais régulièrement. Il n'était pas très bon pendant la préparation et je le battais régulièrement durant la semaine mais le dimanche c'était son jour et les victoires, il les additionnait. C'est simple, il gagnait tous les dimanches. C'était un diable. C'était un vrai diable, d'ailleurs je ne comprends pas pourquoi il n'est pas passé professionnel. C'est un garçon qui était doué. Il ne s'entraînait pas, il sortait le samedi soir jusqu'à pas d'heure et le dimanche matin, il se présentait au départ avec les gras de jambon dans les yeux. On voyait qu'il était raide fatigué et malgré ça, il gagnait avec cinq minutes d'avance sur tout le monde. Après, il nous disait :
« J'ai fait la bringue jusqu'à cinq heures du mat, ne dites rien à mon père. »

Le mec était doué, tout simplement. Il y a des gens comme ça, qui sont au-dessus du lot. C'était son cas. Il avait la classe. Moi, en revanche, je m'entraînais comme un fou, je dormais comme il fallait, je faisais attention à tout, mais je ne gagnais pas une course.

2-Une adolescence douloureuse

Le départ de mon père

Un matin, je vois ma mère pénétrer dans la loge, en pleurs. Depuis deux ans, mon père était malade. Il ne le cachait pas, mais il n'en parlait pas non plus et je voyais bien qu'il maigrissait à vue d'oeil. Il avait été opéré de la gorge à l'hôpital Henri Dunan, porte de Saint Cloud. Je savais ce qu'il avait mais je ne pensais pas qu'il allait partir. Quand j'ai vu ma mère en larmes, j'ai compris qu'il y avait un truc qui n'allait pas. Elle s'est approchée de moi et elle m'a dit :

« Je reviens de l'hôpital, il faut que je te dise quelque chose, il va falloir que tu sois très fort, ton père vient de mourir ».

Elle était en lambeaux.

Moi, j'avais 16 ans et demi. Je suis resté planté dans le salon, je ne savais plus quoi faire. On devait faire une course. On était sur le point de partir, c'était un dimanche, donc il y avait une compétition aujourd'hui.

Et là, elle m'a dit :

« Ne va pas courir, pas aujourd'hui ».

J'ai répondu :

« Si, si, je vais y aller pour lui ».

Mais elle m'a raisonné, elle m'a dit :

« Je ne veux pas que tu y ailles, tu n'es pas bien ».

Et elle a eu raison. De toute façon je n'aurais pas pu faire trente mètres. Suite au décès de mon père, personne ne m'a plus jamais vu sur un vélo. J'ai arrêté, malgré le serment que je m'étais fait.

Un choc énorme

Je ne m'attendais pas à la mort de mon père, tout en sachant qu'il n'allait pas bien. A 16 ans, tu n'as pas conscience des choses. Pour moi, la vie, c'était mon père, ma mère, ma sœur, mes amis. Et puis du jour au lendemain, je n'ai plus de père. Pour moi c'était inconcevable.
À la mise en bière, quand je l'ai vu dans le cercueil, là, j'en ai pris un coup. Tant que je ne voyais pas, je n'y croyais pas. Mais au moment de fermer le cercueil, j'ai vraiment morflé.
Il n'était plus question que je fasse du vélo. Papa a été enterré à Boulogne. Au début, j'allais le voir tous les jours. J'allais au cimetière tous les jours. Et puis c'est à cette période que j'ai commencé à travailler. Après mon CAP, l'école m'avait trouvé un boulot dans une fabrique d'ascenseurs. Je n'avais par trop la tête à mon travail et ça m'a très rapidement occasionné de gros problèmes.

L'école

J'ai arrêté l'école en 4ième et j'ai fait un CAP de menuisier que j'ai obtenu.
Je l'ai terminé à 16 ans. J'ai donc passé trois ans dans un CET, pour apprendre un métier et dès que j'ai eu mon diplôme, j'ai commencé à travailler en usine. À quelques mois près, mes débuts dans la vie active correspondent au décès de mon père. Mais je travaillais déjà quand il est parti. Ce qui fait que j'avais un salaire. Ça me permettait de m'autogérer et de donner un coup de main à mes parents. De toute façon, je n'ai aucun regret à ce sujet puisque je sais très bien que je n'étais pas doué pour faire des études. À l'école, je me suis toujours ennuyé. Je n'arrêtais pas de me battre, je n'écoutais rien. J'étais à Jean Baptiste Say et je me souviens qu'un jour, un professeur m'a dit:
« Prenez la porte ».
Je l'ai dégondée et je l'ai mise dans le couloir, bref, ça ne m'intéressait pas. J'étais toujours au fond de la classe, je n'aimais pas ça, pour moi l'école est un très mauvais souvenir. Après la cinquième, comme je n'avais pas le niveau pour passer en 4ième , j'ai été parachuté sur

cette voie de garage qu'on appelait CET à l'époque. C'était une sorte de formation qui était censée t'accompagner en douceur vers la vie active. En revanche, il fallait vite choisir un métier, alors j'ai fait de la menuiserie comme j'aurais fait ajusteur en fait. J'étais assez rebelle et je me suis retrouvé dans cet endroit, où il n'y avait que des mecs comme moi qui n'avaient rien foutu pendant des années et qui cherchaient tant bien que mal à trouver leur place dans la société. J'ai fait mes trois ans d'apprentissage à l'école de la rue Bourseul, dans le 15ième. La première année, quand je suis arrivé, j'ai eu un peu le vertige. Il y avait des mecs qui avaient dix-neuf ans, certains avaient redoublé, certains avaient triplé. Il faut savoir que ceux qui se retrouvent dans ce genre d'établissement, ce ne sont que des mecs dont on ne veut plus nulle part. Alors, comme ils ne peuvent pas passer en 4ième , on les dégage pour éviter qu'ils perturbent les autres et on les met là, en espérant qu'ils vont essayer de faire quelque chose. Il a bien fallu que je fasse ma place. Au bout de trois ans, j'ai eu mon CAP.

Le premier boulot

Les moins mauvais étaient placés par l'école dans des entreprises et comme j'avais eu le diplôme, je me suis retrouvé dans un atelier à faire des ascenseurs en bois. Malheureusement, je suis tombé sur un connard, qui, au lieu de m'apprendre mon métier, passait son temps à me faire balayer l'atelier. Son truc, c'était de me faire comprendre que la vie active était dure, que la menuiserie était dure et pour que je saisisse bien à quel point tout était dur, il me faisait balayer toute la journée, au lieu de m'expliquer les choses, au lieu de me faire entrer dans la vie professionnelle, parce que lorsque tu as un CAP, en réalité tu ne sais rien. Tu as les bases, d'accord, mais tant que tu n'es pas dans le monde du travail, tu ne sais rien faire. Ton métier, tu l'apprends après l'école, en travaillant vraiment. Et moi, je me suis retrouvé dans cette usine où je n'apprenais rien et où tous les soirs, pendant deux heures, j'avais droit au balai. Un jour, j'en ai eu marre. Je suis allé voir le responsable de l'atelier et je lui ai dit :

« Dites-moi, chef, je ne vais tout de même pas balayer toute ma vie, il

ne pourrait pas y avoir un roulement ? »
« Écoute-moi bien petit, tu es le dernier arrivé, c'est toi qui balaies, c'est tout ».
J'ai encaissé une fois, deux fois, trois fois.
Et puis un soir, j'ai allumé la scie, je l'ai pris par le col, je l'ai allongé sur la table et je lui ai dit :
« Espèce de gros con, si tu continues à me faire balayer comme ça, au lieu de m'apprendre le métier, toi, tu vas passer à la scie, t'as compris ? »
J'étais super énervé. Heureusement pour lui, dans l'atelier il y avait un Portugais très gentil qui avait de la bouteille. Il m'a tapé sur l'épaule et il m'a dit, très doucement:
« Eric, arrête, arrête, arrête ».
Je l'ai lâché.
Une semaine après, j'ai été viré.
Par la suite, j'ai appris qu'avant cet incident, il avait téléphoné plusieurs fois à ma mère pour lui dire :
« Votre fils est très dur, il ne s'adapte pas, on ne sait pas trop quoi faire de lui ».
Et que chaque fois ma mère lui avait répondu :
« Je sais, mais il vient de perdre son père, c'est une période difficile pour lui ».
Donc, en réalité, il cherchait à me virer depuis le début et il attendait que je lui fournisse le bon prétexte pour le faire.
Quoi qu'il en soit, à part la mesquinerie de ce mec, je n'ai rien appris dans ce boulot et j'étais content de partir.

Le trou noir

C'est quand je me suis fait virer que mon ami Cruchot a réalisé à quel point je n'allais pas bien. J'étais dans un trou noir. Je venais de perdre mon père, je n'avais plus de boulot, je tournais en rond toute la journée et le plus grave, c'est que je m'en foutais complètement. Pour lui, c'était très mauvais signe. J'étais trop libre, trop fou, trop rebelle. Il est clair que je ne pouvais pas rester dans la rue à rien foutre. Ça faisait près de trois mois que je glandais et ça ne pouvait plus durer. Il fallait absolument que je trouve une occupation. Comme il ne savait pas quoi faire, il a commencé à me mettre la pression pour que je vienne faire de la boxe Thaï avec lui. Il savait que j'avais de l'énergie à revendre et il pensait que ça pourrait au moins me canaliser un peu. Et il a eu raison parce que je me suis tout de suite senti chez moi quand je suis rentré dans ce club de sport. Je m'y suis inscrit le jour même et je n'ai plus lâché l'affaire. Ce qui fait que j'ai réellement commencé la boxe à l'âge de 17 ans.

Une progression fulgurante

Au début, je ne faisais que ça toute la journée et comme j'avais déjà une bonne base sportive, j'ai très vite progressé. J'allais faire des combats interclubs, à droite à gauche, que je gagnais systématiquement. Jacky, le patron de la salle, a tout de suite vu que j'étais doué. Il m'a dit qu'il fallait que je monte de catégorie, parce qu'avec 1m82 pour 69 k, non seulement j'étais trop léger pour encaisser les coups, mais qu'en plus, vu la terreur des rings que j'étais en train de devenir, il m'a bien fait comprendre que je ne trouverais rapidement plus de combats en dessous de 80 kilos. J'ai enregistré le message et au cours de cette première année, il a également fallu que je prenne du poids. Ce qui fait que parallèlement à mon entraînement de boxe, j'allais tous les soirs faire de la musculation dans le seul endroit que je connaissais, l'ACBB.

ACBB et musculation

Lorsque je suis arrivé, le club était animé par Monsieur Perrier et Michel Dupuis. J'ai regardé ces deux mecs qui devaient avoir une quarantaine d'années. Ils avaient des corps sculptés, ils faisaient attention à ce qu'ils mangeaient, ils buvaient de l'eau, on sentait que ça ne fumait pas, on sentait que ça ne buvait pas, ils étaient complètement dans leur truc. Et je les voyais travailler comme des sculpteurs. Je les entendais dire :

« Tiens, aujourd'hui, je vais me faire un peu plus de bras, je vais me

faire un peu les triceps, un peu les biceps, un petit peu les pecs, un peu les cuisses »
Comme s'il s'agissait de pâte à modeler. Ce qui est surprenant c'est qu'ils m'ont fait penser à des sculpteurs qui travaillent sur des corps. Sauf que c'est de leur propre corps qu'il était question. Ils se servaient de cobaye en quelque sorte. Ça aussi, ça m'a plu tout de suite. Et à partir de ce moment-là, j'ai décidé de m'entraîner avec eux. Au bout de six mois, j'ai commencé à changer. Sans être une armoire à glace, je voyais que j'étais en train de prendre la masse musculaire qui me manquait pour pouvoir faire de la boxe Thaï.

En attendant l'armée
Grâce au sport, j'ai progressivement repris le dessus sur ma vie. J'en faisais toute la journée en attendant d'être convoqué au service militaire. Parce que suite au décès de mon père, quand j'avais fait mes trois jours, j'avais demandé à devancer l'appel. J'espérais secrètement qu'ils finiraient par m'oublier, mais non. L'impôt du sang était obligatoire à l'époque et personne n'y échappait. Je le savais et je me disais qu'il était inutile d'essayer de construire un avenir puisqu'il me faudrait tout recommencer après l'armée. C'est pour cette raison que je ne cherchais pas de travail. Et puis il s'est passé presque un an avant qu'ils ne me répondent, sauf qu'entre temps, j'avais découvert la boxe, j'avais aimé ce sport et j'étais devenu bon. Ce qui fait que lorsque j'ai reçu ma convocation, j'étais en train de préparer les championnats de France amateurs de boxe Thaï. À force d'attendre, j'avais complètement oublié le service militaire et surtout, j'étais passé à autre chose, mais le petit papier bleu blanc rouge que je tenais entre les mains m'a ramené sur terre à vitesse grand V. Je suis immédiatement allé au club et j'ai dit à Jacky :
« Bon, laisse tomber, pour le championnat de France, c'est mort. L'année prochaine je ne serais pas là. Je viens de recevoir ma convocation pour l'armée, je dois partir à Raschstaat en Allemagne. »
Il m'a dit :
« Attends, tu ne peux pas partir maintenant, c'est ridicule, je vais leur

dire que tu prépares tes combats. »
Je commençais à bien marcher.
Ça faisait un an que je m'entraînais chez lui, au Muay Thaï France, 13 rue Malebranche, près du Panthéon. J'y allais 5 jours sur 7, tous les soirs. Et comme je progressais vite, j'étais devenu un espoir pour le club. Jacky m'a fait une superbe lettre, disant que j'étais sportif, que je préparais le championnat de France de boxe Thaï, qu'il fallait que je sois exempté d'armée mais je suis parti quand même pour ne pas être considéré comme déserteur.

L'armée
J'avais sa lettre dans ma poche et quand je me suis retrouvé à Metz, avant de monter dans le train pour Raschstaat, je suis passé devant un adjudant qui m'a réaffecté près de Paris.
Au moment de lui présenter ma lettre, je lui dis :
-Voilà monsieur...
-Non non, ici, ce n'est pas monsieur, c'est mon adjudant…
-Bon, ok alors mon adjudant, je fais de la boxe thaïlandaise, j'ai là une lettre de mon entraîneur qui souhaite que je sois exempté
-Un sportif exempté d'armée, non mais où est ce que vous avez vu jouer ça, vous ?
À ce moment-là, dans ma tête, je me suis dit :
-C'est mal barré.
J'avais raison.
Et lui d'enchaîner :
-C'est bien beau tout ça, mais moi, avec votre papier, je ne peux rien faire.
Si au départ vous aviez fait les démarches nécessaires, je ne dis pas, mais maintenant c'est trop tard. Et puis si vous étiez un vrai espoir sportif, vous ne seriez pas là, planté dans la nature avec moi, vous seriez au bataillon de Joinville
-Oui, je sais bien, mais comme je viens de perdre mon père
-Ah, vous venez de perdre votre père
Bon alors attendez, si vous êtes soutien de famille, je vous renvoie en

France, comme ça, au moins vous serez affecté près de votre domicile. Ça vous va ?
C'est extraordinaire. En fin de compte je suis tombé sur un mec charmant qui avait tout compris. Je suis reparti de Metz. C'était un vendredi et le lundi suivant, j'ai été affecté au 1ier RAMA à Montlhéry. Je suis de la 83/12. Ceux qui ont fait leur service militaire comprendront. Le lundi, je me présente au 1ier régiment d'artillerie de marine à Montlhéry.
En définitive, je ne suis pas exempté, mais je n'ai qu'un mois de classes. Après cette période d'apprentissage militaire, je peux rentrer tous les soirs chez moi et surtout je peux continuer à m'entraîner. J'ai passé tous mes permis, ce qui fait que je suis devenu chauffeur de l'adjudant et puis à côté de ça, je faisais prof de boxe. J'avais la salle pour moi tout seul, je donnais des cours de boxe Thaï et de boxe anglaise aux bidasses. En fait, c'est l'adjudant que j'avais vu à Metz qui m'a directement affecté au 1ier RAMA, parce que lorsque je suis revenu, avant de monter dans le train, j'ai demandé où je devais aller et on m'a répondu :
-Vous habitez où ?
-Porte de Saint Cloud.
-Donc, bataillon de Joinville.
-Ben non, j'aurais bien voulu, mais ma fédération n'a pas demandé mon affectation au bataillon de Joinville. Normal, je n'avais encore rien gagné. Il faut savoir que ceux qui y sont affectés sont ceux qui ont déjà des titres, ou qui sont sportifs professionnels. Ce qui n'était pas mon cas. En revanche, il y avait marqué *sportif de haut niveau* et *soutien de famille,* sur ma feuille d'affectation au 1ier RAMA. Il est vrai que j'avais déjà une morphologie différente à cette époque. Je n'avais pourtant qu'un an de boxe et un an de musculation lorsque je suis arrivé au service militaire. Mais j'avais pris dix kilos de muscle et j'avais totalement changé physiquement. Durant toute cette période, j'ai continué à aller à la salle et à m'entraîner tous les jours, mais je n'ai pas pu disputer les championnats France amateurs.

Le second boulot

En sortant de l'armée, j'ai fait pion dans une école grâce à maman qui avait fait intervenir quelqu'un pour que je trouve du boulot. La mairie cherchait des gens pour encadrer les jeunes à l'école. Comme j'étais sportif, j'ai fait l'affaire. Le midi, je faisais la cantine et le soir je surveillais l'étude. Mais au bout d'un moment, la femme charmante qui m'avait fait obtenir le poste est venue me voir et elle m'a dit :
« Eric tu es trop nerveux, tu n'es pas fait pour ce travail ».
Elle avait raison et j'ai démissionné.

Le troisième boulot

Je n'avais plus de travail et comme il fallait absolument que je m'en sorte, j'ai commencé à chercher sérieusement. En répondant à une petite annonce, j'ai fini par trouver un boulot de coursier dans une bijouterie fantaisie. Ils m'avaient prêté un Vespa et je tournais toute la journée dans Paris. Mais là encore, c'était la même histoire que dans mon atelier de menuiserie. Je me suis retrouvé avec des gens qui me parlaient mal, qui me donnaient des ordres, bref, ça n'allait pas. J'avais l'impression que le cauchemar recommençait mais j'avais mûri et je n'étais plus prêt à me laisser faire. Je me souviens qu'il y a eu un incident avec ce scooter et que cet incident a changé ma vie. Un jour, je tombe en panne rue de Rivoli. J'appelle la société pour savoir ce qu'il faut faire et là, le mec me dit :
« Je ne veux pas le savoir, tu te démerdes, tu le fais réparer ».
Je rentre à la société et je lui balance les clés du scooter dans la gueule :
« Ça ne fait pas un mois que je suis là et c'est moi qui doit faire réparer ce scooter qui n'avance pas, c'est bien ça ? »
Il n'aurait pas fallu qu'il me réponde. Franchement

Christine

Par bonheur, dans cette société, il y avait une jeune femme gentille comme tout qui s'appelait Christine. C'était une personne qui devait avoir une trentaine d'année. Elle voyait que j'étais jeune, que je voulais m'en sortir et elle m'avait pris en sympathie. Comme je n'étais pas facile et que je n'arrêtais pas de m'accrocher avec les responsables, elle m'a dit :

« Eric, ce n'est pas ce métier que tu devrais faire, j'ai un ami qui travaille dans une société de sécurité, si tu veux, je te le présente. »

C'est comme ça que j'ai rencontré mon ami Jean-Michel, et c'est grâce à lui que je me suis retrouvé à travailler dans la sécurité.

Le recrutement

Ce qui est très marrant, c'est la façon dont se passait le recrutement à l'époque.

Pour rentrer chez Mistral, il fallait passer par le tatami. C'est comme ça qu'ils te testaient.

Quand j'ai posé ma candidature, je suis tombé sur William, un mec qui était champion du monde de Kung Fu. J'arrive et il me demande :

« Tu fais de la boxe Thaï ? »

Je lui réponds :

« Oui. »

« Ah bon, eh bien, écoute, tu peux être embauché ici, mais d'abord, on va voir ce que tu as dans le ventre. Demain 15 h, tu viens avec ton sac de sport. »

« Il n'y a pas de problèmes. »

Le lendemain, je suis arrivé avec mon sac de sport, on s'en est foutu plein la gueule pendant deux reprises, après il est allé voir Christian, qui était le patron de la boîte et il lui a dit :

« Bon, pour Eric, c'est ok, on peut le prendre. »

J'ai compris à ce moment-là qu'il devait y avoir beaucoup de mecs qui devaient se vanter de savoir faire de beaucoup de choses dans ce milieu. Des gens qui devaient dire, *j'ai fait ceci, j'ai fait cela* et qui, en réalité, n'avaient jamais rien fait de leur vie. Voilà pourquoi ils te testaient chez Mistral. Aujourd'hui on n'engage plus un mec dans la sécurité parce qu'il frappe bien ou pas. Non, maintenant, il faut avant tout être dissuasif, c'est certain, mais il faut surtout être capable d'engager une discussion pour faire de la négociation. Parce qu'on te demande de faire de la prévention plutôt que de la baston. Alors il faut bien présenter, il faut parler correctement, il faut être discret, il ne faut pas être agressif, au contraire, il faut toujours calmer le jeu. Il faut reconnaître que dans le temps, la sécurité, ce n'était pas ça. Ça a beaucoup changé depuis, heureusement.

Evry Courcouronnes

J'ai été engagé et je me suis retrouvé à faire la sécurité dans un fast-food qui venait d'ouvrir à Evry Courcouronnes. Tous les matins, je partais en Métro de la Porte de Saint Cloud et je descendais à Evry Courcouronnes. Je me souviens que je travaillais de 8 heures à 20 heures. Je me chauffais toute la journée avec des mecs qui ne voulaient pas payer, qui foutaient le bordel, qui insultaient les gens, qui s'embrouillaient entre eux, et comme le soir, pour rentrer, je prenais à nouveau le RER, je les retrouvais près de la gare et je me battais encore avec eux. Ah c'était un truc horrible.

Le début des banlieues agitées

J'ai eu plein de problèmes dans ce fast-food parce que c'était le début des banlieues un peu agitées. Et moi, non seulement j'arrivais avec mon pantalon gris, mon blazer bleu marine et ma cravate, mais en plus, j'avais un écusson bleu blanc rouge, cousu sur le blazer. Il y avait marqué : « Mistral » en bleu sur fond bleu, « Protection » en blanc sur fond blanc et « Service » en rouge sur fond en rouge. Ce qui fait que, même de près, ça faisait un peu armée, flic, enfin ce qu'on veut, mais lorsque je me suis retrouvé devant la porte avec mon écusson bleu blanc rouge sur la veste, je me suis dit que ça devait faire provocation tout de même. C'était pas mal, j'étais bien habillé mais ce n'était pas franchement discret. Et tous les mecs qui venaient pour foutre le bordel, et il y en avait un paquet, avec ma cocarde, ils me repéraient immédiatement. Ah c'était sportif, c'est sûr, tu parles, ouvrir un fast-food dans un endroit pareil, aujourd'hui ce ne serait plus possible, non. Sinon, le boulot consistait à protéger l'établissement, c'est-à-dire, pas de bordel, pas de casse, pas de bagarre, pas de vol. En gros, j'étais là pour faire le flic, donc, automatiquement, à un moment ça dégénérait. C'était épouvantable. Pendant quatre mois, je n'ai fait que me battre. En plus, j'étais tout seul. Le fast-food était installé au pied d'un immeuble situé en plein milieu de la cité. Mais bon, c'est un contrat que la société pour laquelle je travaillais avait passé à l'année avec une chaîne qui possédait tous les fast-foods de Paris et de la région parisienne. Pour Evry Courcouronnes, elle s'était probablement engagée à placer un seul agent et c'est tombé sur moi. Mais moi, je n'avais pas le choix, il fallait que je travaille. Avec le temps, les choses se sont progressivement calmées. Les mecs m'ont pris en sympathie parce qu'ils voyaient que je ne me laissais pas faire. Les petits caïds de l'époque savaient qu'il ne fallait pas m'emmerder. Alors à force, ils me foutaient la paix. C'est très curieux parce que finalement, si tu ne dis rien, si tu laisses passer, si tu fermes les yeux, tu es pris pour une merde, mais dès que tu montres que tu as du répondant, on te respecte. Pourtant, ça devrait être l'inverse. Eh bien non. C'est toujours le contraire qui se produit. Le premier mois, je me suis bastonné avec toutes les bandes locales et puis ça s'est calmé. Mais une bagarre, quand ça arrive, ça ne prévient pas. Tu n'as pas le temps d'enlever ton costume ou d'aller t'échauffer. Ça pète d'un coup et ça ne prévient pas. Non. Ça pète et puis c'est tout. Ça commence presque toujours de la même manière. C'est un mot, qui en appelle un autre, c'est un manque de respect, c'est un mauvais regard, c'est une dégradation pas trop grave, une incivilité comme on dit maintenant. Oui mais moi, j'étais là pour protéger l'établissement et j'étais bien obligé de faire mon travail. Je tombais généralement sur des mecs qui avaient mon âge, donc ils faisaient des conneries qu'on fait lorsqu'on a 20 ans. Il n'y avait rien de bien méchant à l'époque.

Tu n'apprends rien
En réalité, dans ce genre de confrontations, tu n'apprends rien. En tout cas, rien qui pourrait t'être utile sur un ring. Non parce que le ring, c'est technique, il y a des règles, il faut que tu les respectes et c'est comme ça que tu apprends. Tandis que dans la rue, tu n'apprends rien. En vrai, tu n'apprends rien. À part la tristesse et la détresse.

Tu n'apprends même pas à maîtriser la peur
Quoique pour ma part je n'ai jamais eu peur. Donc je n'avais pas peur à l'époque.
Je n'ai pas plus peur aujourd'hui d'ailleurs, mais quand tu as peur, il ne faut pas faire ce boulot, parce que tu es certain d'être confronté à un incident. C'est peut-être de l'inconscience de ne pas avoir peur, c'est même sûrement de l'inconscience. Il faut dire aussi qu'il s'agissait toujours de bagarres à main nue.
Aujourd'hui ce serait peut-être différent. Mais à l'époque, on se mettait une bonne branlée et puis basta. Alors c'est sûr que j'ai pris des coups dans la gueule, mais en attendant, les mecs voyaient que j'étais toujours là et ce qui est sûr c'est qu'ils hésitaient à revenir.

Avec le temps, je prends du galon
J'ai évolué au sein de cette entreprise parce que mes employeurs avaient également des discothèques en contrat. Ils avaient La Scala, rue de Rivoli, le Copacabana, rue de Ponthieu et ils avaient une autre discothèque en province, à Rouen. Un jour, un des agents démissionne et le directeur de la société me dit :
« Eric il y a une place qui se libère, si tu veux, tu peux aller faire les remplacements à la Scala et au Copacabana ».
Comme c'était la même personne qui assurait cette fonction par roulement, il m'a proposé le poste. Il s'agissait d'être *videur,* donc c'était un travail de nuit. Pour moi c'était une aubaine, parce que je pouvais retourner à la salle pour m'entraîner et en même temps, je gagnais mieux ma vie. C'est comme ça que je me suis retrouvé portier de boîte de nuit. J'étais devant la porte et j'assurais la sécurité de

l'établissement. Les gens appellent ça : « Videur ». Dans notre jargon, on dit « faire la porte ».

La nuit, c'est autre chose

C'est très spécial. Il faut savoir à qui on a à faire. C'est un monde vraiment à part. Mais là aussi j'ai eu des soucis. Je me suis battu. Je me suis retrouvé plusieurs fois en garde-à-vue. Dans ce boulot, c'est inévitable. En fait, pour protéger un établissement, juridiquement, il faudrait que tu prennes la personne qui t'agresse, que tu la neutralises et que tu la foutes dehors, sans te battre, parce que toi, tu n'es pas assermenté. Donc, en plus, il faudrait qu'elle te dise merci. Mais ça ne peut pas se passer comme ça. Lorsque tu travailles dans un établissement de nuit, tu tombes obligatoirement sur des mecs qui ont un ou deux coups de trop dans le pif et qui viennent pour foutre le bordel. Il y en a d'autres qui arrivent avec deux trois potes et qui, pour se valoriser devant les filles, veulent se payer le portier. Ce qui fait que pour rester dans le cadre légal, il faudrait que tu prennes des coups sans rien dire. Alors un peu, ça va, mais bon, il arrive un moment où tu réponds. Et quand tu réponds et que tu casses une mâchoire, que tu casses un pif, ou encore que le mec reste allongé les bras en croix, tu appelles les pompiers et automatiquement, tout de suite derrière, les flics arrivent. C'est comme ça que tu te retrouves en garde-à-vue. Ça m'est arrivé quelques fois. C'est malheureusement inévitable. Franchement, la nuit, c'est spécial. C'est très spécial.

Du listing à l'emploi direct

Je dis ça parce qu'à mes débuts, j'ai eu de gros problèmes avec la porte. Surtout quand j'ai travaillé au Discovery. Oui, bon, il se produit parfois des choses inévitables lorsque tu fais ce métier. Je crois que c'était la première fois que j'avais été embauché en direct par une discothèque. Je me souviens qu'au départ, j'effectuais un remplacement. J'avais obtenu ce job par l'intermédiaire d'une entreprise d'intérim et voilà qu'au bout d'un mois, le patron de la discothèque voulait m'engager en direct. J'en ai parlé à mon responsable. Il m'a expliqué que c'était normal et qu'il fallait que j'accepte, parce qu'à partir du moment où la mission se prolongeait, soit il fallait changer d'agent, ce que le patron de la discothèque ne souhaitait pas, soit il fallait transformer le contrat temporaire que j'avais signé en contrat d'embauche définitif. J'ai compris qu'en somme, ça arrangeait tout le monde.

Le listing

Ce que je ne savais pas à l'époque, c'est que toutes les sociétés de sécurité se constituaient un listing dans lequel elles référençaient tous les agents qu'elles étaient susceptibles d'engager. En fait, elles sous-traitaient leurs prestations en faisant appel à des intérimaires, qu'elles rétribuaient mais qui n'étaient pas leurs employés. L'état du marché faisait qu'au niveau de l'activité, comme il y avait de la demande, il y avait une relative continuité mais il s'agissait presque toujours de missions temporaires. C'était du coup par coup. Sauf quand un patron de boîte souhaitait t'engager en direct, mais ce n'était pas souvent le cas.

Comment fonctionne la sécurité

Du fait de ce fonctionnement particulier, j'ai rapidement été sollicité par d'autres sociétés de sécurité et j'ai répondu à leurs offres. Mais comme tous les agents qui faisaient ce métier, je n'avais aucun contrat d'engagement exclusif avec personne. C'est comme ça que ça fonctionnait et c'est du reste pour ça que j'ai pu répondre à certaines de leurs propositions. Pour bien comprendre la situation, il faut savoir que ces entreprises n'avaient aucun intérêt à avoir des salariés permanents, parce qu'elles travaillaient uniquement en fonction de la demande et étant donné la modularité du marché, elles ne pouvaient pas se permettre de payer des agents à l'année, sinon elles auraient toutes été obligées de déposer le bilan. Cette particularité a fait que je suis passé du listing de « Mistral Protection », mon premier employeur, à celui d'autres entreprises, tout en restant en très bon terme avec tout le monde.

Retour au listing

En réalité, c'est plus simple et plus compliqué à la fois. Lorsque que tu faisais ce boulot, tu étais automatiquement référencé dans le fichier de l'entreprise qui t'engageait pour effectuer une mission ponctuelle. Mais à force, on te connaissait et tu te retrouvais fiché par toutes les sociétés de sécurité. Quand elles avaient une demande spécifique et que tu avais le bon profil, elles t'appelaient et elle te proposaient le job. Si tu étais disponible, tu étais libre d'accepter la proposition. En plus, si la mission était amenée à se prolonger, ce qui m'est arrivé plusieurs fois quand je faisais la porte, automatiquement, on transformait le contrat. C'est ce qui s'est passé une première fois au Discovery et plus tard, il s'est produit la même chose à la Locomotive. J'ai commencé comme agent et ensuite j'ai été embauché en direct. D'ailleurs c'est à la Loco que j'ai rencontré la mère de mes enfants.

L'évolution du milieu de la sécurité

C'était le temps où un mec sérieux, ponctuel, poli, calme, qui présentait bien et qui était dissuasif trouvait tout de suite du travail dans la sécurité. Si tu faisais l'affaire, il n'y avait pas de galère et si la mission se prolongeait, on t'embauchait en direct.

Mais c'est fini ce temps-là. Déjà, il y avait beaucoup moins de sociétés de sécurité qu'aujourd'hui. Et puis maintenant, plus personne ne t'embauche en direct pour faire ce boulot. C'est facile à comprendre. Dès qu'un employeur a un problème avec un agent, il ne le licencie pas puisqu'il n'a pas à le virer. Non, il appelle son prestataire de service et il lui dit :

« Voilà, Adolphe, je n'en veux plus, mettez-moi un autre mec à la place ». Point barre. Aujourd'hui c'est comme ça que ça se passe. C'est dommage pour les agents qui sont moins bien payés parce que forcément, si tu as un sous-traitant, il est obligé de prendre sa marge et quelque part c'est l'agent qui en fait les frais. À mon époque, on vivait bien de ce métier. La nuit, ça payait. Ce n'est plus le cas aujourd'hui.

Un métier qui me convient
Ce qui est sûr, c'est que mon expérience dans la menuiserie, celle où j'avais failli faire passer mon chef à la scie ne m'avait pas trop donné le goût du métier. Les autres petits boulots où je m'étais essayé ne m'avaient pas inspiré non plus. Et c'est à partir du moment où je découvre le milieu de la sécurité que je vais véritablement commencer à me construire. Je ne savais pas encore que grâce à l'intervention de ma copine Christine et à l'amitié de Jean-Michel, j'allais pratiquer cette activité, sous différentes formes, pendant près de 15 ans.

3- La boxe amateur et la sécurité

Les contraintes de la porte
Au début, lorsque je faisais la porte, je travaillais de 22h à 5h du mat. Je me levais tous les jours à 11h et j'allais à la salle. Durant toute cette période, je vis la nuit, mais je suis un mec normal, qui paye des impôts comme tout le monde et à côté de ça, je pratique mon sport.
Comme ce boulot me laissait le temps de m'entraîner régulièrement, j'ai commencé à faire des combats un peu plus sérieux, à droite et à gauche, dans la région parisienne.

Le début des combats
C'était surtout des combats de banlieue, c'est-à-dire Vignes sur Seine, Nanterre, j'ai même boxé à la Porte de Versailles, à la Laos Boxing. J'ai boxé un peu partout, enfin, dans toute la banlieue. En amateur j'ai dû faire, je ne sais pas moi, une trentaine de combats. Et j'en ai gagné. J'en ai gagné pas mal
Ouais.
Je me souviens que j'en ai perdu un, à Carrière-sur-Seine, contre un des frères Bérandou, mais c'est vieux, hein. Là, j'avais mangé. Je peux même dire que j'avais pris une bonne branlée ce jour-là. Mon

adversaire est devenu champion de France par la suite. Je devais être encore un peu trop tendre pour le rencontrer. Lui, il était plus âgé que moi, il avait de l'expérience et puis c'était quand même un très gros client l'oiseau en question. C'est même ce qui se faisait de mieux, pour ainsi dire en matière de boxe Thaï. Il y avait des garçons comme François Kepler, comme Tirelien et puis bien sûr, il y avait les frères Bérandou qui tenaient le haut du pavé. Et chez les professionnels, c'étaient des gens comme Kuider, Boumi, Samsaï, ou Jami qui étaient les grandes stars de l'époque. Moi, j'étais plus jeune et disons que je suis arrivé un peu trop vite à ce niveau-là.

Pas de titres en amateur

Je parle de niveau, mais je n'ai gagné aucun titre au cours de ma carrière en amateur. Ce n'était pas non plus ce que je cherchais. Parce qu'un championnat de France, ça ne se passe pas comme chez les pros où tu montes sur le ring pour disputer un titre en dix ou douze reprises contre un adversaire. Non, c'est un tournoi. Alors tu t'inscris ou tu ne t'inscris pas, mais ça reste un tournoi. Il y a cinq ou six combats avant d'arriver à la finale. Il faut que tu rencontres successivement plusieurs adversaires jusqu'à ce que tu parviennes en finale. Tu disputes tour après tour tes trois reprises de deux minutes, avec le débardeur, le casque et les chaussons. Parce que lorsque tu boxes en amateur, tu es protégé, c'est obligatoire et tu ne te présentes pas torse nu non plus. J'ai dû faire une bonne trentaine de combats en amateur et je compte deux ou trois défaites, il me semble. Mais je n'ai jamais disputé aucun titre.

Classe ABC

Il faut savoir qu'indépendamment du championnat de France, il y avait quand même une hiérarchie parallèle. Pour grimper, il fallait faire du ring. Il y avait des combats en classe A, B, et C. La plupart du temps, il s'agissait de combats d'encadrement de réunions professionnelles. J'en ai disputé pas mal. J'ai boxé un peu partout dans la banlieue parisienne. Je suis même allé jusqu'à Rouen. En général, ça se passait en trois reprises de deux minutes. Je pense que je devais être bien considéré vu que je n'avais pas beaucoup de défaites et surtout, je combattais somme toute assez régulièrement. Mais je n'ai jamais participé aux championnats de France, d'Europe ou du monde en amateur. En revanche, j'ai fait beaucoup de combats d'encadrement et comme je gagnais souvent, je suis très rapidement monté en classe en A. J'ai débuté en C, puis je suis passé en B, et je suis monté en A.

La boxe thaï

J'ai d'abord fait de la boxe Thaï dans le club de Jacques Mairesse. C'est un art martial qui est arrivé en Europe dans les années 80. Il a commencé à s'introduire en Hollande et peu après, il s'est imposé en France. En France, ce sont les frères Brisson, Roger Paschy et Jacques Mairesse, qui sont à l'origine de son développement. Parce qu'avant, chez nous, la plupart des boxeurs n'avaient pas le choix, ils apprenaient la boxe anglaise, très classique, celle qu'on appelle le noble art. Quelque uns pratiquaient la boxe française, un peu académique et finalement très peu montaient en boxe américaine, plus violente, qui parvenait difficilement à se démarquer de la boxe française. Et tout d'un coup, voilà qu'une nouvelle discipline apparaît. On assiste soudain à l'explosion d'une forme de boxe très spectaculaire, où tous les coups sont permis et qui devient très populaire auprès des jeunes. Avec l'introduction du redoutable low kick dans les règles du combat, la boxe Thailandaise a radicalement changé la manière d'envisager les disciplines pieds-poings.

Le low-kick

Lorsque les gens ont découvert le low-kick, c'est-à-dire, le coup de pied dans les jambes, ça a été une révolution. Hanche désaxée, le coup de pied est donné dans les jambes avec une puissance dévastatrice. Les jambes, en boxe Thaï, c'est tout ce qui est en bas de la ceinture, c'est-à-dire la cuisse. C'est le haut de la cuisse. Tu peux taper dans les articulations, mais ce n'est pas ça que tu cherches. Le low-kick, c'est dans le muscle de la cuisse qu'il faut le donner. C'est là qu'il est efficace. Parce que la boxe étant un art de placement, si tu sapes les appuis de ton adversaire et qu'il ne tient plus debout ou qu'il ne peut plus se déplacer, tu gagnes le combat.

Pud Pad Noy

A la salle, il y avait un professeur extraordinaire qui s'appelait Pud Pad Noy. C'était le meilleur boxeur Thaïlandais des années 80. Lorsqu'il est arrivé en France, il représentait l'élite de la boxe Thaï. Tous les mecs venaient s'entraîner à Malebranche parce qu'il était là. Le patron, c'était Jacques, mais l'entraîneur, c'était Pud Pad Noy. C'était un Maître absolu. Tout le monde disait de lui qu'il avait la jambe gauche la plus rapide du monde. Il avait un low kick terrible. D'où, peut-être, mon apprentissage du low kick, mais moi c'était de la jambe droite que je le donnais. Ma spécialité, c'était le Low kick jambe droite.

L'apprentissage

J'ai eu la chance de faire tout mon apprentissage avec Pud, champion de Thaïlande, champion du monde de boxe Thaï et maître incontesté de cette nouvelle discipline. C'est lui qui m'a formé. C'était vraiment une épée, ce mec-là. Je crois que le coup le plus efficace qu'il m'a enseigné, c'est définitivement le Low-kick. Quoique, le Midle-kick dans les côtes, c'est terrible. C'est vraiment terrible. Quand ça rentre, en général, c'est pour le compte. Mais, un low-kick plein pot, ça revient au même, sauf que c'est plus facile à donner. C'est avec ce coup que j'ai pratiquement gagné tous mes combats.

Mes instructeurs

Je suis resté longtemps chez Pud. C'est avec lui que je préparais les championnats de France amateurs, avant d'être appelé à l'armée. Et puis après, je me suis réinscrit chez lui pendant plusieurs années. Ensuite, je suis allé me perfectionner avec Samsaï chez les Black-Panters, du côté de Montreuil. Samsaï était un professeur vietnamien redoutable, très technique, très exigeant, très sérieux. Un très bon, quoi. Je suis resté quelques années chez les Black-Panters. Ensuite, je suis allé m'entraîner à Pantin, chez Guy Mucher, qui était un ancien élève de Dominique Valera et de Youssef Zenaff, un grand champion pour lequel j'ai toujours une pensée amicale et sportive. J'ai terminé chez Guy du reste. À la fin de ma carrière, j'étais au PSG boxe, mais je m'entraînais toujours chez lui. Je ne suis jamais monté en américaine parce que ma spécialité c'était le low kick, donc je ne pouvais pas monter dans une discipline où ce coup n'était pas autorisé ; ce qui m'aurait privé de mon meilleur atout. Il faut que je précise que Dominique Valera est à l'origine du développement de la boxe américaine en France. Pas de la boxe Thaï. Moi j'étais chez Guy Mucher, son élève, mais je ne faisais pas de boxe américaine. C'est super important de faire la différence. Le Kick-boxing est un mélange de boxe américaine, de boxe française et de boxe anglaise. C'est une discipline à part, avec des règles bien précises et une fédération spécifique.

Les disciplines pieds-poings

Après avoir fait une quinzaine de combats en boxe Thaï, je suis passé au Kick-boxing. Et puis je suis revenu à la boxe Thaï. Et puis je suis repassé au kick et je suis à nouveau revenu à la boxe Thaï et ainsi de suite. J'ai pratiqué les deux disciplines alternativement et successivement. En réalité, les règles changent mais c'est à peu près la même chose. La différence c'est qu'en boxe Thaï, tu as le droit de donner des coups de coudes et des coups de genoux, alors qu'en Kick-boxing, c'est interdit. En Kick-boxing, en plus de tous les coups de la boxe Anglaise, tu as le droit de donner des coups de pieds dans les jambes, ce sont les low-kicks, des coups de pied dans l'abdomen, ce sont les front-kicks, des coups de pieds dans la tête, ce sont les high-kick, et des coups de pied dans les côtes, ce sont les midle-kicks. En gros, tu peux frapper partout, mais ni avec les genoux ni avec les coudes. Ça se ressemble quand même beaucoup, hein. A part les règles d'arbitrage qui varient un peu, franchement, le kick, c'est très voisin de la boxe Thaï. Donc tu peux passer d'une discipline à l'autre sans problème.

Les voyages inter-disciplines

D'ailleurs, la plupart des mecs qui sont montés en Thaï se sont retrouvés, comme moi, à faire des combats en Kick-boxing, parce que la grande difficulté, à l'époque, c'était de trouver des combats. Ce sport venait d'arriver et il n'y avait pas beaucoup de rencontres. Surtout dans la catégorie des mi-lourds, pourtant très généreuse, mais où, en fin de compte, il n'y avait pas grand monde. Donc pour pouvoir affronter des adversaires, on changeait, on allait faire un tour en Kick puis on revenait en Thaï. En définitive, on allait là où il y avait des combats.

Il y a également pas mal de mecs qui, à l'époque et pour les mêmes raisons, sont passés de l'Anglaise au Kick et vice-versa.

Des boxeurs moins abîmés qu'en anglaise

Il est temps de tordre le cou à la mauvaise légende qui a longtemps plané sur les disciplines pieds-poings. Parce que les athlètes qui viennent du Kick sont moins abîmés que ceux qui viennent de la boxe anglaise, pourtant réputée moins violente. Il y a deux raisons principales à cela. La première est surprenante, mais étant donné la difficulté qu'il y a à monter des réunions de Kick-boxing, inévitablement, les boxeurs combattent moins souvent. Donc ils prennent moins de coups. Et la seconde est encore plus inattendue, mais elle est finalement très logique. Elle concerne la surface de frappe autorisée. Parce qu'en Anglaise, les coups sont concentrés sur le corps et sur le visage. Ça veut dire que les coups ne sont portés qu'à ces endroits-là. Ce qui n'est pas le cas du Kick où les coups sont donnés sur tout le corps. La surface de frappe étant beaucoup plus grande, automatiquement, les coups sont mieux répartis. Et puis pendant que tu mets un low-kick à un adversaire, tu ne lui mets pas une droite. Il est clair qu'un coup de pied dans les jambes, ça fait mal, mais ça ne laisse pas de séquelles. En tout cas, lorsque tu reçois un coup dans le muscle de la cuisse, ça ne produit pas de dégâts neurologiques. Or, étant donné qu'en anglaise, ils n'ont pas le droit de taper dans les jambes, les boxeurs prennent beaucoup plus de coups au visage que chez nous. Il y a une troisième raison, non négligeable, au fait que les boxeurs sont moins abîmés, c'est la durée des combats. Une reprise dure deux minutes en Kick alors qu'en boxe anglaise, elle dure trois minutes. En conséquence, les Kick-boxeurs sont exposés moins longtemps aux coups de leurs adversaires. Le reste, style, « ça frappe moins fort » et compagnie, c'est du baratin. Conclusion, malgré les apparences, la boxe anglaise est plus dangereuse que n'importe quelle discipline de la boxe pieds-poings.

Deux, Quatre ou Huit armes

Il faut également préciser que le niveau technique est très élevé dans les disciplines pieds-poings. En anglaise, tu n'as que deux armes, la gauche et la droite. En pieds-poings, avec les deux jambes, tu en as quatre. Et en boxe Thaï, avec les genoux et les coudes, ça t'en fait huit. Or, plus tu as d'armes, plus c'est technique et plus ça fait de paramètres à maîtriser. Chaque coup a une fonction précise et doit être donné dans des conditions particulières. Sinon, tu te découvres et tu risques le contre. Bon, maintenant, il est clair qu'un coup de coude n'a pas l'impact d'une bonne droite. En revanche, si tu le prends bien, tu glisses direct. Parce que le coude n'est pas protégé par des gants, et là, tu y es pour le compte, c'est sûr. Parce que les coups de coudes, c'est dans la tête que ça se donne. C'est particulièrement dangereux en sortie de corps à corps. Mais pour le donner il faut être capable de s'approcher très près de l'adversaire. Donc, là encore, il est impératif de maîtriser toute une série de paramètres très techniques, avant de frapper. Ce qui n'est pas forcément le cas en anglaise. Cela dit, quand ça rentre, ça fait très mal. Parce que le coup est étudié et il est destiné à faire mal.

La fréquence des combats

Quoi qu'il en soit, c'est extrêmement violent comme sport. Et même si j'en avais eu l'opportunité, en dix ans de carrière amateur, je n'aurais jamais accepté de faire cent combats. Vu la violence des rencontres, physiquement, pour la récupération, c'est impossible. C'est pour ça que je n'en faisais que trois ou quatre par an.

Un vilain petit canard nommé Kick

Je dis ça, mais en réalité, il n'y avait pas beaucoup de galas à l'époque. C'est aussi ce qui nous freinait. Il y avait très peu d'organisateurs, pas de subvention, pas de reconnaissance de la part des pouvoirs publics, ni par les médias, ce qui fait que voir quelqu'un monter une réunion de boxe n'était pas fréquent. Personne ne voulait de ce sport moderne, pas olympique, pour les milieux défavorisés, qui se pratiquait surtout dans les banlieues. On sentait qu'on ne voulait pas de la boxe Thaï, qu'on ne voulait pas du Kick-boxing.

Le free fight

Il se passe exactement la même chose, aujourd'hui, avec le free fight. Je vois bien, qu'actuellement, dans les banlieues, les jeunes ont commencé à faire du Free Fight. Ce sont des combats libres qui se déroulent dans une cage et qui sont pour la plupart organisés clandestinement, parce qu'en France, les gens n'en veulent pas. Le ministère ne veut pas homologuer ce nouveau sport et c'est bien dommage, surtout pour les athlètes qui le pratiquent, parce que c'est la porte ouverte à toutes les dérives. Le Free Fight est un mélange de tout. Il y a des boxeurs, des lutteurs, des kicks, des thaïs, des karatékas, qui s'affrontent en combat libre. Le but, c'est de battre celui qui est en face de toi. Même s'il est à terre, tu peux lui mettre des coups de poing dans la gueule. Le combat ne s'arrête que si l'un des deux adversaires abandonne, ou s'il dit : « J'ai perdu ».

C'est très violent. Il y a des rencontres improbables, par exemple, tu peux trouver un catcheur contre un boxeur. Un mec qui vient du kick contre un judoka, il y a même eu un basketteur qui est monté contre un je ne sais pas quoi, un jour. Mais attention, c'est extrêmement violent. Ça correspond bien à l'époque en somme. C'est une discipline qui est arrivée au moment où j'ai mis un terme à ma carrière, mais je ne serais pas monté en Free Fight. J'avais assez donné comme ça.

Les débuts du Kick

Moi, quand j'ai commencé la boxe Thaï, ce n'était pas ça. Déjà, avant les combats, il y avait le Ramway. C'est une espèce de musique assourdissante, produite par un mélange de crécelles, de sifflets et de cris stridents émis par public, qui donne cette ambiance particulière à une réunion de boxe en Thaïlande. Et par extension, lorsque les combats ont lieu ailleurs, il se produit la même chose. Ensuite il y a des règles très précises, qu'il faut respecter et puis enfin, l'engagement est en soi hyper technique. Par exemple, si tu donnes un high-kick au mauvais moment, tu te découvres et c'est toi qui prends. C'est vraiment très codé comme sport. Tu as en face de toi des guerriers super entraînés qui ne laissent pas transparaître la moindre émotion et qui mettent en place une stratégie pour te battre. Il y a enfin un véritable respect pour l'adversaire, que tu salues, avant et après le combat, quelle qu'en soit l'issue. C'est un sport de combat pur et dur. Et ça fait très mal. En Thaï, les coups de genoux au foie ou dans les côtes, quand tu es au corps à corps, ça use.

L'impact du kick

Lorsque tu montes en Thaï ou en Kick, même quand tu es très bon en anglaise, si tu n'utilises pas les jambes, tu es mal barré. Le mec te laisse venir, il esquive et il te cueille avec un low-kick. C'est systématique. À force d'en prendre, tu ne peux plus marcher et le combat s'arrête. C'est un sport complet et exigeant.

Pour avoir une idée de ce que produit l'impact d'un choc répété sur le quadriceps, il faut savoir que lorsque tu es chaud, tu ne sens presque pas les coups. Mais lorsque tu reviens dans ton coin, tu t'assieds et automatiquement, tu te refroidis. À ce moment-là, il se produit un truc à l'intérieur de la cuisse. Il y a plein de micro-hémorragies, dues aux frappes répétées, qui font que le sang se répand dans les tissus, et qui ne permettent plus à ton muscle d'être irrigué correctement. Le résultat, c'est qu'à l'appel de la reprise suivante, tu ne peux pas te lever.

C'est pour ça que, souvent, en boxe Thaï ou en Kick-boxing, le dénouement des combats a lieu à l'appel d'une reprise. Parce que le mec ne peut plus se lever. Malgré la meilleure volonté du monde, il ne tiendrait pas debout. Donc, l'arbitre arrête le combat. Mais généralement, c'est le coin qui abandonne.

De la Thaï au Kick

Au début je boxais surtout en Thaï, et un jour, j'ai eu la chance d'être remarqué par le président de la WKA. C'était la fédération de Kick-boxing qui démarrait fort en France. Il connaissait mon niveau en Thaï et il m'a proposé de rejoindre sa fédération. Ça m'intéressait parce qu'en Thaï, les choses commençaient à devenir difficiles, il n'y avait pas beaucoup de galas et j'avais de plus en plus de mal à trouver des combats. Il aurait fallu que je m'expatrie pour boxer plus souvent. Mais avec mon boulot, ce n'était pas simple. Je me suis dit :
« Puisque je suis monté en Thaï, je monterai aussi en Kick-boxing ». Je me suis inscrit à la WKA chez Francis Hamdaoui. C'est du reste dans cette fédération que par la suite j'ai eu ma première ceinture.

Le trip total thaï

Je n'ai pas fait de camp de préparation en Thaïlande. J'ai fait mon truc. Je me suis entraîné en France. Le fait de partir en Thaïlande, c'est surtout pour vivre comme les gens de là-bas. Il faut être passionné par ce sport qu'ils ont inventé et il faut avoir envie de voir comment ça se passe sur place. Il faut avoir envie de t'entraîner dans des conditions extrêmes, comme eux, parce qu'avec la chaleur, c'est très dur. Et puis ce sont quand même les pionniers de la discipline, alors il est certain qu'il y a beaucoup plus de combats sur place qu'en France. Mais techniquement, dès lors que tu as les bons professeurs et que tu t'entraînes sérieusement, ça ne change pas grand-chose. Enfin, il me semble. Remarque, moi j'ai toujours été très bien entouré. J'ai eu Pud Pad Noy, j'ai eu Samaï, après je suis allé chez Mucher, j'ai eu les frères Caudry. J'ai eu beaucoup de chance, je le reconnais. C'est peut-être ce qui fait que je n'ai pas eu envie de partir en Thaïlande pour me former.

La base sportive

En boxe, le Maître qui te forme à une grande importance, mais à la base, il faut avoir la caisse pour faire ça. Tout le monde ne peut pas prendre des coups dans la gueule et en donner, non. Il faut avoir des dispositions pour pratiquer les sports de combats. Indépendamment de ça, je reste convaincu qu'un sportif de haut niveau est apte à faire beaucoup de belles choses, même en dehors de sa discipline de base. Par exemple, les footballeurs savent jouer au tennis, au golf, ou à n'importe quel sport. Parce qu'un sportif enregistre les gestes plus rapidement qu'une autre personne. C'est presque une évidence. En gros, les sportifs sont doués pour tous les sports. Ils ne sont pas forcément champions dans tous les sports mais ils sont capables de s'adapter et de pratiquer n'importe quel sport, plus rapidement que n'importe qui.

L'apprentissage express

Dès que tu es sportif, tout devient simple.

Quand tu prends la leçon avec le Maître, tu apprends tous les coups et tu apprends vite. Tu répètes toute la gamme de ce qui peut se passer dans un combat. Les poings, les pieds, le placement, l'attaque, la défense, tout y passe. Par la suite, au cours de ma carrière, je me suis rendu compte que j'avais un low-kick qui faisait mal. Donc j'ai souvent utilisé ce coup et il a fini par devenir l'un de mes points forts, pour ne pas dire ma spécialité. Par exemple, lors de mon premier championnat d'Europe, j'avais entendu dire que mon adversaire n'encaissait pas bien en bas. Mais c'est normal, il venait de la boxe américaine et il n'avait pas l'habitude de prendre des coups en dessous de la ceinture, puisqu'en américaine tu ne frappes pas dans les jambes. Il n'était jamais monté en Thaï comme moi et je savais que si je le travaillais bien en bas, je lui ferais mal. J'ai un peu appliqué la stratégie que j'avais déjà employée avec succès lors de mon premier combat au

Cameroun, contre Jacob Tchatchuing. C'est vrai qu'avec le temps, le low-kick est devenu mon point fort.

Je fais la porte en parallèle

Dans le milieu de la boxe pieds-poings, tout le monde sait que je suis devenu un gladiateur du ring. Je n'ai jamais combattu pour un titre quelconque et j'ignore encore, qu'un jour, quelqu'un va me proposer de devenir boxeur professionnel. Pour moi, ce projet n'est pas à l'ordre du jour.

Je commence la PR

Professionnellement, j'avais acquis une bonne expérience de la nuit et de là, j'ai commencé à faire de la protection rapprochée de personnalités. C'est une promotion, si on peut dire, que je dois essentiellement à la boxe. C'est un niveau au-dessus qui ne m'empêche pas de faire quand même la porte, mais ça reste une activité secondaire. Parce que lorsque tu fais la protection d'une personnalité, ce n'est pas à l'année. Non. Il s'agit généralement de missions ponctuelles. C'est du coup par coup. Et la plupart du temps, ce sont des contrats de courte durée. Alors si tu as un poste fixe comme portier dans une boîte de nuit par exemple, rien ne t'empêche de te faire remplacer pendant dix jours, le temps d'effectuer une mission de protection pour un homme d'affaire ou pour un people, qui sera dix fois plus payée que ton boulot de base et ensuite de retrouver ton poste de nuit. En fait, la PR, c'est un peu comme lorsque tu rentres dans un cercle privé. Sur leur fichier, les sociétés ont probablement dû rajouter cette compétence particulière à mon pedigree. Ce qui fait que j'étais à la fois leur client et leur prestataire. Il faut également savoir qu'en matière de sécurité, la protection rapprochée, c'est le haut du panier et que surtout, ce n'est pas uniquement le sourire de la crémière qui séduit tout le monde. Ben non. Du fait de la fréquence et de la durée des missions, quand tu es demandé, ça rapporte beaucoup plus à ton employeur qu'un simple contrat de portier dans une discothèque. Ceci explique cela. Mais les compétences ne sont pas les mêmes non plus évidemment. Et avant de te confier une mission, on te teste très sérieusement.

Le premier contrat de PR

La sécurité est un milieu très fermé. On se connaît. Ma première mission de PR, je l'ai obtenue grâce à mon ami Jean Michel. C'est lui qui m'a appelé pour me proposer un contrat de trois jours. Il s'agissait d'assurer la protection d'une personnalité Allemande, pas du tout médiatique, mais très influente dans les milieux industriels et dont le prédécesseur avait été assassiné, je ne sais pas trop où. Comme ça s'est très bien passé, par la suite, on a continué à faire appel à moi. Je me souviens que pour cette mission, nous étions trois agents et qu'en plus, il y avait les flics. J'ai gagné en trois jours ce que je gagnais habituellement en un mois.

Les autres contrats

Une fois que tu as démarré, c'est un peu comme un comédien qui a fait son premier film. Il faut être sérieux, il faut avoir les bons contacts, il faut être avec les bonnes personnes...

Et puis dans la sécurité, tout se sait, alors une fois que les gens savent ce que tu fais, s'ils ont besoin de quelqu'un, ils t'appellent. On m'a très rapidement proposé des trucs sympas. Et surtout, assez régulièrement.

La boxe en parallèle

Je continue à faire deux ou trois combats par an chez les amateurs, mais mon véritable métier, en tout cas, celui qui me nourrit, c'est la sécurité. Je suis à fond dedans. Donc, je fais la porte et dès qu'une mission de protection rapprochée se présente, je m'organise pour me faire remplacer. À ce moment de ma vie, je ne pense pas une seule seconde devenir Kick-boxeur professionnel. Je m'entraîne tous les jours, mais comme je ne trouve pas de combats, je boxe peu.

GTI protection
J'ai même monté une boîte de sécurité avec des copains. Ça s'appelait GTI protection, mais on était trop nombreux. Dans les affaires, il ne faut pas être top nombreux. Sinon ça pose des problèmes. Il me semble que 2 est un bon chiffre. Au-delà, c'est compliqué. Nous, on était 4. Personne n'était jamais d'accord avec personne, ça devenait infernal et au bout d'un moment on a fermé la boîte. Mais j'ai vécu cette expérience. Et puis ça m'a permis de rencontrer mon ami Abdel, un garçon adorable qui plus tard va devenir mon préparateur physique.

Le turnover
Après cette expérience enrichissante mais prenante, j'ai eu besoin de me stabiliser à nouveau et j'ai repris la porte. J'avais changé plusieurs fois de société depuis mes débuts dans la sécurité et en emploi direct, j'avais déjà fait le Discovery et la Locomotive. Ça s'est tellement bien passé à la Loco que j'y suis resté deux ans. Et un jour, je suis parti. Parce que même si la porte est une activité plus stable que l'intérim, il y a tout de même un sérieux turnover dans ce milieu. Malgré tout, je me suis très vite aperçu que lorsque j'avais des emplois réguliers, je progressais en boxe. C'est pour cette raison qu'après une période de flottement, je me suis retrouvé portier au Studio A, une discothèque située rue de Ponthieu dirigée par James, un grand Monsieur de la nuit parisienne. Ça faisait maintenant des années que je travaillais dans ce milieu. J'avais un bon pedigree et comme il savait que je maîtrisais parfaitement les subtilités de la porte, il m'a proposé d'être directement salarié au Studio A, ce qui me convenait parfaitement. De là, je suis parti chez Régine, mais pas pour faire la porte. Non .Ça s'est fait grâce à Jeff. C'est lui qui m'a proposé de travailler pour Mademoiselle.

La proposition de Jeff
Tous les soirs, quand je prenais mon service, je croisais Jeff. Lui, il travaillait chez Régine. Il était directeur de sa discothèque qui était juste à côté du *Studio A*. Il voyait que j'étais sportif, il savait que j'allais

à la salle régulièrement et ce qui l'intéressait surtout, c'est qu'en plus de la porte, j'étais capable de faire de la protection rapprochée. Un soir, il est arrivé et il m'a dit:
« Eric, j'ai un truc à te proposer, le chauffeur de Régine s'en va, est ce que ça t'intéresse de faire sa sécurité et d'être son chauffeur »?
« Oui pourquoi pas, mais moi, j'ai ma boxe, je vais à la salle, j'ai besoin de temps pour faire ma musculation »
Il a insisté et il m'a dit :
« C'est un bon plan tu sais, fais un essais et tu verras bien ».
Le lendemain, j'ai eu un rendez-vous avec Régine au restaurant Le Doyen, qu'elle venait de racheter. L'entretien a duré une heure et le lundi suivant, je travaillais pour Régine, comme chauffeur garde du corps.

La mission Régine

Quand je suis entré au service de Régine, j'avais déjà fait beaucoup de protection rapprochée mais il s'agissait de missions ponctuelles. Je n'avais jamais fait ça à temps plein. Ça faisait des années que je faisais la porte et quand une mission se présentait, je me faisais remplacer pendant deux ou trois jours et ensuite je reprenais mon poste. J'avais fait Jacques Lang, j'avais fait beaucoup d'Artistes, je les avais parfois accompagnés en tournée mais je n'avais jamais rien fait qui dure aussi longtemps. Régine a été ma mission la plus longue. Je suis resté un an avec elle. C'était avant que je passe pro. Je me souviens que durant cette période, sur le plan sportif, pour moi les choses étaient très difficiles. Je ne parvenais pas m'entraîner correctement. J'ai dû faire un ou deux combats que j'ai gagnés très difficilement, parce que ma mission professionnelle était trop prenante, voire incompatible avec les exigences de la boxe que je pratiquais en parallèle.

Mademoiselle.

Déjà, il faut savoir que Régine se faisait appeler Mademoiselle. C'est dire la pêche qu'elle avait. C'est une personne qui ne dormait presque jamais. En clair, ça veut dire que lorsque je travaillais pour

Mademoiselle, il fallait que je sois chez elle à 9 heures du matin et je ne savais pas à quelle heure ça se terminerait. Parce qu'elle était infatigable. Elle s'occupait du Doyen, son restaurant, elle gérait sa société et elle avait le Regine's Club, rue de Ponthieu. Bien sûr, c'est Jeff qui s'en occupait, mais elle allait toujours voir comment ça se passait. C'est quelqu'un qui travaillait beaucoup et par la force des choses, moi, en tant que chauffeur garde du corps, automatiquement, je suivais ses horaires.

Je pouvais rentrer à minuit comme je pouvais rentrer à 4 heures du mat. Je n'avais pas d'horaires réguliers. Et là, pour l'entraînement, c'était difficile. D'ailleurs, c'est simple, le jour où je suis parti, je lui ai dit :

« Écoutez mademoiselle, ne m'en voulez pas, je suis très bien chez vous, je ne vous reproche rien mais je m'en vais parce que je ne peux pas m'entraîner ».

Je lui avais demandé à plusieurs reprises d'assouplir un peu mon temps de travail. Alors au début, elle me donnait une heure ou deux de temps en temps, pour que je puisse aller à la salle mais ça ne me convenait pas. D'autant que lorsque tu assures la protection d'une personnalité comme Régine, c'est tout le temps. C'est 7 jours sur 7. Et tout d'un coup, elle te donne une semaine de vacances. Par exemple, lorsqu'elle partait aux Etats-Unis et que je ne la suivais pas, pendant toute la durée de son séjour à l'étranger, j'étais peinard. Mais quand elle allait à Ramatuelle où elle avait une maison, j'étais obligé d'être là. C'est elle qui a entièrement organisé le mariage de Johnny Hallyday, quand il a épousé Adeline. Et moi, j'étais obligé d'être là. C'était en plein été et je me suis retrouvé H 24, là-bas, en Provence, avec les grillons et les invités. Dans ces conditions, les jours de repos, il n'y en avait pas beaucoup, hein. En revanche, il y avait des périodes de récupération. C'est une personne qui était très respectueuse de ce point de vue-là. Elle m'a fait rencontrer du beau monde. C'est quelqu'un qui avait pignon sur rue. J'ai de bons souvenirs avec Régine et de moins bons, parce que malheureusement, ma vie, c'était le sport et qu'en travaillant pour elle, je ne pouvais pas m'entraîner.

Régine au quotidien

Elle avait une R25 Baccara avec intérieur cuir. Elle m'avait fait confiance, c'est vrai et je lui en suis reconnaissant, mais bon, au bout d'un an, je suis quand même parti. Il faut savoir que pendant un an, j'ai été avec elle tout le temps. Et quand je dis tout le temps, ça veut dire, en permanence. Ah ça, on n'avait pas le temps de s'ennuyer. Régine n'est pas une personne avec qui on s'ennuie. Elle faisait tellement de choses en 24 heures. Elle dirigeait ses entreprises, elle enregistrait des chansons. Oui, parce qu'à l'époque, en plus, elle chantait. Alors il y avait les séances d'enregistrement, je l'accompagnais sur les plateaux de télévision, tous les jours elle avait des déjeuners avec des gens importants. Moi, je ne déjeunais pas avec elle, non, je passais la récupérer quand elle me le disait et après, elle enchaînait jusqu'à plus d'heures. Très franchement, c'était plutôt sympa comme boulot, sauf que lorsque tu es sportif de haut niveau, ce genre de vie ne peut pas te convenir. À moins d'arrêter le sport, et ça, pour moi, c'était hors de question. Entre nous, à terme, ça ne pouvait pas coller.

Caractères forts

Quant au reste, Régine est une personne qui a un caractère fort. Moi aussi. Il y a eu des étincelles à plusieurs reprises entre nous. Par exemple, il y a des gens qui ne savent pas dire les choses gentiment. Ils ont l'impression qu'il faut vous parler sèchement pour que vous compreniez les choses. Il y a des caractères qui acceptent et d'autres qui n'acceptent pas. Moi, je n'acceptais pas. Si on me demande quelque chose gentiment, il n'y a pas de problème mais si on me prend de haut, alors que je n'ai rien fait et qu'en plus je suis de bonne composition, alors là, ça ne va pas. Ça a pété plusieurs fois, mais ce n'est pas à cause de ça que je suis parti, non. Je l'aimais bien Régine. Mais j'aimais encore plus le sport.

Je me rappellerai toujours du jour où je lui ai dit :

« Mademoiselle il faut que je vous parle ».

Elle m'a répondu :

« Qu'est ce que vous avez » ?

« Je vais sûrement vous quitter parce que je ne parviens pas à concilier ce travail avec ma passion pour le sport »
Elle m'a répondu :
« Oui, bon, je sais, écoutez, on en a déjà parlé, vous voyez bien que je n'ai pas le temps de m'occuper de vous aujourd'hui, on verra ça plus tard ».
On n'en a jamais reparlé. J'ai attendu un mois. Comme rien n'avait changé, j'ai démissionné.
Je n'avais plus de boulot, mais je n'étais pas inquiet. Avec mon profil et mes références, je savais que n'importe quelle société de sécurité était prête à m'engager le lendemain si je voulais. Là, on voit bien que c'était une autre époque.

Un mec très gentil
Après Régine, je suis revenu au Studio A. C'est là que j'ai rencontré Christophe Rocancourt.
Je faisais la porte et il se trouve que son amie de l'époque était une de mes copines. Elle m'avait demandé de l'aider à trouver un boulot dans la sécurité. Il venait de temps en temps à la porte. On a dû se voir une dizaine de fois. C'était un mec très poli, très discret. Je savais qu'il avait fait de la boxe. Je l'ai branché sur un ou deux plans et je l'ai perdu de vue. Ensuite, il est devenu ce qu'il est devenu. Je l'ai revu par hasard, cet été, à Deauville. Mais il ne m'a pas connu boxeur. Quand on s'est rencontré, j'étais dans la sécurité et j'étais encore amateur. Par conséquent, il n'avait aucune raison de se souvenir de moi. Et pourtant, il s'est rappelé de moi. C'est une tronche, ce mec. Une vraie tronche ! À moins qu'il ait fait semblant de me reconnaître. Non, je ne crois pas que ce soit le cas. C'était un gentil mec, très gentil, on n'est pas devenu ami, mais on aurait pu. Ce n'était pas un mec qui traînait, c'était quelqu'un qui cherchait du boulot. Attention, pour être un bon videur, tu n'as pas besoin d'être taillé comme une armoire à glace. Moi, j'ai connu des mecs qui ne payaient pas de mine et qui étaient redoutables. Cela dit, un patron à tendance à préférer quelqu'un qui mesure deux mètres, plutôt qu'un mec d'un mètre

soixante-dix, parce qu'il pense qu'un grand est plus dissuasif et qu'il sera moins emmerdé. Si ça se trouve, il sera moins efficace, mais la dissuasion, c'est important dans ce métier.

La porte et la PR

Je reste chez James pendant un an et parallèlement je fais de la protection rapprochée de personnalités. C'est là que j'ai fait James Brown. Je l'ai fait trois ans de suite.

C'est moi qui m'occupais de sa protection rapprochée, lorsqu'il faisait ses concerts, en France. Je ne le faisais qu'en France, avec Michel, un de mes amis qui était champion de France de karaté. On travaillait toujours ensemble sur les missions de James Brown.

La protection rapprochée est un milieu très fermé où l'on rappelle souvent les mêmes mecs.

C'est mon ami Bruno, qui avait obtenu le contrat pour l'European Sécurité Agency, qu'il dirigeait et c'est lui qui m'avait branché sur le coup. Il devait y avoir une vingtaine de mecs qui tournaient sur ce marché. On se connaissait tous et on s'entendait bien. Dès qu'il y avait une mission un peu particulière qui nécessitait plusieurs agents, on faisait directement appel les uns aux autres.

Le break

Chez Régine, c'était différent parce que c'était un plan direct. Je n'étais pas salarié par un intermédiaire, mais directement par sa boîte. Je peux dire que professionnellement, j'ai fait un break d'un an et qu'après cette longue mission, je suis revenu à mon activité de base, celle qui me laissait plus de liberté pour pouvoir pratiquer mon sport.

Argelès-sur-mer

Un jour, mon ami Franck m'appelle, pour me proposer de faire la saison à Argelès-sur-mer. Les frères Molince venaient d'ouvrir un complexe Casino, Discothèque, After et ils l'avaient sollicité pour qu'il recrute une équipe de sécurité. Je me suis fait remplacer à la porte et je suis parti du 15 juin au 15 septembre. J'ai fait ce job jusqu'au moment où je suis rentré au PSG. Je ne faisais que les saisons. J'ai dû en faire trois ou quatre d'affilée. Et le reste du temps, je faisais de la protection rapprochée. Je faisais uniquement des missions ponctuelles, mais finalement, ça fonctionnait tellement bien que j'ai lâché la porte. J'avais trouvé un bon agent pour James et je suis définitivement parti du Studio A. L'hiver, je faisais de la protection et l'été, je faisais la saison à Argelès-sur-mer. J'avais suffisamment de revenus pour ne plus avoir besoin d'occuper un emploi fixe. Ce qui me convenait parfaitement, puisque ça me laissait enfin le temps de m'entraîner sérieusement.

La PR et le devoir de réserve

Lorsque tu fais de la protection rapprochée, tu as un devoir de réserve vis à vis des personnes qui t'ont fait confiance et dont tu as assuré la sécurité. Je ne peux donc pas parler de choses qui seraient considérées comme des indiscrétions. En revanche, je peux tout à fait expliquer comment les choses se passent. La protection de personnalités telles que Catherine Deneuve, James Brown, Nina Hagen, ou encore Mark Knopfler, ont été des missions ponctuelles et occasionnelles qui n'ont rien à voir avec certaines missions plus confidentielles dont je ne peux pas parler.

Catherine Deneuve

Chaque fois que Catherine Deneuve faisait appel à moi, non seulement je voyais arriver une beauté sublime, mais en plus elle avait toujours un mot gentil. Il faut savoir que Catherine Deneuve est réellement une beauté. Ah oui. Ah oui. Le plus compliqué, lorsque tu assures la protection d'une telle personnalité, c'est d'évacuer l'admiration que tu as pour la personne que tu trouves très belle et de rester concentré sur ton travail. C'est très compliqué. Parce que j'étais sous le charme, évidemment. Mais quand tu es en protection, il n'est plus question de voir la personne belle, il faut regarder ce qu'il y a autour. Il faut faire en sorte qu'il n'y ait pas d'émotion personnelle. Il faut être à fond dans le boulot. Mais il est très difficile de rester de marbre devant Catherine

Deneuve. C'est très difficile. En plus, avec elle, le travail de protection n'était pas simple. Par exemple, à l'entrée d'un défilé de mode il y a toujours plein de monde. Lorsqu'elle acceptait une invitation, il fallait tout de même passer l'épreuve de l'entrée. C'est une personne qui est assez réservée. Et même en passant par une porte dérobée, il y avait toujours tellement de monde qu'il fallait littéralement fendre la foule. J'étais constamment à côté d'elle. En plus, dans un défilé, les places sont nominatives. Il n'était pas question que je me mette à côté d'elle non plus. Je n'ai pas à être sous les projecteurs. Donc, au moment du défilé, il fallait que je m'éclipse et que je trouve une place qui me permette à tout moment de conserver un œil sur elle. Dans ce cas-là, tu ne peux pas être sur le podium, tu ne peux pas être avec les invités, tu es obligé de trouver un endroit où tu as à la fois une vue sur ta cliente et une vue sur tous les gens qui l'entourent. C'est un vrai métier. Lorsque tu fais de la protection rapprochée dans le monde du spectacle, il n'est généralement question que de dissuasion. Mais quand il s'agit d'un homme politique ou d'un homme d'affaires important, c'est autre chose. Les enjeux ne sont pas les mêmes. Là, il faut faire super gaffe. Il y a une grande différence entre le show-biz, les paillettes, le tout-venant et un homme politique ou un gros homme d'affaires qui est une vraie cible potentielle et qui peut avoir de très gros soucis. Ça n'a rien à voir comme boulot. Ça ne signifie pas pour autant qu'il ne peut rien se passer dans un défilé de mode, donc il faut rester très vigilant, mais le vrai drame grave est moins fréquent dans ce domaine.

James Brown

James Brown, lui, il ne parlait pas. Il était dans son truc. Il était toujours très gentil, souriant, il me disait bonjour, il me disait au revoir mais il ne parlait pas. C'est une star exceptionnelle. Il n'y avait jamais aucun problème avec lui. Et puis surtout, en plus de sa sécurité rapprochée dont je faisais partie, il y avait toujours une protection policière, en deuxième rideau. Donc, il n'y avait jamais de merdes. Impossible. Moi j'étais sur la scène avec lui, derrière le rideau. On était toujours deux. Pour James Brown, Je travaillais avec mon ami Michel. On était sur scène, avec lui, chacun d'un côté, caché par le rideau. Chaque fois qu'il venait à Paris, il faisait appel à nous. À force, on se connaissait bien. Il ne voulait probablement pas changer d'équipe donc on a fait tous ses derniers concerts en France.

Nina Hagen
Nina Hagen est un personnage très à part. Grande plante et tout mais elle est spéciale. Très spéciale. Elle est extrêmement gentille, mais comment dire, elle est à part. Je ne peux pas en dire plus. Ah oui, elle est totalement imprévisible. On ne sait jamais ce qu'elle va faire. Avec elle, il faut faire très attention, tout le temps, jusqu'à la fin de la mission. En termes de protection, ça signifie qu'il n'y a pas de temps morts. Jamais. Professionnellement, c'est une personne qui est très difficile à protéger, mais elle est charmante. Véritablement charmante.

Jacques Lang
Pour la protection rapprochée de Jacques Lang, ce jour-là, il y avait deux gardes du corps, Thierry et moi. Thierry est décédé depuis, mais c'est quelqu'un que j'aimais beaucoup. Il a toujours une place dans ma mémoire. Jacques Lang est arrivé en hélicoptère, on l'a récupéré sur le toit de l'immeuble où il avait atterri et on l'a protégé jusqu'au soir. Élégant, souriant, très poli, sympa. Au niveau du boulot, pour nous, ça n'a pas été simple. Mais bon, la protection des hommes politiques, c'est encore autre chose. Ce sont des missions compliquées, parce qu'ils sont à la fois populaires, comme des stars, ils sont également en prise avec le monde des affaires et ils sont inévitablement au cœur de rivalités politiques. Dit comme ça, ça a l'air simple, mais en réalité, lorsqu'un homme politique se déplace, il entraîne toujours dans son sillage, une part de ces trois univers complexes qui se croisent, qui se mêlent et qui s'entrechoquent sans arrêt. Celui des hommes d'affaires, celui de la politique et celui du show-biz. Or, les exigences de protection de ces univers sont très différentes. Oui mais

l'homme politique a besoin des trois à la fois. Question sécurité, c'est l'enfer. À quel moment, l'admirateur devient-il un opposant ? À quel moment, l'homme d'affaires éconduit va-t-il provoquer un incident ? À quel moment, le sympathique leader syndical, se transforme-t-il en assassin potentiel ? Quant à l'inévitable bain de foule, je n'en parle même pas. En résumé, je ne garde pas de très bons souvenirs de ce type de mission. Parce qu'évidemment, j'en ai fait plein mais j'en ai également refusé beaucoup.

Les hommes d'affaires

C'était souvent des gens peu connus du grand public mais très influents. Les missions étaient d'autant plus dangereuses qu'en général les clients étaient discrets et qu'ils ne payaient pas de mine. Et pourtant, c'était véritablement des cibles. Il faut dire que les grands intérêts industriels nous échappaient totalement à l'époque. Nous, on mesurait l'importance du bonhomme par la qualité du service d'ordre mobilisé. Mais là, on parle d'autre chose. Il fallait être très prudent et très vigilant. On était souvent trois en premier rideau et derrière il y avait les autres. Dans ces cas de figure, on savait qu'il fallait qu'on fasse attention à tout. Parce que le danger ressemblait à la personnalité qu'on protégeait. C'est-à-dire qu'il était discret mais bien réel et surtout très puissant.

La PRA

Et puis il y a également les protections rapprochées armées, dites à haut risque. Ce sont des missions très spécifiques pour lesquelles on te délivre un port d'arme. Évidemment il faut que tu aies fait des heures de tir auparavant. J'ai fait des stands de tir. J'ai fait ça. Ce qui est sûr, c'est que ce n'est pas le même métier. De toute façon, dans ces cas-là, t'es pas tout seul. Tu es en PRA, mais les plus armés c'est quand même les flics, hein. C'est eux qui te protègent. Le pire c'est que ce n'est jamais pour faire semblant. Non. S'ils sont là, c'est qu'il y a un risque réel. Alors ils ont beau te délivrer un port d'arme provisoire, quand ça se termine, tu es content de la rendre, ton arme. En matière de protection rapprochée, il faut bien faire la différence entre le show-biz, les hommes politiques et le reste. Ça n'a rien à voir. Rien à voir du tout.

Il faut vraiment en vouloir

A titre de comparaison, lorsque j'étais avec Régine, j'essayais de gratter une heure par ci, par là, mais il n'y avait rien de régulier. Quand j'ai compris que ça ne pourrait pas s'améliorer, j'ai démissionné. Dans la protection rapprochée, les choses étaient différentes. On me demandait d'effectuer une mission d'une semaine, voire de dix jours. Bon, pendant dix jours, même si tu ne peux pas trop t'entraîner, ce n'est pas dramatique, parce que ça te permet de vivre par ailleurs. Et puis surtout, tu sais combien de temps ça va durer. Par principe, lorsque tu t'occupes d'une personnalité, tu ne peux pas organiser ton temps, tu es à sa disposition, c'est quasiment impossible à 90%. Quand tu travailles et que tu fais du sport à côté, il faut vraiment en vouloir pour te préparer. Moi, pendant les deux mois qui précédaient une échéance importante, je ne travaillais plus. S'il y avait une protection d'une semaine qui tombait en début de préparation, je la faisais, mais autrement, je refusais. Je ne faisais plus rien, je rentrais dans mon truc, je restais concentré sur le combat et c'est tout. C'était tout l'intérêt de ce boulot. Je pouvais faire des break sans que ce soit préjudiciable à personne.

Les périodes de blanc

Je suis resté longtemps amateur parce qu'il y avait peu de combats, qu'on ne me proposait rien et que qu'il n'y avait pas de véritable classement chez les amateurs. En tout cas, ce n'était pas ton classement amateur qui faisait automatiquement de toi un futur pro. Cette période a duré 10 ans. Et pour être tout à fait honnête, je dois dire que je pensais plus à assurer ma subsistance qu'à développer ma carrière pugilistique. Bien sûr, quand il y avait des coups qui se montaient je me branchais et sur la lancée j'enchaînais parfois deux ou trois combats à la suite. Et puis après, il ne se passait plus rien pendant des mois. Je traversais de grandes périodes de blanc. Donc, pendant dix ans, j'ai boxé, oui, mais quoi, quatre, cinq fois par an, et encore.

La condition physique

En revanche entre ces blancs, j'ai toujours entretenu ma condition de sportif de haut niveau, par l'entraînement, par la diététique et par la musculation. Toujours. Parce qu'il faut savoir que tous les mecs qui montent sur un ring ont un cœur énorme. Alors il vaut mieux être prêt. Peu importe le niveau du bonhomme que tu rencontres, s'il est là, c'est qu'il a un cœur énorme. Et ça, ça mérite le respect.

La préparation permanente

Une fois que tu as compris ça, c'est vrai que derrière, pour être performant, pour être au niveau, il faut mettre tous les atouts de son côté. Qu'est ce que ça veut dire, mettre les atouts de son côté pour un boxeur. C'est simple, c'est le régime alimentaire et c'est le fait de dormir. À côté de ça, il ne faut pas fumer, pas boire, il faut faire très attention à l'équilibre général en somme. Et puis, il faut aller à la salle tous les jours pour entretenir la machine. De toute façon, tout le monde va à la salle maintenant, tous les sportifs font de la musculation. Il faut de la discipline, c'est sûr, sinon on n'arrive à rien. Pour résumer la chose, entre ton niveau de base et le niveau que tu dois avoir pour faire un combat, il ne faut pas qu'il y ait un grand écart sinon ce n'est pas la peine. Tu es obligé de te faire la guerre tous les jours pour rester au top, même lorsque tu n'as pas d'échéances sportives en vue. Parce que si tu te relâches, tu ne reviens pas, c'est impossible. D'ailleurs, même quand ta carrière s'arrête, il faut que tu continues de t'entraîner. Mais c'est normal. Cette vigilance permanente est naturelle pour un sportif de haut niveau. Dans la pratique, les choses ne sont pas toujours simples à ce niveau-là, surtout quand tu as un travail prenant. C'est pour ça qu'il faut vraiment aimer le sport. Parce que dans ce domaine, les choses n'arrivent pas toutes seules. Il faut les provoquer et savoir créer les conditions nécessaires pour qu'elles deviennent possibles. Il faut une grande détermination, beaucoup de travail et un peu de

chance pour y arriver mais personne et surtout pas moi n'a jamais dit que c'était facile.
Sans que je m'y attende, ces conditions vont se donner rendez-vous dans trois lettres de l'alphabet. La 7ième, la 16ième et la 19ième. G. P. S. Ce n'est pas le nom d'une société de sécurité, mais c'est un peu le tiercé dans le désordre. Comme je suis un passionné de courses, je vais les remettre dans l'ordre qui me convient. Et je vais jouer le 6, le 19, et le 7, ce qui donne PSG. Pour moi le PSG, c'est un peu comme si j'avais touché le gros lot.

La diététique et la préparation physique
Parce qu'à partir du moment où je vais rentrer au PSG, mes conditions d'entraînement vont changer. Elles vont s'améliorer considérablement. Et mes résultats sportifs vont suivre puisque je vais devenir Champion du Monde. Je peux en effet organiser mes préparations en fonction de mon emploi du temps et comme les joueurs dont j'assure la sécurité sont des sportifs de haut niveau, ils ont le même rythme que moi. C'est important de comprendre ça.
Je ne suis pas quelqu'un qui veille le soir. J'ai plutôt tendance à m'endormir tôt. Je plonge assez rapidement devant un film ou devant une émission de télévision. Malheureusement, les programmes de deuxième partie de soirée, ceux qui sont diffusés à partir de 22h 30, sont souvent les meilleurs mais je ne peux pas les regarder puisque je m'endors avant. Bref, je suis naturellement du matin. Quand je faisais la nuit, c'était difficile, bien sûr. C'est peut-être à cause de ça que je suis devenu du matin. Il y avait un tel décalage qu'à force de travailler la nuit, j'avais du mal à me remettre dans un rythme normal. À un moment il est possible que tu aies une overdose, que tu fasses un rejet total et que tu ne puisses plus avoir une activité professionnelle de nuit. Ça ne m'est jamais arrivé, mais je sentais qu'il fallait que j'arrête. C'est pour ça que j'ai fait de la protection rapprochée à la base. Mais dans la vie il y a des priorités. Il faut bien gagner sa vie. J'avais fait de la sécurité de jour, dans les grandes surfaces et dans des restaurants, ce qui me prenait tout mon temps et qui ne me permettait pas de

m'entraîner puisque je bossais 10 heures par jour. Alors quand on m'a proposé de faire la nuit, ça a été une embellie, c'est sûr. Je travaillais la nuit, mais ça me permettait quand même d'aller à la salle. Je faisais ce que j'avais à faire et je reprenais mon poste, le soir, vers 22 h. C'est un cycle différent auquel il faut s'habituer. Il est clair qu'au début, j'étais carbonisé. Mais lorsque c'est un peu de ta liberté qui est en jeu, tu t'y fais très vite. C'était finalement une contrainte légère en comparaison de ce que ça me permettait de faire. Cela dit, je savais très bien que mon cycle normal, c'était le matin. Quant à la protection rapprochée, c'était le bonheur au départ mais, d'un autre côté, c'est une activité où il n'y a pas d'horaires. Donc tu ne peux pas être régulier dans tes entraînements. Et ça, c'était quand même un peu galère.
Il faut savoir que lorsque tu fais la protection rapprochée de quelqu'un, qu'il s'agisse d'un homme politique, d'une personnalité du show-biz ou d'un industriel, tu n'as pas d'horaires. La personne peut avoir besoin de toi 8 heures par jour, comme elle peut avoir besoin de toi 20 heures par jour, par conséquent, il est difficile d'aménager un temps d'entraînement, c'est même carrément impossible.

Le travail et la préparation
Pour résumer, lorsque j'ai commencé dans la sécurité, je me suis rendu compte que travailler toute la journée à temps complet ne me permettait pas de m'entraîner. Quand j'ai fait la nuit, je pouvais me faire remplacer à la porte et je pouvais m'entraîner. C'était bien mais ce n'était pas idéal non plus. Et quand j'ai fait de la protection rapprochée, il y avait également des contraintes particulières, liées à la disponibilité dont tu dois faire preuve pour faire ce métier. Mais c'est dû au fait que, si tu fais un boulot, il faut le faire bien. Il n'était pas question de bâcler mon travail au profit des mes activités sportives, donc, quoi que je fasse, j'étais toujours tenu par mes obligations professionnelles. Il n'y avait aucune situation idéale pour permettre la pratique d'un sport à haut niveau. En réalité, je faisais avec. La chance que j'avais, c'est que je pratiquais un sport individuel. Je pouvais aménager mon temps de préparation en fonction de ce que j'avais

à faire professionnellement. Si j'avais pratiqué un sport collectif, la chose aurait été impossible. Parce que tu es obligé de suivre le mouvement imposé par l'équipe. Toute ma vie, j'ai essayé de faire la part des choses, en aménageant des programmes d'entraînement performants, tout en travaillant à côté. Lorsque je travaillais la nuit, par exemple, je dormais six, sept heures, ce qui n'étais pas assez, mais j'avais mes journées pour moi et je pouvais m'entraîner. Par la suite, lorsque j'ai fait de la PR, j'essayais d'adapter mon temps de préparation en fonction des missions de protection que j'effectuais. Mais c'est super difficile de faire cohabiter deux activités, qui sont, par nature, vampirisantes. C'est pour cette raison que j'étais obligé d'arrêter de travailler deux mois avant une échéance. Si tu travailles une semaine avant un combat et que tu restes debout douze heures de rang, ou que tu piétines dans Paris, ce n'est pas bon. Non, Il faut que tes jambes se reposent, il faut que tu restes allongé, il faut que tu te fatigues le moins possible, que tu te couches vers 22h, voilà ce qu'il faut que tu fasses avant un combat. Parce qu'une fois que ta préparation est terminée, tu as besoin de te recharger. Et pour te recharger, il faut que tu te reposes. Il est évident que si j'étais resté avec Régine, je n'aurais jamais pu faire une carrière dans le sport.

L'explosion

C'est d'ailleurs à partir du moment où je rentre au PSG que ma carrière sportive explose. Parce que j'avais des horaires qui me convenaient. Une fois par semaine, je savais que j'étais bloqué toute la journée. C'était le seul jour où je travaillais de 8h à 12h et de 14h à 18h, ce qui ne m'empêchait pas d'aller courir, par exemple. Et le reste du temps, je ne faisais que des demi-journées. Je travaillais 5 heures par jour. Dans le football, tu ne peux pas faire douze séances par jour, tu en fais une. Et puis ça a évolué en fonction des responsabilités que j'ai exercées. Au début, lorsque je m'occupais uniquement de la sécurité des joueurs, je ne faisais pas l'entraînement avec eux. Je ne faisais pas partie du staff, j'étais là pour assurer leur sécurité au Camp Des Loges et je les accompagnais dans certains de leurs déplacements. Plus tard, lorsque j'ai intégré le staff, c'était différent. Je ne jouais pas au foot avec les joueurs, d'abord parce que je n'avais pas le niveau, mais je faisais les footings et parfois les séances de musculation avec eux. Et puis surtout, au moment où j'intègre le staff, j'ai déjà mis un terme à ma carrière professionnelle donc je n'ai plus les mêmes besoins au niveau de la préparation.

La diététique et le bon poids

Ce qui m'a permis de tenir pendant toutes ces années, c'est d'abord le mental.

Le mental, c'est primordial. Quand tu pratiques un sport comme le mien ou tu n'es pas aidé, où tu n'as pas de sponsors, où tu as du mal à trouver des combats, où il n'y a pas d'argent, si tu n'as pas le mental, ce n'est pas la peine d'insister, puisqu'il n'y a que ça qui te fait tenir. Le mental. Mais il est vrai que la diététique te permet de conserver une ligne directrice. Ça te permet de bien t'entraîner, de tenir un cap, de rester au poids, c'est très important pour un sportif. Si tu manges n'importe quoi, tu peux te blesser. Ce n'est pas uniquement pour éviter de prendre du poids que tu respectes des règles élémentaires de diététique. Non. Il y a plusieurs raisons à cela. D'abord, évidemment, il y a le poids, c'est vrai. Mais il y a aussi la forme et puis surtout, il y a les blessures. Si tu t'alimentes quotidiennement comme le commun des mortels, si tu te tapes des plats en sauce, de la charcuterie, des sucreries, du fromage, en un mot si tu te laisses tenter par tout ce qui est bon, eh bien c'est pas bon. Il faut savoir que pour un sportif, tout ça, c'est interdit. C'est interdit parce que déjà, tu grossis et en plus de ça, ce sont des aliments qui ne te permettent pas de faire du sport. Lorsque tu fais du sport à haut niveau, tu ne peux pas te permettre d'avoir une surcharge pondérale. Tu n'as pas le droit de prendre du bide, d'avoir les tissus gorgés d'eau. Tu es obligé d'adapter ton alimentation à ta discipline sportive.

Le régime sert à préserver ta capacité musculaire. Si tu manges n'importe quoi, tu es sujet aux blessures musculaires. Parce que le muscle a besoin de nourriture et il a besoin d'une certaine hygiène pour travailler correctement. Il y a des sportifs de haut niveau qui ont des morphologies particulières et qui peuvent se permettre d'avaler n'importe quoi, sans que ça influence leurs performances. Mais c'est rare. Il y en a d'autres, comme moi, qui sont limite et qui sont obligés de faire très attention pour rester au poids, sachant que le poids, c'est la forme. D'ailleurs, on dit souvent « avoir son poids de forme ». Ça veut bien dire ce que ça veut dire. Il y a un poids où tu es performant et sorti de là, tu es moins bon.

Mais il n'y a pas que le poids qui rentre en ligne de compte dans la diététique. Parce que tu peux très bien être au poids, mais au mauvais poids. C'est-à-dire qu'au lieu d'être au poids en muscle, tu es au poids avec de la graisse. Et là, forcément, tes performances s'en ressentent. Surtout en boxe, parce que si tu envoies cinq kilos de muscles dans les cinq kilos de graisses du mec qui est en face de toi, il a beau être au même poids que toi, à tous les coups, il va la sentir, la différence. Et je ne parle pas des blessures, parce que tout ce qui est alimentaire a une influence directe sur le niveau musculaire, donc il faut faire très attention.

Le régime

Tu as le droit de manger toutes les viandes blanches. Tu peux manger de la viande rouge de temps en temps, si elle est bien grillée. Du poisson, sauf le saumon qui est trop gras. Tu peux manger tous les légumes verts. Des pâtes, du riz ou des pommes de terre. Mais attention, il n'est pas question de te taper un riz Cantonais, non, nature, le riz, et pour les pâtes, c'est pareil. Natures, les pâtes. Pas de fromage, pas de ketchup, pas de beurre. Tu peux mettre un peu d'huile d'olive et du citron sur tes pâtes, si tu veux. Et pour les pommes de terre, ni frites, ni potatoes mais uniquement des pommes de terre à la pelure, cuites à l'eau, sans sel, parce que le sel retient l'eau. Pour ce qui concerne les fruits, tous les fruits sont bons. La banane par exemple, bien qu'elle soit très riche, tant que tu n'en manges pas deux kilos par jour, c'est très bon, parce que tu vas éliminer le sucre. Ce qui n'est pas le cas du sucre que contiennent les gâteaux. Ça en revanche, c'est très mauvais,

parce que le sucre est cuit. Or, une fois qu'il est cuit, il subit une perte de sa valeur énergétique qui est presque équivalente à l'augmentation de sa valeur calorique. Résultat, non seulement tu n'as pas les bons effets du sucre, mais en plus, tu récupères plein pot ses propriétés négatives. Pour un sportif, c'est très mauvais.
Voilà pourquoi, les gâteaux, c'est interdit. Pareil pour les plats cuisinés. La daube, la choucroute, ainsi que tous les bons plats en sauce, c'est super mauvais pour les sportifs.
Ce qui est bon, c'est le fameux blanc d'œuf. Tous les sportifs connaissent et savent qu'ils peuvent en manger tant qu'ils veulent. Mais il faut retirer le jaune, parce que le jaune, c'est plein de lipides et les lipides, c'est de la graisse, alors que le blanc, ce sont des protéines.
Généralement, on dit une chose : « Sur trois œufs, tu peux manger une fois le jaune ».
Pour être clair, si tu manges trois œufs, il faut que tu jettes deux jaunes, voilà. Moi, je dis que le jaune, c'est mieux de ne pas en manger du tout.

Ginette Péchu
Bon, maintenant, tout le monde n'est pas sportif de haut niveau et si par exemple, Ginette Pechu veut faire un régime, le matin elle peut manger des céréales avec un peu de lait et quelques fruits. Si elle a encore faim, elle avale un yaourt à 0%, avec un peu d'aspartam pour remplacer le sucre. Avec ça, elle démarre correctement sa journée, notre Ginette. À midi, comme entrée, elle peut prendre, une bonne salade de crudités avec un peu de carottes, un peu de betteraves, un peu de concombres, un œuf dur en prenant soin d'enlever le jaune. En plat principal, on va lui donner, soit un bon petit poisson, cuit à l'eau, ou du blanc de poulet, accompagné d'un peu de riz ou de pâtes, sans sauce évidemment. Et puis en dessert, on va lui donner un fruit. Voilà. Alors bien sûr, la pauvre Ginette qui commence à s'alimenter de cette manière, au début elle risque d'avoir du mal mais il faut savoir un truc, c'est qu'elle peut se fabriquer des sauces pour agrémenter tout ça. Par exemple, elle peut mettre un peu de citron sur ses crudités, un

peu d'huile d'olive sur les pâtes, elle peut aussi presser une orange sur le blanc de poulet. Il y a toujours un moyen d'accommoder un plat afin de lui donner un meilleur goût. Si elle veut, elle peut mettre un peu d'ail, pas de moutarde, pas de fromage, pas de sauce. Et comme dessert, elle peut manger des fruits et des laitages à 0%.
Avec ça en principe, elle est calée jusqu'au soir. Le soir, on va lui donner un bon potage de légumes, une petite grillade avec des haricots verts, des fruits et un yaourt à 0%. Après, elle peut varier mais si elle veut éliminer sa surcharge pondérale, sans jamais avoir faim, il faut qu'elle reste dans ce type d'alimentation. C'est un choix. Maintenant, dans un régime, il faut savoir encore une chose, c'est que par rapport à la frustration, ce n'est pas tellement ce qu'on mange qui crée un manque mais c'est la quantité. Alors si elle a la quantité en mangeant au régime, elle ne va pas grossir et elle ne fera pas d'hypoglycémie, Ginette. Elle n'aura pas de manque alimentaire avec la tête qui tourne et tout et tout. Non. Je ne suis pas diététicien, mais j'ai été mon propre cobaye. Alors si elle n'est pas malade à la base et qu'elle prend des repas équilibrés, avec tout ce qu'il faut et en quantité suffisante, non seulement il n'y a pas raison qu'elle nous fasse une hypoglycémie, la Ginette, mais en plus, elle a toutes les chances de fondre comme un glaçon au soleil.

Le régime des sportifs

Quand tu fais du sport tu as toujours faim. Il faut le savoir. Un sportif sait que son estomac est comme un muscle. Il se dilate, il se rétracte, il grossit, il se resserre. Plus il fait attention à ce qu'il mange, plus il se met au régime, plus son estomac se resserre et plus il se resserre, moins il a faim. Mais pourquoi est ce qu'un sportif a toujours faim?
Pour deux raisons. La première c'est qu'il est sain, donc il est sportif. Et la deuxième c'est qu'il est jeune.
Quand tu es jeune, quand tu es sain et quand tu es sportif, tu as toujours envie de becter, c'est naturel. Donc tu as toujours faim, c'est normal. Alors quand tu as déjà faim naturellement et qu'en plus, tu fais des efforts répétés parce que tu fais du sport, obligatoirement tu as encore

plus faim. C'est pour ça, qu'entre les repas, un sportif s'autorise à prendre une petite collation, qui semble être contraire à son régime. En réalité, c'est une très une bonne chose. Elle se compose de fruits secs, style abricots, pruneaux, raisins ou d'un yaourt, d'un peu de pain d'épices mais il faut toujours qu'il reste dans la diète. Ce sont des petites collations qui sont très cadrées. C'est assez millimétré et c'est toujours en rapport avec les efforts qu'il a à fournir dans le cadre de son activité sportive. Par exemple, depuis quatre jours, je ne peux pas faire de sport, parce que la salle est fermée pour cause de vacances. Eh bien, en ce moment, j'ai moins faim. J'ai moins faim parce que je ne m'entraîne pas et que mes muscles me réclament moins de carburant. Il faut savoir que lorsque tu es sportif, la nourriture que tu absorbes est directement consommée par tes muscles. C'est à ça qu'elle sert. A contrario, dès que tu fais un excès alimentaire et que tes muscles ne parviennent pas à le griller, tu stockes. Le stock, c'est de la graisse. Et si la graisse prend la place de tes muscles, à poids équivalent, tu perds en performance. C'est facile à comprendre, puisque tu stockes de la graisse qui prend la place des muscles. Par conséquent, tu as beau être au poids, si tu manges mal, tu deviens moins bon, parce que tu t'alimentes mal. Au lieu d'avoir des muscles secs, tu es spongieux de l'intérieur, tu es moins performant et surtout, tu es sujet aux blessures. Il est clair qu'un bon muscle résiste mieux aux agressions qu'un muscle mal travaillé. Voilà ce qu'il faut comprendre lorsqu'on fait du sport à haut niveau. Mais tous les sportifs le savent, ce n'est pas la peine de leur expliquer. Ils sentent naturellement ce qui est bon ou mauvais pour eux. Voilà en quoi le régime ne sert pas uniquement à faire joli. C'est un impératif absolu. C'est une hygiène de vie, ça fait partie d'un tout qui s'appelle le sport de haut niveau. Cela dit, à partir d'un certain niveau, c'est ton corps qui te dicte ta conduite alimentaire. Encore une fois, étant donné que je ne m'entraîne pas, en ce moment, j'ai moins d'appétit. Je mange normalement, tandis que lorsque je sors de la salle, j'ai un appétit d'ogre, je suis capable de manger un poulet entier.

Enfin, je ne mange que le blanc, parce que la cuisse, c'est un peu gras,

donc il vaut mieux éviter. Tandis que si je ne mange que le blanc, je ne grossis pas. Et si j'ai encore faim je me fais une salade de crudités que j'assaisonne avec des sauces faites spécialement pour les gens au régime que l'on trouve dans n'importe quel supermarché. Avant, c'est vrai qu' il fallait se faire ses sauces tout seul, mais maintenant, on en trouve partout des assaisonnements à 0%.
Il y a des yaourts à 0%, il y a un tas de choses à 0%, on trouve même des blancs de poulet sans le poulet autour dans les magasins, donc, aujourd'hui, n'importe qui peut faire un régime.

En période de compétition
En période de compétition, c'est encore autre chose, bien que le régime ce soit tout le temps, puisque c'est la base. J'ai cependant besoin de plus de protéines. Je mange beaucoup de blancs d'œufs cuits. Ce qui est paradoxal dans un œuf, c'est que les protéines sont dans le blanc et les lipides dans le jaune, alors qu'on a l'impression que c'est le contraire. C'est vrai que si tu casses un œuf dans une poêle, le jaune reste bien en place et le blanc gélatineux, presque dégueulasse, se répand partout. L'aspect te fait penser que le jaune est bon tandis que le blanc est mauvais, mais c'est tout le contraire. Pour avoir l'équivalent protidique d'un bon steak, en évitant les inconvénients de la viande, il faut manger à peu près 4 blancs d'œufs. En période de préparation, l'alimentation d'un sportif tourne toujours autour des trois groupes de base que sont les protéines, les hydrates de carbone et les vitamines. Dans ce cas ce sont les proportions qui varient. Uniquement les proportions. Les protéines se trouvent dans le blanc d'œuf, dans le poulet, dans le poisson, dans la viande en général.
Les hydrates de carbone qui servent à nourrir les muscles se trouvent dans les pâtes, dans le riz et dans les pommes de terre. Les vitamines sont dans les fruits. Ça peut paraître compliqué, mais c'est très simple. Tout ce qui ne fait pas partie de cette liste, c'est pour la poubelle.
Mais à l'intérieur de cette liste il y a des nuances que tu finis par connaître à force. Par exemple, les viandes n'ont pas toutes les mêmes propriétés. La viande la moins grasse, c'est le cheval. Le poisson le

moins gras, c'est le cabillaud poché à l'eau. Le saumon, c'est gras, mais il vaut mieux manger du saumon qu'une côte de porc, parce que le porc, c'est très gras. Il ne faut pas y toucher, c'est interdit. Tu peux manger du bœuf, du poulet, de l'autruche, du cheval. Le cheval, c'est idéal comme viande, pour les sportifs. Quoi qu'il en soit, préparation ou pas, je suis toujours au poids. À deux kilos près, je suis au poids toute l'année. Lorsque je suis en préparation, une légère modification de mon schéma alimentaire à l'intérieur de ce régime permanent va précisément me permettre de transformer le peu de graisse naturelle qui me reste en muscle. C'est comme ça que je procède. Je ne suis pas quelqu'un qui se laisse aller dans des excès de bouffe entre les combats et qui prend du poids. On appelle ça des rebonds alimentaires. Je n'en fais pratiquement jamais. C'est vrai que je me fais un peu plaisir après un combat, mais ça dure une semaine. Après je resserre très vite, parce que je sais qu'une victoire implique toujours des échéances nouvelles auxquelles je vais devoir faire face. Donc il faut que je sois prêt en permanence. Et puis surtout, déjà que c'est dur, je ne veux pas lutter pour retrouver un poids de forme que j'aurais perdu pour cause de goinfrerie. Non, non, pas question. Je préfère me surveiller avant, pour ne pas prendre du poids que j'aurais du mal à perdre après. Surtout qu'avec l'âge, les choses ne s'arrangent pas. Plus ça va, plus c'est dur de perdre du poids. À 30 ans, tu ne sèches pas de la même manière qu'à 20 ans. Et à partir de 40 ans, ça devient la guerre.

Chapitre 2

L'accomplissement

On croit toujours que c'est celui qui reçoit les coups qui a mal, mais ce n'est pas vrai.

1- La boxe prfessionnelle

Je ne suis passé professionnel qu'en 1992. Donc j'ai pris le temps. Je travaillais dans la sécurité, ce qui fait que je pouvais m'entraîner mais j'avais un suivi moyen. J'avais presque 28 ans. À 28 ans, j'allais faire quoi, un championnat de France amateur contre des gamins de 20 ans ? Non. Je n'avais pas suivi la filière à l'époque, maintenant c'était trop tard. Et pour passer pro, il aurait fallu que j'aie un promoteur, qu'il me suive, qu'il investisse sur l'organisation de mes combats. Ce n'était pas le cas. Donc pour moi, la boxe, c'était une passion mais ce n'était pas un métier et surtout, je ne me prédisais pas d'avenir dans ce sport.
Et pourtant, c'est tout le contraire qui va se passer. Comme quoi…

Passage pro

J'ai eu la chance de rencontrer Francis Hamdaoui. Il était président de la fédération dans laquelle j'ai boxé par la suite. C'est lui qui a relancé ma carrière. Il me connaissait et il me suivait depuis des années. C'est lui qui m'a donné ma chance pour que je puisse boxer chez les professionnels. Là encore, il faut savoir que ce n'est pas parce que tu as fait cent combats amateurs que tu vas passer professionnel, non. Tu peux très bien n'en avoir que vingt-cinq et être pressenti pour passer pro. Ça dépend des combats que tu as disputés, de la manière dont tu les as gagnés et des gens que tu as rencontrés. Il faut également savoir que lorsque tu passes professionnel, ce n'est plus du tout le même niveau. Ça grimpe très, très vite et très, très haut.

Qui décide du passage pro ?

Francis pensait que je pouvais devenir un bon professionnel, on en a discuté et puis voilà, je suis passé pro. J'avais une carrière amateur plutôt bien remplie, avec très peu de défaites et j'avais rencontré des bons. Lorsqu'il m'a proposé de rejoindre sa fédération, j'ai dit oui.

La fédération

En réalité, je ne m'y attendais pas. C'est la fédération qui décide que tu as le profil pour passer pro. Ça se fait en fonction de ton age, de ta carrière amateur, de l'avenir que tu inspires, il y a beaucoup de facteurs qui rentrent en ligne de compte. On ne te propose pas de passer pro, comme ça, par hasard. Et puis après il faut que tu aies des organisateurs et des promoteurs, sinon tu as beau être pro, tu ne boxes pas. Bon, d'abord, il faut que tu sois classé. Le classement, c'est un rating qui se fait pays par pays où tous les boxeurs de chaque fédération sont répertoriés en fonction d'un classement qui correspond aux résultats des combats qu'elles organisent. Après elles font un mélange pays par pays et à partir de là, elles obtiennent un classement mondial.

Le classement mondial
Tu peux être cinquième français, quinzième européen et trentième mondial. Il y a une espèce d'équilibre qui se crée entre les fédérations. Par exemple, lorsque j'ai fait mon premier championnat du monde, j'étais classé numéro deux mondial par la WKA. Le numéro un, c'était Rob Kaman. Il était champion du monde et moi j'étais champion d'Europe. Et derrière nous, il y avait des Français ou de mecs d'autres pays comme Benatia, Marucci, et les autres, mais il y a tout le monde dans le rating.

La différence de niveau
Je me souviens que dès que je suis devenu professionnel, mon objectif a été de monter dans ce fameux classement. Et pour ça il fallait que je fasse des combats. Mais étant donné la différence manifeste de niveau qui existait entre les amateurs et les professionnels, je me suis dit que si je voulais avoir une chance de faire mon trou, il fallait que je progresse encore. C'est à ce moment précis que je me suis rappelé aux bons souvenirs d'Abdel.

La rencontre avec Abdel
J'avais rencontré Abdel, que j'appelle le gros, dans la sécurité. Je l'appelle comme ça parce que c'est un bodybuilder et chez les bodybuilders, c'est un compliment. Tu es gros, ça veut dire que tu es musclé. Si tu dis à un mec normal qu'il est gros, tu le vexes, tandis qu'un bodybuilder, il est content qu'on le traite ainsi. Abdel était un passionné de sport qui était tellement *gros*, qu'il est devenu champion du monde bodybuilding. Notre amitié remontait à GTI protection, la société que j'avais créée avec des amis. Comme à l'époque on recrutait des agents pour notre boîte, on avait mis des annonces un peu partout et un jour, il y a un mec qui se présente dans nos bureaux, au 116 rue de Paris à Montreuil. Ce n'est pas moi qui le reçois, c'est un de mes associés. Il l'engage sur le champ. Voilà comment le fameux Abdel s'est retrouvé à travailler chez nous. En ce qui me concerne, je le rencontre pour la première fois au cours d'une manifestation dont

on assurait la sécurité. Je vois ce mec avec des bras de cinquante, des épaules énormes, c'était une armoire à glace cet Abdel. On discute un peu et on sympathise. Je comprends tout de suite que ce n'est pas un mec commun. Mais je constate également que ce n'est pas un mec fait pour travailler dans la sécurité. Parce qu'une personne qui travaille dans ce domaine, c'est avant tout quelqu'un qui est très résistant, qui n'a pas besoin de s'alimenter toutes les deux heures, qui doit pouvoir rester debout toute la journée et surtout, qu'on ne remarque pas. Le bon profil pour un agent de sécurité, il est très simple : c'est quelqu'un qui porte un costume et qui est à la fois discret, présent et dissuasif. C'est vrai que ça a changé depuis ce temps-là mais, dans notre société, on avait déjà tendance à choisir des agents plutôt longilignes, avec de belles gueules, un peu style mannequin, plutôt que des mecs qui pesaient 140 kilos et qui mesuraient un mètre quatre-vingts. Ce qui était le cas d'Abdel. Donc, même s'il avait la force physique de dix agents, il n'avait pas du tout le profil de l'emploi. Alors quand en plus il a commencé à m'expliquer que les bodybuilders ne pouvaient pas rester debout trop longtemps parce que ça les fatigue, qu'ils sont toujours au régime et qu'ils bouffent toutes les deux heures, sinon ils font de l'hypoglycémie, ça a commencé à bien me plaire. Franchement, je me suis carrément demandé ce qu'il foutait là.
Non parce que lorsque tu es en poste ou lorsque que tu assures la protection d'un client, tu ne peux, ni t'asseoir, ni manger, ni boire pendant parfois dix heures d'affilée, et ça, ça ne collait pas du tout avec le bonhomme. Par contre, c'était une tronche. Il parlait cinq langues, il était très humain, c'était vraiment la tête et les jambes ce garçon. Et puis surtout, c'était un mec adorable que tout le monde appréciait. C'est pour ça qu'on l'a gardé. On essayait de lui trouver des missions sur mesure, pas trop longues, adaptées aux exigences de son sport et finalement, tout s'est toujours très bien passé avec Abdel, parce qu'indépendamment du sport, c'était vraiment un mec sur qui on pouvait compter. C'est comme ça qu'on est devenu ami.
On a fait beaucoup de missions ensemble. C'était un très bon agent, mais je ne comprenais pas qu'un sportif de haut niveau ait besoin de

bouffer toutes les deux heures. Pour moi c'était une ineptie. Alors un jour, il m'a dévoilé le mystère. C'est tout un truc. Il m'a expliqué que dans ce sport, les mecs s'entraînent toute la journée. Ils poussent de la fonte pendant des heures et des heures, ils carburent sans arrêt, donc, ils ont besoin de s'alimenter régulièrement afin de bien nourrir leurs muscles. Ils mangent en fonction de leur régime évidemment mais ce sont de véritables chaudières. Ils brûlent tout ce qu'ils avalent. Jusqu'à ce qu'il n'y ait plus de résiduel. Ils n'ont pas de gras, pas de stock, alors s'ils sautent un de leurs 7 repas par jour, ils tombent par terre. Voilà le tuc. C'est l'exemple typique d'une adaptation spécifique de la diététique à une discipline sportive très particulière. Ça m'a sidéré. Je n'avais jamais envisagé les choses sous cet angle. Mais j'ai tout de suite capté qu'en matière de sport, le gros en connaissait un rayon. En fin de compte, c'était logique.

Mon préparateur physique

Quand je suis passé pro, je lui ai demandé s'il voulait m'aider et à partir de ce moment, c'est lui qui s'est occupé de ma préparation physique. Ça faisait déjà dix ans que je faisais de la musculation. Lorsque j'ai débuté, j'ai été formé par Moïse et puis après, je me suis débrouillé tout seul. Mais puisque j'étais dans la cour des grands, je me suis dit qu'il fallait absolument que je passe au niveau au-dessus. Et ce niveau, c'est Abdel qui m'a permis de l'atteindre. Il m'a fait faire de la musculation et il m'a littéralement transformé. Il m'a transformé physiquement et il l'a fait d'une manière totalement naturelle. J'insiste bien sur le mot naturelle parce qu'on associe trop souvent la musculation aux anabolisants, aux amphétamines, ou à toutes les cochonneries qu'on peut trouver sur le marché. En réalité, il y a très peu de culturistes qui se chargent. Ne serait-ce que par leur connaissance extrême de la diététique, ils refusent tous les produits qui pourraient endommager leur instrument de travail, c'est-à-dire leur propre corps. Il faut savoir que les culturistes sont habitués à bosser comme des forçats. Pour moi, ce sont des artistes qui façonnent des corps humains. Et je peux affirmer, après avoir sué sang et eau, que pour transformer un corps, il faut beaucoup travailler.

Un champion comme coach

Abdel connaissait son métier par cœur. Avant de me proposer de faire le moindre mouvement, il m'a longtemps regardé m'entraîner. Il m'a suivi à la salle de boxe pour bien comprendre ce que je faisais. Il a pris le temps d'étudier à fond ma morphologie et d'assimiler les exigences physiques de la discipline que je pratiquais. Ensuite, il m'a expliqué ce qu'il fallait que je développe pour m'améliorer. Je me suis dit que je n'y arriverais jamais tellement son diagnostic était sévère. Il considérait que je n'avais pas une belle ligne. Il estimait que je n'avais pas une assez bonne ceinture abdominale, que sur les côtés, ça n'allait pas non plus, il disait que j'avais les hanches un peu fortes, il trouvait que je manquais de bras, de jambes. C'est simple, quand il m'a pris en main, il pensait que je manquais de tout. C'est vrai que je manquais de tout. À partir de ce constat, il m'a composé un programme sur mesure, avec les exercices qui vont avec. Il m'a fait travailler chaque partie de mon corps, il m'a dit quoi faire et surtout comment le faire. Et puis, à côté de ça, en plus, il voulait que je travaille le cardio. Moi, j'ai exécuté son programme à la lettre. C'est comme ça que ça s'est passé.

J'ai immédiatement vu la différence, ne serait ce qu'au niveau de la puissance. Et puis physiquement je n'étais plus le même mec. J'étais beaucoup plus équilibré. Bien sûr que les 10 années précédentes que j'avais passées à soulever de la fonte m'ont été utiles. C'était très bien pour ce que j'avais à faire à l'époque mais ce n'était pas professionnel. C'est lorsque j'ai commencé à m'entraîner avec quelqu'un dont c'était le métier que je l'ai compris, parce qu'à partir de ce moment-là, j'ai véritablement changé. D'où l'importance d'avoir un préparateur physique qui connaît bien son métier et qui est capable de t'apporter ce dont tu as besoin pour être performant. Quand il regarde un mec, il voit tout de suite ce qui ne va pas, ce qu'il faudrait travailler et comment il faudrait le faire. Bon maintenant, sans aller jusque-là, il faut savoir qu'un mec qui n'a jamais fait de musculation, s'il s'entraîne sérieusement, la première année, il peut prendre entre huit et dix kilos de muscle. Par exemple, un mec de trente ans qui démarre, s'il fait attention à ce qu'il mange et s'il va à la salle régulièrement, il prend dix kilos de muscle la première année. En un an, il se fait un corps et après il l'entretient. C'est ce que j'ai fait avant de rencontrer Abdel. J'avais donc une base et grâce à cette base, il a pu me transformer rapidement. Par le travail qu'il a effectué sur moi, il m'a fait comprendre la différence qu'il y a entre un amateur et un professionnel. Ça n'a rien à voir. Sans lui, je n'aurais jamais pu être champion du monde, c'est une certitude. Il m'a préparé, physiquement, en fonction de ma discipline. C'est lui qui m'a permis d'imposer à mes adversaires cette grosse présence physique que j'avais, sur le ring, dès lors que j'ai boxé chez les pros. Par la suite aussi ses leçons m'ont été utiles et j'en ai fait mon métier, puisque à mon tour, je suis devenu préparateur physique. Mais je n'en suis pas encore là. Quand Abdel commence à s'occuper de moi, je n'ai qu'un objectif en tête. Il faut que je monte dans le rating. Et c'est pour cette raison qu'il me prépare physiquement.

L'organisation de la boxe professionnelle

Lorsqu'ils débutent, tous les boxeurs espèrent devenir un jour champion du monde. C'est pour ça qu'ils s'entraînent. Mais si les rêves les plus fous se réalisent parfois, le chemin pour y parvenir est long. Il y a des étapes incontournables et au bout du compte, c'est toujours la fédération qui décide de te donner, ou pas, une chance mondiale. Elle ne peut pas opposer le numéro 1 au cinquantième mondial, ne serait ce que pour éviter qu'il se fasse massacrer. Sinon ce serait ridicule. Et ça voudrait dire que le rating ne sert à rien. Le fameux rating change tous les six mois mais indépendamment de ça, tu as beau être bien classé, il faut quand même avoir des promoteurs qui croient en toi. C'est ce qui te permet de faire beaucoup de combats. Qu'il faut gagner, évidemment. Et pour ça, il faut avoir le niveau, parce que ce ne sont pas des pommes de terre qui montent sur le ring. En tout cas moi, je n'en ai jamais vu.

Les fédérations
Comme tous les sports professionnels, la boxe est organisée autour de fédérations. Il n'y en a pas qu'une seule où tous les athlètes se rencontrent et où le vainqueur est considéré comme le meilleur, non, ça n'existe pas. Il y a plusieurs fédérations, avec des règles, des organisations et des classements différents mais en gros, les dix premiers de chaque fédération se tiennent.

Les titres unifiés
Lorsque différentes fédérations qui ont, chacune des champions du monde leur permettent de se rencontrer, c'est généralement pour unifier un titre, c'est-à-dire que le vainqueur devient champion du monde dans plusieurs fédérations différentes, deux, voire trois, ça dépend du nombre de fédérations que compte le sport dont tu dépends. Parfois, il y a des boxeurs comme Kaman, comme Tyson, comme Ali, ou comme Hollyfield qui sont au-dessus du lot et qui battent tout le monde. C'est pour ça qu'il y a des titres unifiés. Les fédérations se réunissent et elles décident de mettre leurs couronnes en jeu pour un titre unifié. À charge pour le vainqueur de remettre son titre en jeu, en fonction de règles spécifiques à chaque fédération dont il détient la couronne. C'est une obligation et c'est très bien comme ça, sinon les mecs conserveraient leurs titres et il n'y aurait plus de combats. Ça pose des problèmes de calendrier, c'est sûr, et puis il y a des fédérations plus ou moins prestigieuses, des rencontres plus ou moins attractives. Pour le détenteur d'un titre unifié, ce n'est jamais simple. Il a des choix à faire. C'est la raison pour laquelle il existe des titres vacants. Dans ce cas, faute d'avoir combattu dans les délais imposés par sa fédération, le boxeur est destitué de son titre et sa ceinture est remise en jeu. C'est ce qui s'est produit lorsque j'ai rencontré Nicola Marucci. Le titre WKA était vacant et les deux boxeurs les mieux classés se sont disputé le titre. Kaman a préféré rencontrer l'Américain Rufus en boxe américaine, plutôt que d'assurer une énième défense de son titre mondial en WKA. C'est comme ça qu'il est temporairement

passé de la première à la troisième place, alors qu'à l'époque, il était invaincu. Dans un sens, je peux affirmer que j'étais là au bon moment. j'étais à l'heure en quelque sorte. Parce qu'en boxe, si tu es en en avance ou si tu es en retard, tu n'es pas champion du monde. On sait bien que le monde ne s'est pas fait en un jour, alors avant d'en arriver là, il a fallu que je passe par différentes étapes. Tout a commencé par une victoire décisive au Cameroun.

Le combat révélateur

Un jour, je reçois un appel d'Emmanuel Essessima, un ancien champion du monde de Kick-boxing que je connaissais depuis des années. Il me propose de participer à une réunion professionnelle qu'il organise à Yaoundé, au Cameroun. Je dois rencontrer un champion local, le célèbre Jacob Tchatchuing, dit Makiwara, qui vient de la boxe anglaise. Pour moi qui avais du mal à trouver des combats, boxer était en soi une opportunité extraordinaire et en plus, à l'étranger, c'était encore mieux. D'autant que cette rencontre me permettait, en cas de victoire, de rentrer dans la cour des grands. Et puis surtout, elle me permettrait enfin d'être définitivement fixé sur mon niveau réel, parce que lui, il figurait déjà dans les classements mondiaux. Jacob Tchatchuing avait en effet une carrière que je n'avais pas. Il avait plus de 60 combats professionnels au compteur. Il avait boxé Evangelista en anglaise. Et Evangelista avait boxé Cassius Clay et Larry Holmes. Et Holmes avait battu Ali et il avait boxé Tyson

C'est donc une chaîne incroyable d'images qui défile devant mes yeux quand j'accepte de faire ce combat. Pour la petite histoire, Tchatchuing s'était lancé dans la boxe pieds-poings, au Cameroun, où il était invaincu mais il n'avait pas encore rencontré d'adversaire Européen dans cette discipline. Ce qui fait que pour lui aussi ce combat était sans doute un moyen de savoir où il se situait dans la hiérarchie mondiale. Je me suis dit que si ça se passait bien, par la suite, je pourrais peut-être obtenir une chance française ou européenne, car manifestement quand on boxe contre ce genre de mec, on est dans le haut du pavé. Il s'agissait d'une rencontre internationale, mais il n'y avait pas de titre en jeu. Le combat se déroulait sous l'égide de la Fecaboxe, une fédération Camerounaise reconnue par toutes les instances internationales du kick-boxing. Donc il serait pris en compte et c'était un peu la chance de ma vie.

L'importance de ce combat
J'avais déjà fait quelques combats professionnels mais je n'avais encore rien accompli de bien déterminant. Quand j'ai vu arriver ce monument, qui était chez lui en plus, j'ai été impressionné mais je me suis dit que si je ne le battais pas, je n'avais rien à faire dans la boxe non plus. Je m'attends à un combat très difficile. Et il le sera. Tchatchuing était dur, il frappait fort et il avançait sans arrêt. Le pire c'est que j'avais l'impression qu'il ne sentait pas mes coups. Il les encaissait sans broncher. Je commençais à me poser de sérieuses questions, mais peu après l'appel de la 5ième reprise, l'arbitre a arrêté le combat. Mes low-kicks avaient fini par payer. Il n'arrivait plus à marcher.
Ma spécialité, c'était déjà le low-kick. Coup de pied dans les jambes. Enfin, dans la cuisse pour être précis, parce que si tu tapes dans les jambes, ça ne sert à rien. En boxe, il y a des mecs qui ont des coups à eux. On dit :
« Celui-là, il a un uppercut terrible, fais attention, ne t'approche pas trop près»,
« Celui-ci, il a une bonne droite, ne reste pas en ligne », ou encore,
« fais gaffe à son crochet gauche en sortie de corps à corps ».
Moi, c'était plutôt le low-kick de la jambe droite, celui que m'avait appris Pud äd Noy.

Le détonateur
Mon combat au Cameroun va s'avérer être un véritable détonateur. C'est celui qui va me permettre de penser :
« Tiens, je peux vraiment boxer chez les pros , j'y ai gagné ma place».

Dès lors, il me semble que je peux faire des choses intéressantes dans cette discipline.
C'est le tremplin qui va me conduire aux portes du championnat d'Europe. Déjà, parce que je vais être classé au rating. Ensuite, parce que je sens que la confiance s'installe. Je me dis que je ne me suis pas trompé, que j'ai le niveau, que je suis prêt. Et puis enfin et surtout, parce que, suite à cette victoire, il y a des promoteurs qui s'intéressent à moi et qui vont organiser des réunions pour que je boxe plus souvent. En fait, quand je pars en Afrique, je sais parfaitement que je vais au casse-pipe. Mais si je gagne, ça change tout. Oui, parce que si je bats Jacob qui a déjà un nom, non seulement je ne suis plus un faire-valoir, mais en plus, je ramène le critérium d'Afrique de Kick-boxing, ce qui ne signifie pas grand-chose en soi, sauf que c'est ce qui va me permettre de figurer immédiatement dans les classements mondiaux. Il ne faut pas perdre de vue qu'à l'époque, je débute et qu'il s'agit d'un combat déterminant pour moi. Après le Cameroun, tous les championnats sont arrivés.

La bourse du Cameroun
Pour l'heure, le contrat est signé.Tous les frais sont payés. La bourse, c'est-à-dire la somme que l'organisateur me donne pour ce combat est de trois cents dollars. Même en 1992, trois cents dollars, ce n'est pas beaucoup. Quand tu acceptes de partir à l'étranger pour trois cents dollars, ce n'est pas le pognon qui te motive, au moins, c'est clair. J'ai accepté le deal parce que je ne trouvais pas de combats en France et si je voulais avoir une chance de sortir, il fallait absolument que je monte dans le classement. Mais pour ça, il fallait que je boxe. Voilà pourquoi je suis parti. À titre de comparaison, en France, pour un combat équivalent, la bourse tournait entre 15 et 20 000 francs, à l'époque. En l'occurrence, ce n'est pas la bourse qui m'intéresse. J'y vais parce que c'est un combat pro, organisé par un pro, contre un vrai pro et que ça va me permettre de savoir où j'en suis. Parce que la question que je me posais souvent, c'était :
« Est-ce que je continue dans ce sport en tant que professionnel, ou

est-ce que je me suis trompé et dans ce cas, je reste amateur et je le pratique uniquement par plaisir ».
J'avais décidé, comme on joue à quitte ou double, de me mettre tout seul au pied du mur.

Le pedigree de Jacob

Je dis ça parce que je savais que ce gars-là avait une classe mondiale en boxe anglaise. Je savais également qu'il avait fait une partie de sa carrière en Europe et notamment en France et puis qu'un jour, il en avait eu marre alors il avait décidé de rentrer chez lui et de se lancer dans le pieds-poings. Mais c'est à peu près tout ce que je savais de lui. Je n'étais pas franchement rassuré parce que lorsque tu prends un bonhomme de ce niveau, même en pieds- poings, attention, il ne faut pas les prendre, ses coups, hein. Non, il ne faut pas les prendre.
En plus, je me doutais qu'il devait probablement viser plus haut et pour lui je n'étais finalement qu'une étape programmée dans son ascension.

Orly

Je prends l'avion. Je pars pour sept jours, j'ai un sac de sport, c'est tout. Je voulais emmener mon entraîneur, mais il n'y avait pas de billet pour un accompagnateur. Je suis donc parti tout seul. C'est l'organisateur qui m'a fait le coin. Il m'a dit :
« On n'a pas de budget pour faire venir deux personnes alors, si tu es d'accord, c'est moi qui m'occuperai de ton coin ».
J'ai dit : « ok, il n'y a pas de problèmes ».
Il y avait également un autre Français avec moi. Il s'appelait Momo et il boxait en super walter. Lui non plus n'avait pas pu avoir de billet pour son entraîneur. C'est donc Emmanuel qui nous a fait le coin. Je suis arrivé avec mon certificat médical et la fédération a validé le combat. C'était un gala de boxe pieds-poings. On est monté en Kick-boxing. Pas en boxe Thaï. Donc on n'avait pas droit aux coups de coudes, ni aux coups de genoux.

L'arrivée au Cameroun

L'avion se pose à Douala. C'est très humide Douala. C'est très, très moite. On savait que le vol n'était pas direct et qu'il y avait un changement pour aller à Yaoundé. Mais là-bas, ce n'est pas comme en France, il faut descendre à pied sur la piste pour rejoindre l'aéroport. En sortant de l'avion, j'ai un choc parce que je ne comprends pas ce qu'il se passe. Je trouve qu'il fait anormalement chaud. C'est une chaleur écrasante qui m'assaille d'entrée. Je suis surpris parce que je connaissais le brésil, mais au niveau chaleur, ça n'avait rien à voir.

Le Brésil

Quelques mois auparavant, j'étais allé à Belo Horizonte, au Brésil pour disputer un combat contre Santos. A l'époque, la boxe pieds-poings n'était pas encore très développée. Santos était champion du Brésil. Je l'ai rencontré et sans aucune prétention, je l'ai battu avec une relative facilité. Il n'avait pas de low-kick, il était limité en anglaise et pourtant, chez lui, c'était un mec qui battait tout le monde. Il venait du Jujitsu, il s'était mis dans le pieds-poings et la fédération, qui devait avoir des doutes, a fait appel à un Européen pour estimer le niveau réel de ses boxeurs. Cet Européen, c'était moi, et je ne crois pas que je les aie rassurés.

Rencontre contre Santos

L'histoire avait démarré suite au coup de téléphone d'un ami qui m'avait fait la proposition suivante :

- « Salut Eric, il y a un combat à Belo Horizonte, contre Santos, est-ce que ça t'intéresse » ?

Tu parles que ça m'intéressait. Je suis parti au brésil sans même savoir qui était le Santos en question. Billet d'avion payé, je fais escale à Rio, d'où je reprends un avion pour Belo Horizonte. Je me souviens que mon ami Abdel m'a accompagné à ses frais. Il venait d'être sacré champion du monde de body-building et il était mon préparateur physique attitré. Ce voyage l'intéressait, mais comme les organisateurs n'avaient pas de budget, il a fallu qu'il paye de sa poche

pour venir avec moi. Santos avait besoin de savoir où il en était par rapport aux boxeurs européens. Et moi aussi j'avais besoin de savoir où j'en étais. C'était le début de ma carrière pro. Je n'étais pas encore classé parce que, pour être classé, il faut avoir un certain nombre de combats, ce qui n'était pas mon cas. Alors j'acceptais de rencontrer tous les adversaires qu'on voulait bien me donner. On me proposait de faire des combats et je prenais tout ce qu'il y avait à prendre.
-Le champion du Brésil ?
-Ok pour le champion du Brésil.
Pour lui, je devais être une référence parce que j'avais une carrière amateur assez solide et surtout, si la WKA m'avait fait passé pro, c'est que je ne devais pas être trop mauvais. Voilà ce qu'il devait se dire. En plus, il avait probablement demandé un adversaire avec un certain niveau, sinon sa démarche n'aurait pas eu de sens.
Comme le combat de Belo Horizonte s'était bien passé, le lendemain, on est reparti à Rio, avec Abdel, et on est resté une semaine de plus sur place, histoire de prendre un peu de vacances. On avait loué un appartement rua Balata Ribeiro, avec mon pote, je m'en souviendrai toute ma vie. Et à deux pas de chez nous, rue Duvivière, juste à côté du Pain de Sucre, à Copacabana, il y avait une salle de boxe et de musculation tenue par les frères Jaïmé, où j'allais m'entraîner. Par la suite, j'y suis retourné à plusieurs reprises, en vacances. Les années qui ont suivi, tous les hivers, dès que je pouvais, je partais trois semaines ou un mois au brésil, avec mon pote. J'allais m'entraîner là-bas.

Belo Horizonte
Belo Horizonte est une ville située à l'intérieur des terres, à environ une heure et demie de vol de Rio. C'était la première fois que je boxais hors de France. Je découvre un monde nouveau, des gens différents, une grande ville. L'organisateur est venu nous chercher à l'aéroport et il nous a conduits à l'hôtel. C'était un mercredi. La rencontre avait lieu le samedi suivant. Ce qui fait qu'on a eu le temps de se balader un peu. On nous avait délégué un bonhomme qui s'est occupé de nous pendant toute la durée du séjour. Il nous emmenait à la salle, il nous

faisait visiter, il nous présentait des gens. Le jour du combat, on arrive dans une salle super moderne, qui n'avait manifestement jamais servi mais qui ne semblait pas uniquement dédiée à la boxe. Quand je rentre là-dedans, je me dis :
« C'est neuf, mais c'est petit. » .
C'est exactement la réflexion que je me suis faite.
La salle est petite et elle comporte des installations modulables. Au moment de monter sur le ring, je me rends compte qu'ils ne connaissent pas du tout la boxe pieds-poings. C'est très particulier comme ambiance, parce que la rencontre se déroule dans cette espèce de salle polyvalente au centre de laquelle les organisateurs ont installé le ring. Tout autour ils ont mis de chaises mais je ne pense pas qu'il y ait eu la place de mettre plus de trois-cents personnes au total. C'était incontestablement neuf comme bâtiment, alors ils se sont peut-être servis de ce combat pour promouvoir leur nouveau complexe. Je dis ça parce que je me souviens qu'il y avait beaucoup de gens de la presse et j'ai eu le sentiment qu'ils n'étaient pas uniquement venus pour nous.
Sur le ring, Santos encaisse low-kick sur low-kick. A l'appel de la 4ième, il ne peut plus marcher et il abandonne. Je me souviens que j'ai été payé en Cruzeros à l'époque, c'était pas des Reals, mais quoi qu'il en soit ça faisait moins de cinq cent dollars. Le voyage était payé, je venais de gagner un combat international et le montant de la bourse m'importait peu.
Et puis il faut savoir qu'au début, tu ne peux pas refuser un combat. Si tu veux faire carrière et a fortiori décrocher un titre de champion du monde, il y a des choses que tu ne peux pas refuser. Parce qu'un championnat, quel qu'il soit, ça ne vient pas tout seul, il faut le mériter pour avoir une chance de le disputer. Donc, pour ça, il faut faire des combats. Cela étant, à l'époque je ne pensais pas directement au titre de champion du monde mais quand je commence quelque chose, j'aime bien aller jusqu'au bout. C'est comme quand j'ai une relation avec une femme, si je commence une histoire, ce n'est pas pour que ça s'arrête au bout de 15 jours. Ça peut durer 15 jours quand ça ne suit

pas, parce qu'on ne sait pas comment les choses se passent dans la vie, mais en principe, quand je m'engage, je m'investis vraiment à fond. Je vais jusqu'au bout. Que ce soit dans le sport, le travail, les relations affectives, c'est une constante chez moi. Alors forcément, le jour où je passe professionnel, je sais qu'il va y avoir des étapes, mais le bout, le but final, le terminus, c'est le titre mondial.

Première tête d'affiche

Passer de combats d'encadrement comme je le faisais, en amateur, dans la région parisienne, à tête d'affiche d'une réunion internationale contre Santos, est une étape significative pour moi.

À Belo Horizonte, les choses se passent bien pour moi, puisque je bats le champion du Brésil sans trop de difficultés mais quel que soit l'adversaire, lorsque tu montes sur un ring, tu n'as jamais gagné à l'avance. Vu des tribunes, il est facile de critiquer, pourtant quand tu es dans le carré, ce n'est plus la même histoire. Il faut gagner.

De Belo Horizonte à Douala

Belo horizonte, ce n'est pas Douala, et surtout, Jacob, ce n'est pas Santos. Il faut savoir qu'au Brésil, il y a des favelas, d'accord, mais il y a aussi des gens qui ont de l'argent. Soit tu as une maison avec des gens qui te font la sécurité, soit tu es dehors, en train de faire de la mendicité et de crever la dalle. Il n'y a pas de juste milieu, c'est tout ou rien. Tandis que Douala, ce n'est pas ça. Du reste, quand je suis arrivé au Cameroun, je me suis dit que ce n'était pas le Brésil. C'est très paradoxal parce que l'hôtel dans lequel j'étais installé à Belo Horizonte était un très bel établissement, mais c'était un hôtel normal, tandis que celui dans lequel je suis finalement descendu à Yaoundé, c'était l'hôtel Mont-Fébé, et là, c'était carrément un palace pour touristes. Il faut dire aussi qu'on ne devait pas être là. Au départ l'organisateur nous avait installé dans un camp de boxeurs, où, dès le premier jour, je me suis fait tirer toutes mes fringues. Ma montre avait disparu, ma chaîne en or également. Il n'était pas question que je reste une seconde de plus dans cet endroit. Essessima l'a bien compris, alors après son accueil raté, il nous a installé comme des princes dans ce qui doit correspondre à un 4 étoiles de chez nous, et qui, au Cameroun, devait être un véritable palais.

L'hôtel Mont-Fébé et l'affichage

C'est comme ça qu'on s'est retrouvé à l'hôtel Mont-Fébé, en haut des collines de Yaoundé. Je me souviens qu'il y avait des affiches placardées partout dans la ville. Blondel vs Tchatchuing à Yaoundé. C'est bizarre l'Afrique, parce que c'était le style d'affiches qu'on aurait pu trouver, il y a trente ans, en France. Il y avait nos deux têtes, avec nos noms marqués en dessous, c'était très joli. C'était marrant de voir ça, parce que pour un combat de boxe, l'affiche était presque poétique. Et surtout il y en avait partout. La publicité était tellement bien faite que les gens me reconnaissaient dans la rue. Inutile de préciser qu'il n'y avait pas non plus beaucoup de blancs qui se promenaient dans Yaoundé. Les gens me reconnaissaient et ils s'adressaient à moi, sans aucune méchanceté, en disant que j'allais me faire étaler par leur champion.

Le choc

Avec Momo, on savait, par la personne qui nous avait remis les billets à Paris, qu'on aurait deux heures de transit en atterrissant à Douala. De là, on a pris un avion à hélice, beaucoup plus petit, qui n'arrivait pas à sortir des nuages. On s'est demandé un instant s'il n'allait pas s'écraser. Ça secouait pas mal et pour tout dire, c'était assez folklorique. Comme à Douala le temps de transits était relativement court, on a attendu sagement la correspondance dans l'aéroport. Ce qui fait que le véritable choc s'est produit lorsque nous sommes arrivés à Yaoundé. Là, il y avait plein de petits gamins qui nous demandaient de l'argent, qui voulaient porter nos sacs, qui nous proposaient des taxis. Bon, nous, on a tout de suite compris et on a décliné poliment. On a attendu un petit peu et on est tombé sur un panneau avec nos noms. En fait, il y avait un mec qui nous attendait à l'aéroport. C'est lui qui était chargé

de nous conduire, en voiture, jusque dans le camp de boxe dans lequel l'organisateur du combat avait prévu de nous installer.
On traverse la ville et je vois tous ces marchés bariolés, avec la viande qu'ils vendent, dehors en plein soleil. C'est vrai qu'il y a des trucs assez à part dans ce pays. Je découvre les petites routes du Cameroun. Quand on ne connaît pas, au début, ça surprend, parce qu'on s'attend à avoir du goudron, mais non, ce sont des chemins en latérite, une sorte de terre rouge qui se transforme en boue dès qu'il pleut et qui rend la route impraticable. Bref, je me rends compte que le Cameroun, par rapport au Brésil ou à la Tunisie, c'est assez rustique, quand même. J'ai le temps de voir tout ça, parce qu'entre l'aéroport et le camp d'entraînement, il y a au moins une heure de route.

Yaoundé
On roule sur une grande piste, mais il faut faire attention à tout ce qu'il se passe autour, parce qu'il n'y a pas de trottoirs là-bas. Les gens marchent sur le bas-côté, ils traversent n'importe comment, il y a des enfants qui jouent au ballon entre les voitures. C'est surprenant, on se demande comment ils font pour ne pas avoir d'accident. Et puis j'ai vu beaucoup de charrettes aussi. Des charrettes tirées par des animaux, avec des gens agglutinés dessus. En réalité, ce sont des taxis. Autant dire que ceux qui possèdent une voiture, même toute cassée, ce sont des gens riches, là bas. C'est incroyable. C'est comme dans un film et rien qu'en traversant Yaoundé, je découvre un autre monde. Et puis il y a toute cette mendicité, avec des gosses qui voient bien que tu n'es pas d'ici et qui viennent sans arrêt te demander de l'argent, ou qui veulent que tu leur achètes quelque chose. Et pourtant, bien que les gens soient très pauvres, j'ai été très bien reçu au Cameroun. Mis à part le larcin dont j'ai été victime le premier jour dans le camp de boxe, les gens sont très gentils là-bas. Ils sont très chaleureux. Malgré une misère visible au premier coup d'œil, ils sont sympas. Ce n'est pas évident, ils pourraient se révolter, voler, piller, tuer, non, ils sont foncièrement gentils.

Le camp de boxe

Après une bonne heure de route, on arrive à destination. Le camp est un bâtiment en dur, construit sans fondations à même le sol. Il y a une aile avec une dizaine de chambres minuscules. Elles font 8 mètres carré à tout casser. Elles sont alignées les unes à côté des autres, comme des cellules. Il fait très chaud. Il fait très, très chaud. Je suis trempé, je suis en nage. J'apprends que c'est une sorte de camp d'entraînement de boxe et que « nous » allons y être hébergés pendant toute la durée de notre séjour. On nous attribue deux chambres d'office, une à Momo et une à moi. Dans la cour, il y a plein de jeunes futurs champions. Ils sont pris en charge par je ne sais qui, la fédération locale peut-être.

La journée se passe et le soir, Emmanuel nous invite à dîner dans un petit restaurant typique de la région. Et puis, la fatigue aidant, on va se coucher dans nos chambres respectives. Je me souviens que les portes ne fermaient pas. Le lendemain matin, quelqu'un est venu nous chercher pour nous emmener à la salle d'entraînement. À midi, lorsqu'on est revenu, j'ai constaté que ma case avait été visitée. Toutes mes affaires étaient éparpillées et mes objets de valeur avaient disparu. Heureusement pour moi, les voleurs avaient laissé mes papiers. À l'époque il n'y avait pas de téléphone comme maintenant, alors j'ai demandé à ce qu'Emmanuel soit prévenu et lorsqu'il est arrivé, je lui ai dit :

« Si tu ne me sors pas immédiatement de cet endroit, je ne boxe pas et je me tire direct».

Il a bien compris que je n'étais pas en train de plaisanter et il m'a garanti que les choses allaient s'arranger. C'est comme ça que le soir même, avec Momo, on a changé de crèmerie. Le contraste était saisissant. On est passé d'un bidonville de la banlieue de Yaoundé à un palace des quartiers chics, situé sur les hauteurs de la ville. On n'en demandait pas tant mais bon, apparemment, au Cameroun non plus, le juste milieu n'existait pas.

Quant à mes affaires, j'avais fait une croix dessus. D'ailleurs on ne les a jamais retrouvées. Au départ, il n'était pas question qu'on aille dans un palace, ce n'était pas prévu comme ça, mais vu les circonstances, l'organisateur n'avait plus le choix. Il reçoit des gens qui viennent de loin, la moindre des choses c'est qu'il assure décemment leur hébergement. Le combat avait lieu le samedi soir, c'est-à-dire deux jours plus tard. Tous les matins, j'allais m'entraîner. Je ne pouvais pas courir durant la journée, à cause de la chaleur, donc j'y allais le soir. Avant un combat, je ne fais plus que de l'entretien. j'y vais tranquille, je ne mets pas les gants pour ne pas prendre un mauvais coup, je fais des petits footings, des promenades, j'y vais vraiment léger. J'étais à l'hôtel avec Momo et on restait ensemble. On n'appartenait pas au même club mais étant donné qu'on avait pris l'avion ensemble, qu'on était tous les deux au programme de la réunion, lui, en super walter, moi, en mi-lourd, et qu'on avait tous les deux subi les approximations de l'organisation locale, on avait décidé de rester ensemble. Mais on ne faisait pas partie d'un Team à proprement parler. Et puis, lorsque tu es boxeur professionnel, tu n'appartiens pas automatiquement à un club, non non, quand tu es amateur, oui, mais chez les pros, ce n'est plus le cas. Tu appartiens à la fédération dans laquelle tu boxes, mais tu t'entraînes où tu veux.

La pression monte

La pression monte. Je connaissais le papier de celui que j'allais rencontrer et là encore, ça n'avait rien à voir avec ce qui s'était passé au brésil. Cette fois, j'avais à faire à quelqu'un qui avait une sacrée carrière en anglaise derrière lui. Il avait été découvert par Jean Bretonnel, le manager mythique des années 80, et ça devait être un client plus que sérieux. Pour moi, ce combat était un vrai test. Il n'y avait pas de titre en jeu, mais je savais que c'était le début ou la fin de ma carrière professionnelle qui se jouait.

Le régime

A moins de deux jours du combat, tu es obligé de rester au régime. Tu manges des salades, des blancs de poulets, des blancs d'œufs, du poisson, des fruits. La pesée étant prévue le samedi à midi, il n'était pas question que je fasse des excès. Mais après la pesée, si tu boxes le soir même, il faut impérativement que tu reprennes des forces. Alors tu manges un peu l'après midi et tu fais ce qu'on appelle un rebond. C'est-à-dire que tu reprends du poids. Quoi qu'il en soit, tu évites quand même tous les plats en sauce, tous les fromages, toute la charcuterie, tous les gâteaux et tu évites de faire des écarts.

Le restaurant de l'hôtel

Depuis notre arrivée à l'hôtel Mont-Fébé, on est totalement pris en charge. Ce qui ne devait être qu'un lieu d'hébergement s'est finalement transformé en pension complète. Ça ne me dérangeait pas parce que dans n'importe quel restaurant, la personne qui veut manger régime peut manger régime. Par exemple, tu regardes la carte, s'il y a un steak frites, tu demandes un steak mais sans les frites. Rien ne t'empêche de manger une salade verte à côté.

Comme les serveurs commençaient à bien nous connaître, on n'avait plus besoin de préciser à chaque fois :

« Grillé, le poisson et avec une salade, si c'est possible ».

« Non, pas de dessert.»

« Pas de café, merci ».

« Pas de vin » .

Ils savaient pourquoi on était là et tout se passait bien. Il y avait des buffets de folie dans cet hôtel, mais je n'y touchais presque pas et je mangeais uniquement des fruits.

L'entraînement avant le combat

Pour ce qui concerne l'entraînement, je vais à la salle, tranquillement, sans fractionner, je ne fais pas de musculation, non plus. Durant les dix jours qui précèdent un combat, il ne faut plus faire de musculation, jamais. Je travaille uniquement sur la vitesse et la récupération. Je fais un peu de sac, un peu d'abdominaux, un peu de shadow, je marche beaucoup, je fais des assouplissements, des étirements, des trucs légers quoi. Je ne suis plus en préparation, je suis en récupération. Il faut que je recharge les batteries pour aller au combat.

La conférence de presse

Le jeudi précédant le match, j'ai croisé Jacob Tchatchuing à l'hôtel, lors de la conférence de presse qu'avait organisée Emmanuel Essessima. Il s'est assis entre nous pour présenter le combat à la presse. Quand j'ai vu cet engin, je me suis dit qu'il était pire en vrai que sur le papier. Imposant, le visage marqué, calme, avec beaucoup d'expérience. J'ai senti que ce mec avait beaucoup de métier. Le combat étant prévu le samedi, j'ai eu deux jours pour méditer. Je n'avais pas peur mais je me suis dit qu'il était vraiment dissuasif.

Un sommeil glauque

Malheureusement pour moi, je ne dors jamais très bien avant un combat. Je fais le combat dans ma tête des centaines de fois. Je ne sais pas comment je vais boxer mais j'essaye d'imaginer ce qui peut se passer. Avant de monter sur le ring, je fais toujours le combat dans ma tête. Et je le refais dix fois, cent fois, mille fois. Je me pose des questions, toujours les mêmes :

« Comment est ce que ça va se passer » ?

« Est-ce que je vais être bien » ?,

« Est-ce que je vais bien monter les mains » ?

« Est-ce que je vais être dans le bon rythme » ?

« Est-ce que je suis prêt physiquement » ?

« Est-ce que j'ai assez dormi » ?

« Est-ce que j'ai fait correctement ma préparation » ?

Et puis j'ai des réponses aussi :

« Ce serait bien que je fasse comme ci ».

« Ce serait bien que je le boxe comme ça ».

J'ai un film qui passe dans ma tête avant chaque combat. Il y a des flashs qui défilent sans arrêt. Ca n'arrête pas. Je ne pense à rien d'autre. Ni à ma famille, ni à mes amis, à rien. Il n'y a que le combat dans ma tête. J'évacue totalement tout ce qu'il y a autour de moi, je ne pense qu'à ça. Je suis dans le film. Le pire, c'est que tu peux te faire tous les films de la terre, tu peux tout envisager, tu peux revisiter mille fois toutes les options que tu veux, ça ne sert à rien, parce qu'une fois que tu es sur le ring, les choses ne se passent jamais comme tu les avais imaginées. C'est fou, non. C'est psychologique en fait. Avec l'expérience, tu vois les choses différemment. Tu dors toujours aussi mal, mais plus ça va, moins tu as d'appréhension. Déjà, avec la presse, tu es plus à l'aise. Parce que quand tu boxes en amateur, il n'y a pas de conférence de presse. Il n'y a pas de médias. Personne ne te connaît. Des boxeurs amateurs, il y en a dans tout Paris.

Ma première conférence de presse

Au Cameroun, je fais l'une de mes premières conférences de presse, puisque je suis au tout début de ma carrière pro. Pour moi, les micros, les photographes, les journalistes qui me posent des questions, c'est nouveau. Ils me demandent d'où je viens, si je connais mon adversaire, comment je vais aborder le combat. Je réponds que je suis prêt, que j'espère faire un beau combat et je remercie mon adversaire de me permettre de le rencontrer. Voilà en gros ce que je raconte aux journalistes qui me posent des questions. Je n'ai jamais fonctionné à la menace lors de mes conférences de presse, comme on le voit souvent aujourd'hui, ou comme ça se passe beaucoup au Etats-Unis où ils font mousser leur affaire avec des gens qui sont de véritables show-men. Moi je n'ai jamais fait ça, j'ai toujours respecté mes adversaires, c'est peut-être un tort, mais j'ai toujours été réservé.

J'apprends à lire mon adversaire

Ce jour-là, à Yaoundé, j'ai aussi appris à lire mon adversaire. En sortant de la conférence de presse, je sais que le mec va être dur. Je le vois dans ses yeux. On sent ce genre de choses lorsqu'on fait de la boxe. Et là, je vois un mur en béton en face de moi. Je sais que ça va être très difficile. Je sais surtout qu'il ne va pas falloir que je le boxe en anglaise, parce que lui, c'est une grosse pointure dans ce domaine. Je me dis qu'il va falloir que j'insiste sur ma technique de jambes. Je me le dis et je me le répète. Je revois mentalement ses arcades défoncées, son nez écrasé. Il correspondait bien à ce qu'on m'avait dit, mais en pire. J'avais demandé à Freddy Skouma, qui le connaissait, ce qu'il en pensait et il m'avait garanti que c'était un bon. Très dur à boxer. Alors, bon, voilà, je savais qu'il était meilleur que moi. Il ne me restait que mon low-kick pour affronter ce colosse.

La pesée

La pesée a lieu quelques heures avant le combat, à l'hôtel Mont-Fébé. Il est monté sur la balance et il avait trois kilos de plus que moi. Il n'était pas au poids, mais bon, ça se fait en pieds-poings, donc le combat n'est pas annulé. Je le regarde une dernière fois, pour me rassurer, mais je constate qu'il est vraiment balaise. On se serre la main et, dans ma tête, je me dis vivement ce soir. J'avais le sentiment depuis deux jours que ce combat allait être dur mais au cours de la pesée, mon sentiment se confirme définitivement. D'ailleurs, ce n'est plus une impression diffuse que j'ai, non, maintenant, c'est une certitude.

L'attente

Après la pesée, je suis allé déjeuner. J'ai dû me récupérer entre un kilo et demi et deux kilos, je sais que je me suis bien rechargé et maintenant, j'attends le soir. J'attends. J'attends.

En principe, durant l'après-midi qui précède un combat, c'est bien de dormir un peu. Mais cette fois, c'est impossible. Je n'y arrive pas. Je suis une boule de nerf. Je marche, j'écoute de la musique, je regarde un film, et puis surtout, je vois les aiguilles immobiles de l'horloge. J'ai presque envie de les pousser à la main pour faire avancer le temps, tellement je suis impatient d'arriver à l'heure du combat. Lorsque tu boxes en France, ou que tu es chez toi, tu vas voir un copain, tu es entouré, ou tu t'enfermes dans une chambre en sachant que si tu veux voir du monde, tu peux sortir pour parler à des gens que tu connais . C'est ce que je fais habituellement avant un combat. Mais au Cameroun, je ne connaissais personne. Il y avait Momo, l'autre boxeur, qui était dans sa chambre et moi j'étais dans la mienne. Parce qu'à partir de la pesée, ce n'est pas que ce soit chacun pour soi, mais chacun se concentre de son côté, chacun est dans sa bulle et chacun est dans son combat.

Les intentions de Jacob

J'ai plein de pensées contradictoires qui se mélangent. Je me dis que Jacob veut probablement savoir s'il est capable de faire d'aussi bons résultats en pieds-poing qu'en anglaise. Il a peut-être l'intention de monter un championnat du monde derrière, je ne sais pas. Ce qui est sûr, c'est qu'il est en fin de carrière en anglaise et qu'il veut désormais se lancer à fond dans le pieds-poings.

L'entorse au régime

Et puis je passe à autre chose. Je me félicite d'avoir résisté au buffet tout à l'heure. Et je me répète que ce n'est pas parce que la pesée a eu lieu que je vais manger une tarte à la crème ou une choucroute. Non non. Je reste sur le régime. De toute façon, si tu t'alimentes mal, tu es sujet aux blessures quand tu es sportif de haut niveau. Je sais tout ça, mais je me le répète en espérant que les aiguilles de l'horloge ont avancé depuis tout à l'heure. Mais je n'ose pas regarder.

La chaleur

Je viens de regarder l'horloge. Il est 14 h. Il fait très chaud et il fait toujours aussi humide. Le ciel est bas, lourd, gris. Je commence à m'inquiéter parce que je me demande si je vais tenir. Le combat est prévu en 8 reprises de deux minutes. Mais avec cette atmosphère étouffante, je commence à m'inquiéter sérieusement. Je ne connais pas ce climat. A Bel Horizonte, il faisait chaud, mais ce n'était pas la même chaleur. Il ne faisait pas moite comme ça. Je me demande si je vais être capable de gérer ce paramètre.

« Est-ce que je vais tenir » ?

« Est-ce que ce qu'il ne fait pas trop lourd. » ?

« Est-ce que je vais réussir à respirer »?

Je me suis posé ces questions tout l'après midi. J'ai essayé de rester calme pour ne pas m'asphyxier. Le temps a fini par s'écouler et à présent je suis en train d'attendre le chauffeur qui doit m'emmener sur le lieu du combat mais j'ai toujours ces questions qui me trottent dans la tête. J'ai l'impression qu'il fait de plus en plus chaud. Qu'au lieu de se calmer, la chaleur a encore augmenté d'un cran depuis la tombée de la nuit. J'ai arrêté de gamberger quand le chauffeur est arrivé. Mais je sais qu'il fait toujours aussi chaud.

Le camp de l'unité.
On a boxé au camp de l'unité. C'est une sorte de gymnase qui est situé dans la banlieue de Yaoundé et dont le toit en tôles ondulées garde la chaleur accumulée dans la journée, comme dans un four. Il faut imaginer ce que c'est. Lorsque j'arrive, il fait 40 degrés. Il y a les plaques en tôle au-dessus de ma tête et il fait tellement chaud que j'ai du mal à respirer. Tout autour, il y a des murs mais l'entrée du camp par exemple, c'est une porte de grange. Ah c'est typique, hein. C'est, comment dire, c'est rudimentaire, voilà. Bon, bien sûr, en arrivant, j'ai tout de suite vu qu'ils avaient installé un ring en plein milieu. Mais c'était rustique quand même, parce que le sol était en terre battue et ils avaient posé une espèce de grand tapis vert, sur lequel ils avaient monté le ring.
Et puis il y avait deux vestiaires. Un à gauche pour Jacob et un à droite pour moi. Il y avait un autre vestiaire commun destiné aux combats d'encadrement, mais il était situé de l'autre côté de la salle. Nous, on avait les deux nôtres qui nous étaient réservés. Ce qui m'a le plus marqué, c'est qu'il n'y avait pas de portes dans nos vestiaires. Non. Ce qui nous séparait des gens qui étaient dans la salle, c'était un rideau qui faisait office de porte. Il s'ouvrait sur un espace réduit où il y avait une chaise, une petite table genre bureau, mais pas de douche. Voilà, c'était ça mon vestiaire.

Mon vestibule.
Je rentre, je pose mon sac sur la table, je m'assieds sur la chaise et c'est Emmanuel, le promoteur de la réunion qui me fait les bandages. Je n'ai pas peur pour mon sac parce que devant le rideau il y a un mec qui s'occupe de la sécurité. Je sais qu'il faut que je commence à me préparer, à me concentrer, à m'échauffer. J'évite de m'intéresser à ce qui se passe autour de moi. Je ne regarde pas trop les installations.

Mon espace est très réduit. Et puis il y a plein de gens qui écartent sans arrêt mon rideau, tout le monde vient me voir, on regarde comment je suis, on passe la tête. Il n'y a que ce bout de tissus qui me sépare de la salle. Pour la concentration, c'est rude, mais bon, j'ai bien conscience que je ne boxe pas à Bercy non plus.
J'ai dû faire l'avant-dernier combat.
Il était prévu que je monte à 22h20. Le chauffeur est venu me chercher à l'hôtel vers 20h. Je suis arrivé une heure et demie avant le combat, je me suis installé dans mon vestiare et j'ai attendu.

La solitude.
Derrière mon rideau, je ne n'étais pas du tout isolé. J'entendais tout ce qui se passait. C'est comme si j'avais eu la télé avec le son mais sans l'image. C'est terrible comme sensation. Je me suis imaginé un décor qui ne correspondait pas à la réalité. Et puis, lorsque tu boxes chez toi, tu es soutenu par le public, tu as des amis qui viennent te voir, tout le monde veut que tu gagnes, mais là, j'avais l'impression d'être seul au monde. Et j'étais définitivement tout seul.

Le médecin de la réunion.
A un moment, le rideau s'écarte à nouveau. C'est le médecin de la réunion qui se présente pour examiner mes bandages. Il s'assure qu'ils sont faits correctement, il me prend la tension, pendant que le responsable de la fédération signe les bandages. Ensuite, il me met les gants. Oui, parce que c'est toujours le responsable de la fédération qui te mets les gants. Il vérifie que j'ai ma coquille, je mets mon short et il me donne des chaussons, parce qu'il était prévu qu'on boxe avec chaussons, pour amortir les chocs.
J'entends tout ce qui se passe dans la salle, oui parce qu'il y avait un speaker à l'américaine et tout le tra la la. C'était limite au niveau des équipements, mais attention, question show, ils savent faire les Camerounais. Même sans aucun moyen, ils sont capables de te produire un spectacle extraordinaire. J'essayais tant bien que mal de ne pas trop m'y intéresser pour rester concentré mais l'ambiance était

tellement explosive que je ne pouvais pas ne pas me rendre compte de ce qui se passait derrière mon rideau.

La montée sur le ring.
Un responsable de l'organisation passe pour la énième fois la tête à travers le rideau et il me dit :
« Vous avez le temps, Monsieur Blondel, vous ne passerez pas avant une demi-heure».
Mais le combat précédent s'étant terminé plus rapidement que prévu, je le vois revenir et il m'annonce tranquillement :
« Bon, c'est à vous dans dix minutes ».
Oui, mais ça change tout. Parce que je m'échauffe uniquement à partir du moment où l'on me prévient, et donc, si on me dit :
« Vous allez monter dans dix minutes », pour moi, ce n'est pas pareil que :
« C'est à vous, il faut y aller tout de suite, parce qu'avec les hymnes, il y en a au moins pour dix minutes, avant le début du combat».
Bref, on est venu me chercher en catastrophe et je n'ai pas eu le temps de terminer mes échauffements. Le plus curieux, c'est que dès que mon rideau s'est ouvert, la foule s'est tue. Complètement. J'entendais presque voler les mouches. C'était saisissant. Après les clameurs que je percevais depuis près de deux heures, voilà à présent que c'était le silence assourdissant qui me dérangeait.
Je suis monté sur le ring dans un silence de mort. Il devait y avoir pas loin de 500 personnes et 500 personnes qui t'accueillent en silence, ça fait bizarre.

La salle.
Depuis le ring, je découvre la véritable physionomie de la salle. Il y a trois rangées de chaises, tout autour du ring, pour les VIP et partout ailleurs, il y a des bancs installés en hauteur, comme dans un cirque. Je m'aperçois qu'en fin de compte, mon vestiaire n'est qu'à 20 mètres du ring. En réalité c'est une toute petite salle, c'est pour ça que j'entendais tout ce qu'il se passait. L'écho provoqué par les

tôles ondulées du toit m'a fait penser que l'espace était plus vaste. Je devais être tellement concentré lorsque je suis arrivé que je n'ai pas fait attention aux dimensions de la salle.

Les coins.

Quand je suis monté sur le ring et l'arbitre m'a désigné un coin et il m'a dit :

« Vous serez là-bas ».

Mon équipe de soigneurs s'installe et moi je cherche des yeux mon adversaire mais je ne le trouve pas. Et pour cause, il n'est pas là. Et puis tout d'un coup, j'entends une clameur qui enfle et je le vois arriver. La foule l'acclame. Elle hurle. Elle se déchaîne. Elle le porte littéralement sur le ring. Il n'avait pas de peignoir. Moi non plus d'ailleurs, il faisait trop lourd pour supporter quoi que ce soit sur la peau.

Il s'échauffe. Moi aussi. Je porte un short rouge sur lequel il y a marqué Eric. C'est un short avec lequel j'avais beaucoup gagné quand je boxais en Thaï. Je l'avais depuis longtemps et comme il m'avait toujours porté chance, j'avais décidé de le porter pour cette occasion. Lui, il avait un short vert, aux couleurs du Cameroun.

L'arbitre.

Il y a d'abord eu les hymnes. Ça a été très rapide. Ensuite, le responsable Camerounais de la Fecaboxe chargé d'arbitrer la rencontre nous a appelé au centre du ring pour nous donner ses instructions :

« Faites un beau combat, je vous souhaite bonne chance, soyez respectueux, si je viens au milieu, vous cessez l'affrontement et vous regagnez votre coin ».

Un arbitre prononce toujours des paroles apaisantes avant un combat. Ce sont des paroles pacifiques qu'il adresse aux boxeurs.

Le combat.
Je retourne dans mon coin. Je reste debout et comme toujours avant le début d'une rencontre, je fais mon signe de croix.
Ding.
Le gong sonne, je me retourne et le combat démarre.

Première reprise.
Jacob m'a foncé dessus comme une tornade. Il est d'abord rentré en anglaise et il a commencé à travailler avec les jambes. Devant cette déferlante, je ne pouvais que défendre. Alors j'ai tourné pendant cette reprise, j'ai beaucoup paré, j'ai donné un low-kick, mais il m'a touché d'entrée. Sur le premier impact, je me suis dit :
« Oui, il fait mal. Je viens de prendre une droite dans la gueule. Il ne va pas falloir que j'en prenne beaucoup des comme ça. Non, des comme celle-là, il ne faut pas que j'en prenne d'autres »
Je lui donnais la réplique en anglaise, je le touchais bien mais j'avais l'impression qu'il ne sentait rien. A un moment je me suis dit que ce n'était pas comme ça que je devais le boxer. Il fallait que je passe par en dessous, par les low kicks. Et fort de cette conviction, je tourne, je tourne, j'évite, je bloque, mais je ne me souviens pas très bien du détail en fait. Je me rappelle uniquement des trois choses essentielles que je me suis dites. La première, c'est :
-Il fait très mal, donc il faut absolument que j'évite de prendre ses coups ».
La seconde, c'est :
-Il ne faut pas que je le boxe en anglaise, parce qu'il ne sent rien.
Et la troisième, c'est :
-Il faut absolument que j'utilise plus souvent mon point fort, c'est-à-dire le low-kick.
Plus facile à penser qu'à faire. Pour l'instant j'essaye surtout de ne pas rester en ligne pour ne pas prendre de coups. Le temps me semble interminablement long.
A la fin de la reprise, je regagne mon coin mais je suis très fatigué. Je suis épuisé par la chaleur. Il fait très, très lourd et très, très moite. Je

n'ai pas l'habitude de boxer dans des conditions aussi extrêmes. Il faut que ça s'arrête. Je sais que je n'irai pas au bout du combat parce que la chaleur m'étouffe. Mais attention, il faut bien comprendre de quoi je parle. C'est un sac de plomb qui me tombe dessus. Je suis conscient que je ne tiendrai pas le coup parce qu'au niveau de la température, ça ne sera pas possible. Je m'assieds sur mon tabouret et Essessima, qui est dans mon coin, me glisse deux trucs à l'oreille. Avant le combat, on s'était parlé et je lui avais dit :
« Ecoute Manu, on se connaît depuis Paris, tu me fais le coin parce que mon entraîneur n'a pas pu venir, mais c'est bon, ne me donne pas d'instructions, je sais ce que j'ai à faire ».
Ce n'est pas que je ne voulais pas suivre ses conseils, mais en tant qu'organisateur, il connaissait les deux boxeurs et voilà qu'il se retrouvait dans mon coin. C'est délicat comme situation. Surtout que moi, si j'étais venu de Paris jusqu'au Cameroun, ce n'était pas pour servir de faire-valoir à quelqu'un, non, c'était pour gagner un combat. Il m'a quand même dit deux trois trucs que je n'ai pas écoutés. Il faut dire aussi que mentalement je m'étais super protégé, alors j'étais blindé. Et je n'étais définitivement pas là pour faire le show. J'étais là pour gagner, c'est tout.

Deuxième reprise.
À l'appel de la deuxième reprise, je me lève et je décide de le travailler en bas. Je me dis qu'il faut que je prenne la distance avec les poings et que je finisse très sec en bas. C'est ce que j'ai fait. En tout, j'ai dû lui mettre une vingtaine de low-kicks au cours de cette reprise. Je n'ai fait que ça. En plus, ça rentrait bien. Je savais que si je continuais, vu sa morphologie, il n'allait peut-être pas tomber, mais ce qui était sûr, c'est que bientôt, il ne pourrait plus marcher. Et s'il ne pouvait plus marcher, il allait être obligé d'arrêter. Je savais également, pour avoir encaissé une droite au premier round, qu'il était capable d'électrocuter n'importe qui sur un seul coup. Je me suis dit que si je n'esquivais pas, c'était terminé pour moi. Je voyais bien qu'il était très fort en anglaise. Il variait les coups, uppercut, crochets, il travaillait en haut, en bas. Il

était beaucoup plus fort que moi dans ce domaine. Je le savais. Je le sentais. La solution était simple. Il ne fallait pas que je reste ouvert, il fallait que je bouge sans arrêt, il fallait que je lève bien les mains, il ne fallait pas que je reste dans l'axe, il fallait que je le mette dans le vent et il fallait que je réplique sèchement en bas, dès que je le pouvais. Oui, c'est bien beau tout ça mais c'est une boxe épuisante et pour le coup, avec cette chaleur, je me demande si je vais être capable de tenir longtemps à ce rythme. Surtout que lui, il encaisse low-kick sur low-kick sans broncher. Dans ma tête, je me répète sans arrêt que ce n'est pas parce que ce mec est plus fort que moi que je ne peux pas le boxer, au contraire, mais il faut que je défende bien. Maintenant je sais où sont mes points forts et mes points faibles par rapport à sa boxe. Pour gagner, il faut que je bloque en haut et que je rentre en bas, voilà. Je prends encore des coups mais je les accompagne, et surtout, je rentre en bas. Chaque fois qu'il termine une série, je rentre en bas. J'envoie tout en bas. Ni midle-kick, ni high-kick, tout en bas. Non parce qu'avec le high-kick, tu te découvres beaucoup, alors avec un mec qui a une bonne anglaise, c'est très dangereux. Et vu ce qu'il était capable d'encaisser, je n'étais même pas sûr qu'un high-kick l'aurait ébranlé. Alors non, je suis resté concentré sur la cuisse,uniquement sur la cuisse, sur le quadriceps. Low-kick, Low-kick, Low-kick. Dès qu'il bougeait, pan, il y avait droit.
A la fin de la reprise, je suis moins épuisé que je ne pouvais le craindre. Je ne respire pas mieux et c'est toujours aussi dur au niveau de la chaleur mais je me dis que je peux gagner, chose que je n'avais pas envisagée avant. Je me souviens encore de ce que j'ai pensé en regagnant mon coin :
« Il prend beaucoup de low kicks. Au début, il les bloquait, mais à présent, ça rentre comme dans du beurre. Il ne les pare plus, il les prend plein pot, il ne tiendra pas longtemps, c'est impossible» .

Troisième reprise

Comme il devait sentir qu'il était en difficulté, il a attaqué la troisième reprise à fond et en anglaise. Moi, je continue à le travailler en bas. Je réussis à esquiver ses coups et je le contre en bas. Ça doit commencer à faire mal. Je vois qu'il est moins agile, qu'il a des difficultés à se placer, d'ailleurs il ne parvient plus à me toucher. Je frappe systématiquement en bas et chaque fois je marque des points. Je sais qu'il ne faut surtout pas que je reste dans l'axe, parce que s'il me touche, ne serait-ce qu'une seule fois, je suis cuit. Ça va très vite et en même temps, c'est interminable. Je suis tellement concentré que je suis presque surpris par le gong. C'est déjà la fin de la troisième reprise. J'ai bien travaillé, je n'ai pas pris de coups et pourtant je regagne mon coin avec un gros doute. Je me dis que finalement ce mec n'est pas un chêne, c'est carrément un baobab. Je lui ai mis au moins une quinzaine de low-kicks ravageurs au cours de cette reprise. Je ne comprends pas comment il fait pour tenir encore debout. En réalité il est chaud, mais pendant la minute de repos, je me dis qu'il va se refroidir et je suis persuadé qu'il ne va pas pouvoir repartir. C'est ça l'effet low-kick. Je reprends confiance un instant en espérant secrètement qu'il ne va pas répondre à l'appel de la quatrième reprise. Mais non, il est déjà sur moi.

Quatrième reprise

Chaque fois c'est le même film qui passe. Il avance, je recule et en sortie de corps à corps, je lui balance un low-kick. Et chaque fois, ça recommence. C'est lui qui avance, j'esquive, je tourne et ping, je lui mets un low-kick. Chaque fois, il en prend un dans le quadriceps. Il n'arrive pas à parer. Il n'y arrive plus. Il essaye de répliquer mais avec l'expérience que j'ai en boxe Thaï, je le pare et je remise à fond avec la jambe opposée, parce que je sais qu'à cet instant précis, il n'est pas en appui pour frapper en anglaise. Je pare avec la jambe, tibia contre tibia. C'est la seule manière de parer un low-kick. Il faut lever la jambe et donc, tu te retrouves tibia contre tibia. C'est ça la parade. Au début ça fait mal, mais quand tu as l'habitude, tu ne sens plus rien.

À présent, je suis convaincu qu'il ne trouvera pas la solution pour me battre. Je ne pense pas maîtriser le combat mais je sais que si je reste garde fermée, si je pare bien, si je ne prends pas un coups à l'agonie, si je rentre bien en low-kick, à un moment, il va être obligé de s'arrêter. Et pourtant, plus je tapais, moins il tombait. Je ne comprenais plus. J'entendais le public qui lui hurlait ses encouragements. Les gens poussent leur champion, c'est normal. Oui mais moi je me sentais de plus en plus seul. J'entends le gong et c'est la fin de la quatrième. Je m'assieds dans mon coin.

Cinquième reprise
J'ai toujours autant de mal à respirer à cause de la chaleur, mais physiquement je me sens bien. J'ai désormais la certitude que, si je continue comme ça, je vais gagner aux points. Dix secondes après l'appel de la cinquième reprise, il s'est figé comme un bloc de béton. Il ne pouvait plus marcher. Il est resté sur place, il ne pouvait plus avancer d'un centimètre. Alors je me suis jeté sur lui et je n'ai plus arrêté. Low-kick, low-kick, low-kick, low-kick, low-kick, low-kick, low-kick, il encaissait sans broncher. De temps en temps, il balançait un coup dans le vide mais je n'ai arrêté que lorsque l'arbitre s'est interposé. Depuis la deuxième reprise, il avait encaissé un nombre incalculable de coups dont un seul suffit généralement à mettre un adversaire KO. C'était un roc Jacob Tchatchuing. Un véritable roc.
Mais le combat est terminé.
Je viens de gagner par KO à la cinquième reprise.

La victoire
Je lève les bras et je saute sur les cordes. Parce qu'après chaque victoire, j'avais pris l'habitude se sauter sur la deuxième corde du ring pour saluer le public. A ma grande surprise,
le public applaudit. Le public m'applaudit. Au Cameroun, avant un combat, les gens te regardent bizarre, mais si tu bats un de leurs champions, après, ils te considèrent avec beaucoup de respect. Pour eux, tu deviens presque un Dieu vivant.

La déception de Jacob

Je suis allé saluer Jacob dans son coin. Je ne l'ai jamais revu. Je me souviens qu'il m'a félicité pour mon combat. J'ai bien vu sa déception d'avoir perdu devant son public et surtout devant Roger Mila, le footballeur mythique du Cameroun qui était l'invité d'honneur de cette réunion. Probablement que pour lui, c'était la fin de multiples projets. C'est toujours pénible de voir le rêve de quelqu'un s'effondrer, surtout lorsqu'on en est la cause. C'est pour cette raison qu'en boxe, la victoire a toujours un arrière-goût amer. On est presque triste d'avoir gagné. Mais ce sentiment fugace est immédiatement effacé par une explosion de joie libératrice qui est généralement proportionnelle à la pression que l'on avait accumulée avant le combat. Elle retombe d'un coup, juste après l'arrêt de l'arbitre et elle est remplacée par une sorte de sérénité. C'est un instant magique. J'ai eu l'impression que le monde s'était arrêté de tourner pendant un instant, pour me donner le temps de respirer un air nouveau. C'est moi que Roger Mila est venu féliciter dans ce réduit soudain sympathique qui me servait de vestiaire. J'ai également eu l'honneur de recevoir les compliments de l'ambassadeur de France. Il s'est présenté devant mon rideau et il m'a très gentiment souhaité une grande carrière. Il y a plein de gens qui sont passés dans cette loge, des gens que je ne connaissais pas pour la plupart. J'ai signé des autographes aussi. Dans ma tête, je pensais :
« J'ai battu ce mec-là, c'est pas mal, d'autant que ce n'était pas écrit. »
C'était peut-être mon cinquième combat professionnel. Je savais que pour avoir une chance de faire décoller ma carrière, il fallait que je marque les esprits. C'est probablement ce que je venais de faire. En tout cas, j'avais boxé à l'étranger, ça me faisait une victoire internationale. J'étais content.

L'anecdote terrible

Je suis descendu du ring et j'ai regagné mon vestiaire. J'avais pris des coups, j'étais trempé de sueur, je pouvais à peine respirer et j'avais hâte de retourner à l'hôtel pour me doucher parce que j'étais invité à une réception et je ne pouvais pas m'y rendre dans cet état. J'étais en train de ranger mes affaires quand une personne écarte le rideau et me demande très poliment:

« Monsieur, est-ce que je peux vous parler ?»

« Oui bien sûr »

Il pénètre dans mon réduit, accompagné d'une jeune fille qui devait avoir une vingtaine d'années et il me dit :

« Ma fille vous a vu boxer, elle est en admiration devant vous, je crois qu'elle vous aime beaucoup. Si vous voulez rester au Cameroun, je vous ouvre une salle de boxe et je vous donne ma fille en mariage. »

Authentique. Ça s'est passé comme ça, dans le vestiaire. Je me suis demandé, l'espace d'un instant, si j'avais bien compris, mais il a répété lentement, pour être sûr que je saisisse bien le sens de sa proposition et en plus il avait l'air sérieux. J'ai pensé malgré tout qu'il plaisantait. J'ai regardé l'organisateur du combat qui était à côté de moi, pour savoir quelle attitude je devais adopter. Mais lui, il ne rigolait pas du tout et il m'a dit :

« C'est une proposition sérieuse, tu sais, c'est comme ça que ça se passe ici. »

Alors j'ai répondu à ce monsieur :

« Écoutez, votre fille est très jolie, mais moi, j'ai déjà quelqu'un dans une vie, ailleurs, j'ai même un petit garçon de quatre ans. Je vous remercie beaucoup, mais ça ne m'intéresse pas. Surtout, ne le prenez pas mal, c'est très gentil de votre part mais ça ne va pas être possible.»

Je ne savais plus comment m'en sortir d'autant que je ne voulais pas les vexer non plus. Je crois qu'ils l'ont compris. En tout cas, ils sont partis. C'est un truc de fou que j'ai vécu, ce jour là, et pourtant, c'était bien réel. La fille était jolie du reste. Sauf qu'il me proposait de l'épouser et de me financer une salle de sport. C'est incroyable. Je n'en revenais pas. J'ai vraiment cru que c'était une blague.

Retour à l'hôtel Mont-Fébé

Après cet intermède, j'ai enfilé mon survêtement et je me suis fait raccompagner à l'hôtel. J'ai pris ma douche et je me suis rhabillé avec le jean et les basquets que je portais le jour de mon arrivée, puisqu'on m'avait volé tout le reste. J'avais l'impression d'être passé sous un rouleau compresseur. Lorsque j'ai croisé mon reflet dans le miroir de la salle de bain, j'ai vu que j'avais des ecchymoses partout. À voir ma gueule je me suis dit que finalement, j'avais dû prendre plus de coups que je ne le pensais. Peut-être, mais quand tu as gagné, tu ne sens plus la douleur.

La soirée d'après match

La fête qui a suivi a eu lieu dans une discothèque. Lorsque je suis arrivé, les gens m'ont ovationné pendant dix minutes. Je ne comprenais pas qu'autant de monde puisse m'acclamer, alors que la salle dans laquelle s'était déroulé le combat était relativement petite. J'ai compris plus tard que la rencontre avait été retransmise en différé, une heure après, à la télé. Alors évidemment tout le monde était au courant de ma victoire sur Jacob Tchatchuing, qui était une gloire nationale. C'est pour ça qu'ils m'ont fait un accueil de star, dans cette boîte.

Emeute à l'hôtel

Il s'était déjà passé une chose insolite à l'hôtel, lorsque j'étais revenu me changer, mais sur le moment je n'y avais pas prêté attention. J'étais dans ma chambre, en train de prendre ma douche et tout d'un coup, le téléphone a sonné. J'ai décroché et le réceptionniste m'a demandé de descendre de toute urgence pour éviter un incident. Comme je ne comprenais pas de quoi il retournait, il a insisté et il m'a dit :
« Monsieur Blondel, il y a là une centaine de personnes qui veulent monter dans votre chambre pour vous féliciter, qu'est ce que je fais, parce que je ne dispose que de deux agents de sécurité et ils ne

parviendront pas à les contenir très longtemps, donc il serait préférable que vous descendiez pour signer quelques autographes ? »
Et après un court silence, comme pour finir de me convaincre, il a rajouté :
« Sinon, ils vont vraiment monter. »
Je suis descendu, j'ai signé quelques autographes dans le hall et je suis parti à la soirée. Mais lorsque je suis revenu, j'étais à peine couché qu'il s'est produit la même chose. Le réceptionniste m'a appelé pour me dire que si je ne venais pas, les gens allaient rester là, toute la nuit, à m'attendre. Je suis redescendu et j'ai à nouveau singé des autographes. Sauf qu'à présent, je comprenais pourquoi. J'avais battu leur champion et pour eux j'étais devenu une personne importante. Ils étaient tous très gentils. Au Cameroun, pour la première fois de ma vie, j'ai compris ce que représentait la télévision, en termes de pouvoir médiatique.

La soirée
Il y avait un très beau buffet dans la discothèque. Je ne dis pas que je me suis jeté sur les petits-fours, mais comme j'avais gagné mon combat, je me suis autorisé des choses que je m'interdis habituellement. Je n'ai rien bu en revanche, même pas une petite coupe de champagne. Non. Je ne bois jamais une goutte d'alcool. Je n'ai aucun mérite, parce que je n'aime pas le goût de l'alcool. J'ai essayé de boire un peu de vin, comme tout le monde, mais c'est le goût qui ne me plaît pas. L'alcool dur ne me plait pas non plus, quant au champagne, je ne trouve pas ça bon et tout ce qui est alcoolisé en général ne me plait pas. Je bois un peu de cidre, de temps en temps, quand je vais dans une crêperie mais c'est rare. Je comprends que pour les gens qui célèbrent ta victoire, c'est décevant de ne pas boire de champagne, alors pour éviter de les vexer, j'accepte une coupe, je fais semblant de boire et je la pose discrètement quelque part. Personne ne s'aperçoit de rien et tout va bien. C'est exactement ce que j'ai fait ce soir-là. Et depuis, j'ai dû le refaire cinq millions de fois. En revanche, je n'ai jamais versé le contenu de mon verre dans les fleurs. Non, ça non, je ne l'ai jamais fait.

La pression

La soirée a duré longtemps. J'étais fatigué bien sûr, mais c'était une fatigue qui était tellement bonne. Parce qu'après un combat ou après une épreuve sportive, quelle que soit ta discipline, quand tu as gagné, il y a encore la pression qui est là. Donc tu n'es pas fatigué. Moi, j'étais sous pression depuis le jour de mon arrivée. Ça faisait quatre jours que ça durait et tout d'un coup, c'était fini. Tout se relâchait. Je sentais mon corps qui se détendait peu à peu, je retrouvais le sourire, je pensais enfin à ma famille. Et pourtant, je savais parfaitement que je n'avais rien gagné, parce qu'il n'y avait pas de titre en jeu.

La bourse fantôme

Quant à la bourse, en principe, on te donne la moitié à la signature du contrat, donc avant de monter sur le ring, et tu reçois le solde à la fin du combat. En général, ça se passe tout de suite après le combat, avant même de quitter la salle, quand tu es encore dans les vestiaires. Sauf que le solde n'est jamais arrivé. Mais tout de suite après le combat, l'organisateur est venu me voir dans en me disant :
« Je vais faire les comptes de la recette et je te donnerai ce que je te dois demain. »
Le lendemain, rien. Le surlendemain, rien. Le mercredi matin, toujours rien. Comme je devais prendre l'avion à 14 heures, je lui demande comment ça va se passer pour le règlement. Il me dit :
« Ne t'inquiète pas, ils sont encore en train de faire les comptes, en principe tu auras ton argent à l'aéroport, juste avant de prendre l'avion, mais s'ils n'ont pas terminé, je te l'enverrai à Paris.»
Je ne l'ai jamais reçu. Ça fait partie des problèmes d'organisation, c'est comme ça..

La victoire n'aime pas le sommeil.

Lorsque je suis revenu à l'hôtel, malgré la fête et le coup des autographes qui m'ont obligé à redescendre plusieurs fois, je ne suis pas parvenu à trouver le sommeil. Il était très tard. Je me souviens que j'avais très envie de rentrer en France. J'aurais voulu partir dès le lendemain mais il n'y avait pas d'avion avant le mercredi suivant. Je suis arrivé un mercredi, j'ai boxé le samedi et je suis reparti le mercredi suivant. Ce qui fait que j'ai passé une semaine entière au Cameroun. De toute façon, la victoire n'aime pas le sommeil. Sur le moment, j'ai fait le décompte mentalement. Nous sommes samedi, il me reste encore 4 jours avant de retrouver ma famille. Je suis allongé sur mon lit. J'ai les yeux grand ouverts. Il fait chaud. La pression n'est pas encore totalement retombée. Je repasse le combat dans ma tête. Ça n'a plus rien à voir avec ce qui se passait avant la rencontre puisque je sais que j'ai gagné. Je revois mes erreurs, car il est évident qu'un combat n'est jamais parfait. Je me demande en quoi j'aurais pu mieux faire, en quoi j'ai été meilleur que je ne le pensais. Je revisite ma préparation. J'analyse ce qu'il faut que j'améliore pour la suite. Et je sombre finalement dans le sommeil. Je me suis couché vers 6 heures et je me suis levé à 10 heures. Je suis allé prendre mon petit-déjeuner. La soirée a duré longtemps, mais étant donné que j'étais l'invité d'honneur, je ne pouvais pas me barrer. Donc je me suis couché très tard, voilà.

Le non décrassage

Le lendemain, je n'ai pas fait ce que l'on appelle de décrassage, c'est-à-dire, le jogging que l'on s'impose après une compétition afin éliminer les toxines et tout ce qui va avec. Le décrassage, comme son nom l'indique, ça sert à te décrasser. Il faut que tu vires toutes les toxines, que tu t'enlèves toutes les courbatures, que tu transpires pendant au moins trente minutes et que tu fasses suivre le tout d'une bonne séance d'étirements, et là, tu peux dire que tu as fait un bon décrassage. Ensuite, tu prends un bain, s'il y a un jacuzzi, tu fais à nouveau des étirements, parce que tous les étirements que tu fais dans l'eau sont démultipliés, donc c'est excellent pour les sportifs. Mais je n'ai rien fait de tout ça. D'ailleurs je n'ai rien fait pendant trois semaines. J'ai fait ce que l'on appelle un break. Dans la boxe, c'est indispensable. Tu fais un décrassage dans les disciplines où les compétitions sont répétées, comme dans le foot par exemple où tu

joues tous les dimanches, mais pas lorsque tu fais quatre combats par an. Non. Parce que les préparations sont beaucoup plus longues et il arrive un moment où il faut savoir couper. C'est pour ça que je ne fais jamais de décrassage après un
combat. En tout cas, moi, je n'en ai jamais fait. Dans le foot, par la suite, quand je suis devenu
préparateur physique, j'en ai fait faire aux joueurs, mais ce n'est pas pareil, c'est une chose qui est nécessaire dans cette discipline.

L'organisation Africaine
L'organisation africaine est très paradoxale parce que d'un côté, ils mettent très longtemps à faire les comptes mais de l'autre, ils s'occupent de moi comme de vraies mères poules. Ils nous ont pris en charge du début à la fin du séjour. Il y a toujours eu quelqu'un pour s'occuper de nous. Ils ont vraiment été très gentils.

La demi bourse
Le billet était un vrai billet d'avion mais pour ce combat, je n'ai finalement touché que la moitié de ma bourse. J'ai appelé plusieurs fois pour essayer régler le problème mais je ne tombais jamais sur le bon mec. Le promoteur n'était jamais là, il était en déplacement à l'étranger, il revenait dans l'après-midi. J'ai laissé des messages à plusieurs reprises… Est-ce qu'on les lui transmettait, je ne sais pas. Le fait est qu'il ne m'a jamais rappelé. Si ça peut rendre service à des mecs qui sont invités à boxer là-bas, il faut le dire. Depuis, ça a peut-être changé, remarque, mais moi, ce que je sais, c'est que je me suis assis sur la moitié de ma bourse.

L'intérêt de travailler dans la sécurité
Quand je suis rentré en France, j'ai repris mon boulot dans la sécurité. En 1992 je ne faisais pratiquement plus que de la protection rapprochée de personnalités. J'avais des missions ponctuelles qui me permettaient d'organiser mon temps de manière à bien effectuer mes préparations. Je venais de passer pro, mais boxeur professionnel, ça

ne voulait rien dire, parce que je n'en vivais pas du tout. D'ailleurs, je n'ai jamais vécu de la boxe. Jamais. Quand le combat au Cameroun s'est présenté, j'ai prévenu tout le monde et les gens savaient que je ne serais pas disponible pendant un certain temps. Parce que les missions de sécurité tombent au coup par coup, ce n'est pas à l'année. C'est un petit réseau très fermé, les gens se connaissent parfaitement et ils savent qui est disponible et qui ne l'est pas pour effectuer telle ou telle mission. En plus, c'est un domaine dans lequel tu ne travailles pas tous les jours. Tu peux très bien avoir une mission qui dure trois jours ou deux semaines et puis après, tu peux rester sans travailler pendant deux semaines. C'est pour ça que cette activité était compatible avec la pratique de mon sport. Au départ, c'est mon amie Christine qui m'avait branché là-dedans. Et puis j'ai évolué. Les choses sont arrivées un peu par hasard mais j'ai vite compris que c'était un univers qui me convenait parfaitement. Parce que les exigences liées à la pratique d'un sport de haut niveau sont incompatibles avec la plupart des activités professionnelles traditionnelles. Or, grâce à la sécurité, qui est une activité ponctuelle, je pouvais continuer de pratiquer la boxe à haut niveau, tout en gagnant très correctement ma vie.

Les missions

À partir d'un certain moment, les missions se sont enchaînées presque naturellement. Par exemple, un jour, Lionel Richie débarque en France. Il a besoin d'une sécurité pendant une semaine. L'agence à qui on fait cette demande et avec laquelle je suis en contact m'appelle. J'étudie le dossier et en fonction des besoins, je lui propose d'engager, un, deux, voire, trois ou cinq mecs supplémentaires pour assurer sa protection, voilà. Je sais que j'ai du boulot pendant une semaine et en plus, ça me permet de brancher des mecs avec lesquels j'ai l'habitude de travailler. Je sais que de leur côté, c'est le même topo. S'il y a une possibilité et que je suis disponible, ils me proposeront des plans. J'ai évolué dans ce domaine, j'y ai acquis une bonne expérience mais évidemment, là encore, les choses ne se sont pas faites en un jour.

Tout pour le sport

J'ai toujours fait en sorte d'avoir le temps d'aller m'entraîner. Depuis toujours. Je savais qu'il me fallait du temps libre pour préparer mes combats. J'ai donc choisi les boulots qui étaient compatibles avec mon activité sportive. Des boulots qui me permettaient de mener de front, la boxe et le travail. J'ai toujours tout fait pour le sport. Et j'ai toujours fait en sorte de gagner honnêtement ma vie.

En rentrant de Yaoundé je me mets au vert

Je sens que j'ai besoin de récupérer. Je me refais tranquillement une santé, sans faire d'excès alimentaire, évidemment, mais sans reprendre l'entraînement non plus. Je n'ai rien fait pendant plus de 15 jours. Rien et surtout pas de boxe. J'ai évacué le combat. Je prends peu à peu conscience que des choses ont changé. Déjà, il y a eu un déclic dans ma tête. Et puis je m'aperçois que ce n'est pas uniquement dans ma tête qu'il s'est produit ce déclic, puisque désormais, le président de la Fédération me propose de plus en plus souvent de faire des combats. Ce qui fait que je boxe plus régulièrement. Et comme je gagne, je monte lentement dans le classement de la WKA. Par exemple, je me rappelle avoir boxé à Montigny-les-Cormeilles. Ça s'est passé quelques mois avant que je fasse mon premier championnat de France qui s'est trouvé être également un championnat d'Europe, puisque mon adversaire détenait les deux couronnes.

Les tremplins du Cameroun

Ma victoire contre Jacob Tchatchuiung a véritablement été un tremplin pour ma carrière puisque, moins d'un an après, j'ai eu la chance de conquérir mes premières couronnes Française et Européenne. Avant de disputer ce double titre, je suis retourné au Cameroun pour faire un combat de préparation. Il avait été organisé par une autre fédération et cette fois, tout s'est bien passé. J'ai été payé normalement, il n'y a pas eu d'histoires et en plus, j'ai pu emmener mon coin. Un promoteur local qui m'avait vu boxer contre Jacob m'a demandé de revenir. J'y suis allé. C'était une très belle réunion avec une bonne organisation.

Les combats de préparation

J'ai fait encore deux combats de préparation avant de boxer pour le titre. Je dis, combats de préparation mais attention, ça ne veut pas dire combats arrangés ou faciles. Non. Ça veut dire que, sur le papier, ton adversaire est en dessous de toi. Mais le papier, ce n'est pas le ring, parce que sur le papier, Jacob aurait dû me battre. Tout dépend de toi, de ta motivation, de ton entourage mais en principe, un combat de préparation, ça veut quand même dire tu rencontres un mec qui est moins fort que toi. Tu peux toujours prendre un coup à l'agonie, mais si tu prétends au titre, il faut d'abord que tu battes le mec qui est en face de toi. D'autant que celui-là, c'est généralement la fédération qui te le propose. C'est normal, avant de te donner une chance de disputer un titre, elle veut que tu fasses tes preuves. Et ça, ça ne se fait pas du jour au lendemain. Par la suite, si tu gagnes, oui, les titres s'enchaînent. Mais lorsque tu démarres ta carrière, tu ne peux pas boxer avec un titre en jeu. C'est impossible, tu ne peux pas arriver et dire : « Je veux disputer le championnat de France », non.

Alors tu prends ce qu'on te donne et quel que soit l'adversaire, tu te prépares pour être au top le jour du combat. Il faut comprendre que la boxe, c'est sur le ring que ça se passe. Uniquement sur le ring. C'est sûr que tu peux avoir une mauvaise surprise lors d'un combat de préparation. C'est arrivé plus d'une fois, du reste. Pas à moi. Mais quand tu fais des combats de préparation et que tu rencontres des mecs qui sont en principe un peu moins bons que toi, si tu n'arrives pas à les battre, ça signifie que tu n'as pas le niveau, et à fortiori, que tu n'as rien à faire sur un ring au niveau supérieur. C'est à ça que ça sert ces combats-là.

La boxe est un étalonnage permanent

En plus, le niveau des mecs change tout le temps. Heureusement pour eux, sinon il n'y aurait pas de classements mondiaux et les fédérations ne serviraient à rien. La boxe est un étalonnage permanent et il ne faut jamais perdre de vue que le gars que tu rencontres est un boxeur

professionnel, que la boxe est son métier et qu'en conséquence, il est aussi dangereux que toi. Dans un combat de préparation, tu rencontres un adversaire moins fort que toi sur le papier et tu lui offres une chance de te battre. S'il y parvient, c'est lui qui monte au classement. Et ça, il le sait parfaitement. Il faut bien faire gaffe, parce que la boxe n'est pas un jeu. N'importe qui peut se faire battre par un bon professionnel. À partir d'un certain niveau, le risque est permanent. Il faut savoir gérer ses adversaires. Il faut être vigilant, prudent, constant, sinon tu ne vois rien arriver, et boum badaboum, c'est terminé pour toi. En principe, tu dois être en mesure de parer les coups, mais bon, encore une fois, ce n'est pas un jeu.
Quand tu es sur un ring, indépendamment du résultat, tu prends des coups. Je dis toujours que sur un ring, il n'y a pas de petits boxeurs. C'est dur de monter là-haut. C'est difficile de se battre. Un boxeur, quel que soit son niveau, ça se respecte. Alors, oui, en effet, les combats de préparation sont dangereux, mais il n'y a pas de piège non plus. Si tu es là, c'est qu'on estime que tu le mérites. Je ne dis pas que c'est facile pour l'entourage mais c'est la vie d'un professionnel de la boxe.

La vie d'un professionnel de la boxe

Moi en 1992, je vis avec Yolande. Notre premier fils, Vincent, est né en 1988 et j'ai une licence qui me permet de boxer chez les professionnels mais ce n'est pas avec la boxe que je nourris ma famille.

Le statut pro

Avant, en amateur, on te donnait parfois un short et tu avais droit à deux tickets. Un, pour une boisson et l'autre pour un sandwich. Parce qu'il y a toujours un stand de bouffe dans les galas de boxe. Quand tu passes pro, ça signifie que tu es apte à combattre chez les pros. Normalement, professionnel, ça veut dire que tu gagnes de l'argent ce qui est pas le cas dès lors qu'il y a une bourse. Petite, mais c'est une bourse. Si tu signes un contrat et qu'il y a un échange d'argent, tu es considéré comme un professionnel, donc, moi, j'étais professionnel puisque je touchais des bourses. Parallèlement, je continuais à faire de la protection rapprochée, parce qu'en admettant que je fasse 4 ou 5 combats par an, ce qui est déjà beaucoup, vu le montant des bourses que je touchais en kick-boxing, je ne gagnais pas assez d'argent et il fallait que je travaille à côté pour vivre.

Le montant des bourses

Il y a des combats où tu peux gagner quinze mille balles, mais ça ne suffit pas, tu ne peux pas en vivre à l'année. Donc j'étais obligé de rester en contact avec les sociétés de sécurité et d'entretenir les réseaux que j'avais dans la protection rapprochée pour pouvoir vivre décemment. C'est du reste ce qui m'a permis de faire Deneuve, James Brown et les autres.

Après l'Afrique

Pour que tout le monde comprenne bien comment les choses se sont passées, il faut que je revienne sur le déclic de Francis Hamdaoui, le président de la WKA. Quand il apprend que j'ai gagné en Afrique, il est à la fois furieux et ravi. Furieux que je n'aie pas boxé pas pour sa fédération puisque le combat avait été organisé par la fecaboxe. Et ravi de ma victoire, parce qu'il avait vu juste en me faisant passer pro. Je savais qu'il s'intéressait à moi depuis plusieurs années, mais cette fois, les choses se concrétisent, puisque deux mois plus tard, il me propose de participer à un gala de boxe organisé par sa fédération. Je gagne ce combat par KO, à la troisième reprise. On ne va pas parler de tous mes combats, mais je me souviens que la tête d'affiche était un championnat d'Europe et que je faisais le dernier combat d'encadrement, c'est-à-dire que je boxais juste avant le combat vedette. Après cette victoire, Francis est venu dans les vestiaires pour me féliciter et tout s'est enchaîné. J'ai boxé pour la WKA.

La WKA

À partir du moment où les gens de cette fédération m'ont ouvert les bras, ils m'ont vraiment aidé. C'est eux qui m'ont permis de monter dans le classement national puis européen et enfin mondial. C'est vrai que j'avais fait de bons résultats. En Afrique, par exemple, tout le monde savait que mon combat contre Tchatchuing valait largement un championnat de France. Mais dans la boxe, il y a des étapes et il n'était pas question de les brûler. La fédération m'a alors proposé des combats plus régulièrement et je les ai tous gagnés. Je savais qu'elle finirait par me proposer de monter pour un titre.

Première chance pour un titre
Il se trouve qu'en 1993, Farid Benatia a l'obligation de remettre en jeu les couronnes qu'il détient. La fédération lui cherche un adversaire possible et c'est sur moi que ça tombe. Voilà comment je me retrouve à faire un championnat d'Europe contre lui. Personne ne me connaissait. On m'avait vu boxer chez les amateurs, on m'avait vu boxer en Thaï, mais on ne m'attendait pas sur ce combat. Surtout que Farid était une montagne à l'époque. Lui, il avait déjà été champion du monde en américaine. Et moi, je n'étais encore perçu que comme un challengeur idéal qui lui permettrait de conserver, par une défense facile, ses deux titres français et européens. J'étais suffisamment bien classé pour que le combat soit crédible, mais de l'avis des observateurs, je n'étais pas assez expérimenté pour inquiéter un champion de ce niveau. En tout cas, c'est ce qu'ils pensaient avant le combat. Mais moi, à partir du moment où l'on me donne ma chance, je la prends. Et bien qu'on me considère comme un challenger peu inquiétant, je vais tout faire pour m'emparer de cette double couronne.

Les portes du championnat d'Europe
Je suis alors presque totalement inconnu. On sait vaguement que j'ai une bonne carrière amateur puisque j'ai quasiment gagné tous mes combats. Quant à ma carrière pro, on en dit que j'ai peut-être eu la chance de gagner au Cameroun et que c'est la seule victoire significative qui me permet de boxer à ce niveau. Mais face à Benatia, les gens sont convaincus que le miracle africain ne se reproduira pas. En attendant, pour ce qui me concerne, ce beau miracle en amène déjà un autre, puisqu'il me permet d'accéder à un championnat

d'Europe. En effet, les deux titres, national et continental que détient Benatia sont vacants. Il ne les a pas défendus dans les délais imposés par la fédération, mais comme il était le dernier champion en titre, il se déclare candidat à sa propre succession et je sais qu'il a la ferme intention de les récupérer immédiatement.

Du Kick à la Loco

La réunion est organisée à la Locomotive, une discothèque dans laquelle j'avais fait la porte pendant plus de deux ans. Quand je suis passé pro, mes anciens employeurs qui m'aimaient bien ont voulu m'aider et ils m'ont proposé de monter le combat chez eux.

« Eric, si tu as besoin d'un promoteur, on s'en occupe, on ne veut pas que tu ailles ailleurs. »

Les frères Bowling ont été adorables. Manu, Fred et Kelly ont tout pris en charge. Deux d'entre eux sont les frères du compositeur Claude Bowling. C'est eux qui s'occupaient de la Locomotive à l'époque. Ils m'ont dit:

« Non mais attends, tu lâches la porte, tu passes professionnel et tout d'un coup tu fais le championnat d'Europe, c'est normal qu'on te donne un coup de pouce, quand même, non ?»

J'ai vraiment été très touché par ce signe d'amitié et de fidélité, d'autant que pour eux, c'était une charge. Ils l'ont véritablement fait pour m'aider. Uniquement pour m'aider. Ce geste de leur part m'a gonflé a bloc. Je me suis dit :

« Ils me font confiance. Je n'ai pas le droit de les décevoir. Il faut que je gagne.»

C'est chez eux que le lundi 22 février 1993, à 23h 20, je suis devenu champion d'Europe WKA des mi-lourds.

Première rencontre contre Benatia

Quelques semaines auparavant, le président de la WKA m'appelle pour me proposer ce combat. Sur le coup, je n'en crois pas mes oreilles. Je sais que c'est la chance de ma vie. On est en 1993, j'ai 29 ans. C'est déjà tellement tard. Je me dis que je n'aurais jamais unc seconde chance comme celle-là et qu'il ne faut pas que je la laisse passer. Avant le combat, mon adversaire avait fait des déclarations à la presse, disant qu'il faisait le ramadan, mais je ne suis pas tombé dans l'intox. Je me suis préparé normalement, c'est-à-dire, à la dure. Sur le ring, le combat tourne à mon avantage. À la troisième reprise, low-kick. Il ne peut plus marcher. Arrêt de l'arbitre. KO technique. Je m'attendais à ce que dure longtemps parce qu'il s'agissait d'un championnat d'Europe. Et je m'étais préparé à ça. D'ailleurs, je me souviens qu'au moment de monter sur le ring, je m'étais dit que si le combat allait à son terme, jamais je n'aurais boxé aussi longtemps de toute ma vie. Par la suite, je n'ai jamais été au bout des douze reprises. J'ai toujours gagné avant la limite. J'ai fait trois championnats du monde, aucun n'a été à la limite.

L'entourage

Je n'ai jamais eu de manager au sens propre du terme, mais au niveau de l'entraînement, j'avais François Khodry. Il s'est longtemps occupé de moi et il faisait également office de manager. J'avais François et Fabien, son frère. Ce sont des personnes qui m'ont beaucoup aidé tout au long de ma carrière. C'est avec eux que j'ai navigué. J'étais dans la même catégorie que Kaman. Rob Kaman était déjà une légende vivante de la boxe pieds-poings. Il sévissait dans plusieurs fédérations et moi aussi. Pour ne citer que les principales, à l'époque il y avait l'ISKA, la WKA, la WKC, l'IKBF. On allait où il y avait des combats. À la limite, il arrive un moment où tu deviens un gladiateur. On aurait dû finir par se rencontrer, mais ça ne s'est jamais fait. J'aurais pu le croiser trop tôt. D'ailleurs, c'est ce qui s'est produit lorsque j'ai décidé de défier Luc Verheyen, dans sa catégorie, pour un championnat d'Europe. C'était un combat de niveau mondial. Mais j'étais tellement pressé de m'imposer que je l'ai pris trop tôt. Il faut dire qu'en 1994, ce mec était au-dessus du lot. J'étais monté trop vite et j'ai perdu. C'est ma seule défaite chez les professionnels. En revanche elle a porté ses fruits. Parce qu'après une période de doute, je suis remonté sur le ring et je suis devenu champion du monde.

Luc Verheyen

Verheyen appartenait à la redoutable école Hollandaise. Il a donné, avec Ramon Dekker, qui n'était pas dans notre catégorie, ses lettres de noblesse au kick-boxing dans le monde. Il avait déjà boxé Kaman, ou encore Rufus. Et moi, à l'époque, je n'avais pas encore le niveau de ces gens-là. Lorsque je le rencontre, je me retrouve face à un guerrier et je me rends compte que je ne fais pas le poids. Il aurait fallu que j'attende un ou deux ans avant de le prendre. Il n'y avait pas grand monde qui avait ce niveau-là. Et ceux qui l'avaient étaient intouchables. C'étaient d'énormes pointures ces gars-là. Ils étaient quatre, comme les trois mousquetaires, Il y avait un américain, Rufus, et trois hollandais, Rob Kaman, Luc Verheyen et Ramon Dekker qui boxait chez les Walters. J'étais un peu trop tendre à l'époque. Je n'avais pas assez de combats derrière moi, pas assez d'expérience. Vu le niveau qu'il avait, je n'aurais jamais dû accepter de monter contre lui pour un championnat d'Europe. J'aurais dû me méfier. Ça se prend uniquement pour un championnat du monde, un mec comme ça. C'était une erreur de stratégie, mais c'était entièrement de ma faute. J'ai pensé que j'étais en mesure de battre n'importe qui. Mais non. Je m'en suis rendu compte à mes dépens.

Une défaite salutaire

J'abandonne à l'appel de la troisième reprise. Il avançait sans arrêt, low-kick, low-kick, low-kick. C'était très dur. Il frappait fort. Il faisait mal. Il maîtrisait le ring. En plus, le combat s'est déroulé en France, à la Locomotive, chez moi, et voilà. C'était un titre unifié par deux fédérations auxquelles je n'appartenais pas, ce qui fait que même en cas de défaite, je ne perdais pas ma couronne WKA. C'est ce que je me suis dit, après le combat, pour me rassurer. Mais c'était une défaite tout de même. La pire qui soit. Tu perds et tu es toujours champion d'Europe. Qu'est ce que ça veut dire ? Ce soir-là, j'ai pris un gros coup au moral. D'ailleurs, pendant un moment, j'ai arrêté la boxe.

J'ai continué l'entraînement, mais je ne suis pas remonté sur un ring pendant près d'un an après cette défaite. Pour revenir, ça a été dur. Très, très dur. J'ai dû faire une bonne dizaine de combats avant de reprendre totalement confiance. En revanche, je n'ai plus jamais fait d'erreurs de jeunesse et je n'ai plus jamais perdu un seul combat de toute ma carrière.

L'idole d'un certain nombre de jeunes

Depuis que mon copain Franck m'avait branché sur le coup, tous les étés, je faisais la saison chez les frères Molince, à Argelès-sur-Mer. J'avais commencé avant de passer pro et ça faisait des années que ça durait. Ce sont des gens qui m'ont toujours fait confiance. Tous les ans, je travaillais pour eux. Je m'occupais de la sécurité du casino et de la boîte de nuit. Je bossais comme un fou pendant trois mois et je gagnais assez d'argent pour pouvoir ensuite effectuer des préparations plus pointues pour mes combats difficiles. En fait, j'étais mon propre sponsor et je me finançais tout seul depuis des années. Ce qui fait que lorsque je suis devenu professionnel, j'ai continué sur cette lancée. L'été, je faisais la saison et l'hiver, je faisais de la protection rapprochée. Je gagnais assez pour faire de bonnes préparations. Le seul problème que j'avais, c'était de bien gérer mon planning, pour que les combats ne tombent pas au milieu d'une mission. Mais en général, quand tu es pro, surtout quand tu es tenant du titre, tu sais quand tu vas mettre ta couronne en jeu. J'étais déjà champion d'Europe et comme chaque année, l'été, je lâchais les missions pour faire la porte à Argelès-sur-Mer. Je me rappelle qu'un jour, je vois un bonhomme accompagné d'une femme qui arrive droit sur moi. Il regarde sa femme et il me montre du doigt. J'étais avec mon pote Franck qui me dit :

« Qu'est ce qu'il veut celui-là ?»

Je lui réponds :

« Je ne sais pas, je ne le connais pas. »

Le bonhomme se pose devant moi et il me fait comprendre qu'il m'a vu boxer sur Eurosport en Allemagne. C'était un couple d'Allemands. Moi, j'étais en train de faire la sécurité et lui il voulait que je lui signe un autographe. Mais je ne pouvais pas, j'étais en train de travailler. En plus, je n'avais pas de photos sur moi, pas de carte, rien, rien du tout. Finalement je lui ai signé un autographe sur le billet de la boîte de nuit. Le Playa-Club. Je m'en souviendrai toute ma vie. Mais ça, c'était avant que je rentre au PSG, parce qu'à partir de1994, je n'ai plus fait les saisons. Je ne pouvais plus, j'étais corps et âme au PSG.

2- Du PSG aux titres suprêmes

La Proposition de Pascal

Au tout début de l'été 1994, je commençais à peine ma saison et je reçois un coup de fil de mon copain Pascal qui me dit :

« Éric, il y a eu des bagarres dans les tribunes, pendant le match PSG/ Caen, ils ont tapé sur les CRS, ça a fait un scandale dans la presse, je vais être nommé responsable de la sécurité du PSG, est ce que tu veux venir travailler avec moi ? »

Ça s'est passé aussi simplement que ça. On se connaissait bien avec Pascal, parce que j'avais fait la sécurité de Mark Knopfler, le chanteur du groupe Dire Straits, avec lui, pendant près d'un an. On a fait plus de 25 dates avec Knopfler, quand il est venu chanter en France avec son groupe. Je m'occupais de sa protection rapprochée. On a fait les arènes de Nîmes pendant une semaine, on a fait neuf jours à Bercy, le stade Vélodrome, Montpellier, puis Nantes. Au total, on a dû faire 25 villes, le tout, étalé sur un an parce qu'il y a beaucoup de jours off dans le spectacle. On avait été engagé par une société de sécurité pour cette mission. Il n'y avait pas eu de problèmes et l'on était resté en contact comme c'était souvent le cas dans ce boulot, pour pouvoir se brancher sur d'autres plans. Avant ça, on avait fait plein d'autres missions ensemble, donc on se connaissait bien. Pascal savait que je maîtrisais parfaitement le job et qu'il pouvait compter sur moi et réciproquement. Aujourd'hui on a chacun pris un chemin différent mais je me souviens encore du jour où il m'a appelé pour me proposer le plan du PSG.

Un rêve qui se réalise

J'entends encore sa voix qui raisonne dans le téléphone quand il me propose de venir travailler au PSG, avec lui, la saison prochaine. J'ai cru que j'allais tomber à la renverse. Honnêtement, quand il a prononcé le nom du PSG, j'ai eu un choc. Je n'étais pas certain d'avoir bien compris qu'il me proposait de travailler pour mon club, alors je lui ai demandé de répéter, pour être sûr. Il a confirmé sa proposition et comme par enchantement, tous les souvenirs que j'avais soigneusement enfouis après le décès de mon père sont remontés à la surface. Pour moi, c'était le bon Dieu que j'avais au bout du fil. J'étais tellement content que je me demandais si c'était vrai. Moi qui étais un passionné de football et qui en plus étais un fan de la première heure, j'allais travailler dans mon club de cœur. Il faut savoir que lorsque tu aimes le football, il y a toujours une équipe à laquelle tu penses avant tout. Moi, c'était le PSG et ça avait toujours été le PSG. J'avais été un espoir au ballon, j'étais allé les voir jouer au Parc, avec mon père et puis je les avais vus dans les bureaux de Daniel Hechter, quand j'étais tout gamin. Et là, tout d'un coup, voilà que quelqu'un me proposait de rentrer au PSG. Pendant un instant, j'ai eu l'impression de rêver. Pascal était pendu à l'autre bout du fil et il attendait ma réponse. Lui, il croyait que j'étais en train d'hésiter. Alors il insistait. Il me disait :
« Enfin Eric, je sais que tu connais le football, que tu aimes bien ça, alors, dis-moi, est ce que tu es partant ? »
Connaissant le business de la sécurité, je lui demande :
« Mais le contact, tu l'as eu comment ? »
Et là, il me répond :
« Le contact, mais il n'y a pas de contact, c'est un plan en direct. »
Je n'en revenais pas. Il l'a bien senti et pour me rassurer il a rajouté :
« Ne t'inquiète pas, je vais te présenter à tous ces gens, tu verras. »
Je raccroche le téléphone. Je termine ma saison d'été et le lendemain de mon retour, j'ai en effet rendez-vous avec les responsables du PSG.

Je rencontre d'abord Jean François Domergue, puis Michel Denisot. L'affaire se conclut et je me retrouve à travailler pour le PSG. C'était le 16 septembre 1994.

Mon entrée au PSG

C'est bien un plan en direct, mais Pascal me dit qu'il faut passer par une société à cause de la paperasse. Qu'à cela ne tienne, on branche un mec qui a une entreprise d'intérim pour signer le contrat. Au départ, j'ai une fonction précise qui consiste à assurer la sécurité des joueurs, tandis que mon ami Pascal s'occupe de celle du Parc des Princes. Mais très rapidement, mon champ de compétences s'élargit.

Une mission évolutive

Je suis non seulement chargé d'organiser la protection des joueurs au sein du staff, ainsi que dans les vestiaires lorsqu'ils jouent au Parc, mais j'assure également leur protection au camp des loges, pendant les entraînements. C'est donc une mission quotidienne. Je mets en place la sécurité au camp de loges. C'est un site très vaste, qui comporte beaucoup de terrain. Je dispose d'une équipe de trois agents. Ils sont chacun affectés à des postes spécifiques, les entrées, les rondes, les contrôles, les parkings. Et moi, je m'occupe de la protection rapprochée des joueurs quand ils sont sur le site. Ça signifie que j'ai une grosse responsabilité. De toute façon, je suis en train de vivre un rêve d'enfance. Alors peu importe la charge de travail, du moment que j'ai le temps de m'entraîner, tout me convient. Parce que non seulement je travaille de jour, mais en plus, les horaires sont affichés chaque lundi par l'entraîneur qui définit le planning de la semaine. S'il décide que l'entraînement doit avoir lieu de 9h à 13h, je reste avec les joueurs de 9h à 13 h et je vais à la salle l'après-midi. Je peux ainsi adapter mes entraînements en fonctions de mes priorités professionnelles. Quand je travaillais dans la sécurité, j'étais habitué à faire ce genre d'exercice, sauf que là, pour moi, ce boulot c'était le rêve, puisque j'étais au PSG. Mais ça, personne ne le savait. J'avais la chance de pratiquer un sport individuel, donc je pouvais m'entraîner quand je voulais. Simplement il fallait que je cale mes préparations par rapport à mon travail.

Le PSG et la musculation

Je me souviens que lorsque je suis arrivé, la première impression que j'ai eu en observant les joueurs, c'est qu'au niveau de la préparation physique, ils n'en faisaient pas assez. Moi, en tant que boxeur, je savais ce que je me tapais et quand j'ai vu ce qu'ils faisaient, je n'en revenais pas. Je ne comprenais pas. Alors bien sûr, le football n'a rien à voir avec la boxe, on est d'accord, et tout le monde sait qu'un sport individuel est beaucoup plus contraignant qu'un sport collectif, à ce niveau là. Mais quand même, j'ai trouvé que physiquement, ils n'en faisaient pas assez. Il m'a semblé que c'était trop léger comme entraînement. Je sais à présent qu'il est très difficile d'augmenter la charge de travail que représente la préparation physique dans leur programme. Parce qu'ils jouent tous les week-ends. Dans ces conditions, c'est compliqué de leur coller 5 séances de muscu supplémentaires par semaine. En fait, c'est impossible. Mais le souvenir que j'ai gardé de mon premier contact avec le club, c'est que même en préparation purement footballistique, pour moi, les joueurs n'en faisaient pas assez. C'est marrant hein. Cela étant, je n'étais pas là pour donner mon avis. J'étais là pour assurer leur sécurité. Alors j'ai un talkie-walkie dans les mains, j'ai 3 mecs à diriger et je ne mêle pas de ce qui ne me regarde pas. Mais comme je suis en permanence avec les joueurs, forcément, je les observe et c'est l'impression globale qu'ils me donnent.

Le PSG et la sécurité

Je n'avais manifestement pas été engagé pour faire joli, puisque très rapidement, on a eu de gros soucis avec la sécurité, au camp des loges. Style, des mecs qui venaient insulter les joueurs. Un jour il y en a même un qui s'est fait agresser sur le parking, j'ai été obligé d'intervenir. Une autre fois c'est un directeur sportif qui a eu de gros problèmes et là aussi, il a fallu que j'intervienne. Attention, on parle quand même du PSG. C'est un club qui attire toutes sorte de gens. Et pas uniquement les amateurs de foot. Ça attire aussi des gens qui ont envie de faire des bêtises. Des déçus, des mécontents, des jaloux, des envieux, des violents. En termes de notoriété, PSG + football, c'est du lourd. Il faut savoir ce que c'est que le foot pour bien comprendre de quoi je parle. C'est très populaire comme sport. Dans la rue, le public va plus reconnaître un joueur de deuxième division, qu'un champion du monde de kick-boxing. C'est normal, c'est le foot. C'est un sport qui est terriblement médiatique. Tandis que le mien ne l'est pas. La médiatisation crée une différance énorme au niveau de la popularité des sportifs. La preuve c'est qu'on a plus de chances de connaître le trois-centième joueur de tennis français que le champion du monde de canoë kayak. Pourquoi, parce qu'il va faire Rolland Garros, qu'il va peut-être passer un tour ou deux, qu'on va voir sa tête dans les journaux. Il est dans un sport où il y a de l'argent. Voilà la différence. Et le foot, à ce niveau-là, c'est le sommet. Parce que non seulement il y a de l'argent, mais en plus c'est un sport qui passionne les gens. Alors inévitablement, ça attire du monde, beaucoup de monde. Là-dedans, il y a du bon et du moins bon. Après les incidents du Parc des Princes, les dirigeants du PSG ont bien senti qu'une mauvaise tendance était en train de se développer et c'est pour cette raison qu'ils ont commencé à mettre en place un service de protection rapprochée pour les joueurs. Ils appelaient ça des stewards, à l'époque. C'était la première fois que des agents étaient chargés d'accompagner les joueurs. Par la suite cette activité s'est développée et elle s'est transformée en service de sécurité à part entière. Mais je me souviens que lorsque j'ai débuté, c'était la première fois qu'un club se préoccupait de ce genre de problèmes.

Le camp des loges

Tous les matins, je prenais en charge les joueurs qui arrivaient au camp de loges avec leurs véhicules personnels. Ils se garaient dans le parking qui leur était réservé, ensuite ils se mettaient à la disposition de leur entraîneur pendant quatre ou cinq heures et après ils repartaient à bord de leur véhicule. Je m'occupais de leur sécurité pendant leur entraînement et lors de leurs déplacements avec le club, ou encore dans le cadre de manifestations extra-sportives organisées par le PSG, style remise de médailles et compagnie, mais je n'étais pas chargé de les suivre dans leur vie privée et je n'avais pas à les ramener chez eux après l'entraînement, par exemple. Cela dit, à force de se côtoyer, évidemment, on sympathise. Ils apprennent que moi aussi je suis sportif de haut niveau, ça renforce les liens. D'ailleurs, par la suite, ils viendront me voir boxer. Et puis surtout, quand je rentre au PSG, il y a Luis. C'est à ce moment-là que je rencontre Luis Fernandez, l'ancien joueur mythique du PSG, qui, de 1994 à 1996, en est une première fois l'entraîneur. Je sens que le courant passe entre nous. Il y a immédiatement une relation de confiance réciproque qui s'installe. Je suis incapable d'expliquer pourquoi mais c'est vraiment comme ça que ça s'est passé entre Luis et moi. Je ne sais pas encore que c'est une véritable amitié qui est en train de naître entre nous mais je vois, de l'intérieur, le boulot extraordinaire qu'il est en train d'accomplir au sein du club. Et moi, j'aime le boulot bien fait. Je crois que c'est un élément qui nous a inconsciemment rapprochés. Après, l'amitié a fait le reste. Tout le reste.

La première période PSG

Pendant deux ans, j'ai été payé par l'intermédiaire de l'entreprise qui était officiellement responsable de la sécurité du PSG. Dès le départ, il avait été prévu que je ferais les matchs de Coupe d'Europe et les déplacements difficiles, c'est-à-dire, les matchs chauds, genre Marseille, ainsi que toutes les rencontres susceptibles d'entraîner des débordements. Mais ça, c'est comme pour tout, au début, la fonction est cadrée et puis avec le temps, elle évolue. Normal, c'était tout nouveau. Comme c'était la première fois qu'un club faisait appel à une société spécialisée pour assurer la sécurité de ses joueurs, les dirigeants n'avaient pas forcément estimé le niveau de prestations dont ils avaient réellement besoin. C'est pour ça qu'avec le temps et pour faire face aux circonstances, mon champ de compétence s'est peu à peu élargi. Dans la vie, c'est toujours comme ça que ça se passe. À partir

du moment où les responsables du club se sont posé la question de la sécurité et qu'ils ont estimé que la protection des joueurs était devenue indispensable, ils ont souhaité revoir mon contrat initial. Par rapport à ma carrière sportive, par rapport aux relations que j'entretenais avec les responsables du club, par rapport à l'évolution de leurs besoins en matière de sécurité, ils m'ont proposé de m'engager en direct. Sur le plan personnel, ça a été une sorte de consécration. Pourtant, même si mon statut juridique avait évolué, ça n'a pas changé grand-chose à ma préparation sportive, parce que, dès que je suis rentré au PSG, j'ai arrêté tout le reste. Pour tout dire, à partir du 16 septembre 1994, jour de mon arrivée, sur le plan professionnel, je me suis exclusivement consacré au club. Je n'ai plus fait de protection rapprochée, ni de saisons d'été, ni plus rien nulle part, j'ai consacré tout mon temps au PSG et à la préparation de mes combats. Fini James Brown, terminé Catherine Deneuve, Nina Hagen
Régine, Jack Lang et les groupes de rock comme Dire Straits.

La préparation de mes championnats du monde

Le PSG m'a permis, tout en faisant mon boulot très sérieusement, de m'entraîner beaucoup plus régulièrement, ce qui devenait indispensable, notamment pour la préparation de mes championnats du monde. Sinon, je n'aurais jamais pu atteindre le niveau mondial. J'aménageais mes horaires d'entraînement en fonction de mes contraintes professionnelles, voilà tout. Mais quand tu fais un sport individuel, tu es libre de t'organiser comme tu veux. Finalement, ce n'est pas très compliqué. L'important, c'est de bien faire ta préparation et peu importe l'heure à laquelle tu la fait.

L'organisation des combats

J'ai fait trois championnats du monde quand j'étais au PSG. Le premier en 1995 et les deux autres en 1997. Au niveau de l'organisation des combats, dès que je suis rentré au PSG, ça a commencé à bien se passer, puisqu'en dehors du Kick, j'avais la chance de travailler pour des gens qui étaient très médiatiques, et qui, en venant me voir boxer, me médiatisent à leur tour. C'est tout de même très rassurant pour un promoteur. Il savait que dès que je montais sur un ring, les joueurs du PSG se déplaçaient pour me voir boxer. Je suppose que ça lui permettait de mieux négocier ses partenariats puisque, de ce fait, mes combats suscitaient toujours l'intérêt de la presse.

1er Championnat du Monde

En 1995, je m'apprête à rencontrer Nicola Marucci pour le titre suprême. C'est mon tout premier championnat du monde. Mon adversaire est un costaud. Oui, c'est un costaud. Mais depuis mon unique défaite contre Verheyen, je me suis considérablement endurci. J'ai repris confiance. Je suis Champion d'Europe et je suis classé numéro deux mondial, juste derrière Rob Kaman. Kaman, qui porte à l'époque plusieurs couronnes, abandonne probablement sa ceinture WKA pour des raisons de planning. Toujours est-il que son titre est vacant et en toute logique, on me propose de disputer la ceinture contre un boxeur Italo Belge très talentueux, Nicola Marucci qui est une énorme vedette en Belgique et en Italie. Il est suffisamment bien classé par la fédération pour être également un prétendant légitime au titre suprême. La rencontre doit avoir lieu au printemps 1995 à la foire exposition de Bordeaux. J'allais avoir trente et un ans et je me suis dit :

« Si je gagne, j'arrête la boxe. »

Voilà ce que je me suis dit :

« Si je deviens champion du monde, j'arrête. »

« J'arrête la boxe, j'arrête tout. »

« Ils ne me reverront plus jamais sur un ring. »

C'était l'apothéose pour moi. Jamais je n'aurais pu imaginer que j'allais boxer dans la cour des grands contre des mecs qui étaient des professionnels, ni que j'allais devenir champion d'Europe, alors je me suis dit :

« Si je suis champion du monde, j'arrête tout, je plie les gaules direct.»

Pas facile d'arrêter quand tu gagnes

Par la suite, je me suis aperçu que ce n'était pas si facile que ça d'arrêter. Parce qu'en fin de compte, lorsque tu deviens Champion du Monde, tu rentres dans un engrenage. En fait, on n'arrête pas comme ça. Avant le combat, je sais que je ne suis plus le boxeur amateur d'il y a 15 ans, donc je me dis :

« Ouais, je vais gagner. »

Il n'y a pas de :

« on va bien voir .»

Non :

« Je vais gagner. »

Je me dis :

« Oui, je vais gagner. »

Je suis chez moi, en France. J'ai conscience que Gilles, mon organisateur qui est producteur de spectacle, a investi beaucoup d'argent sur ce combat, alors, non, je ne veux pas le décevoir et je me répète encore une fois :

« je vais gagner. »

Des Polymusclés au titre mondial

J'avais rencontré Gilles aux Polymusclés. C'est un club de foot, composé d'artistes, de journalistes et de sportifs de haut niveau qui font des matchs au profit de causes humanitaires. Le sida, le téléthon, le cancer, les aveugles, etc…

Il a été fondé en 1963 par Jean Paul Belmondo et depuis, il fonctionne toujours. Evidemment, tout le monde est bénévole, mais en plus, on se déplace à nos frais pour que la totalité de la recette aille directement et entièrement à la cause en question. Mon ami Gillou faisait partie de cette équipe dans laquelle je jouais également. L'effectif tourne beaucoup aux Polymusclés, mais fatalement à un moment tous les membres du club sont amenés à se rencontrer. Il a fini par savoir ce que je faisais et puis un mot en appelant un autre, il m'a proposé d'organiser un gala de boxe. Je l'ai mis en rapport avec la fédération, ils sont tombés d'accord et il se trouve que le premier combat qu'il a organisé, ça a été mon Championnat du Monde. Il y est allé direct.

C'est du lourd. Un Championnat du Monde, franchement, c'est du lourd pour un organisateur.

L'organisation de Bordeaux

En plus, c'est à Bordeaux que ça se passe, ce qui veut dire, hôtels, déplacements et tout, quoi. Sans compter les bourses. La mienne, celle de Marucci, ainsi que celles de tous les boxeurs qui font les combats d'encadrement. On n'est pas dans la boxe anglaise, donc ça reste modeste mais quand on sait que dans un gala de boxe il y a toujours six ou sept rencontres, c'est lourd comme budget. Les sports pieds-poings ne sont pas, à la base, très médiatiques, or, s'il n'y a pas une télé qui achète le plateau, financièrement, quel que soit le niveau du combat, les rencontres sont très difficiles à organiser. Déjà, on sait qu'il n'y a pas d'argent pour les boxeurs. Il y en a un peu, comme ce que l'on va toucher à l'époque, mais il n'y a pas plus. Quand une chaîne comme Canal+ organise un gala de boxe, elle prend tout en charge. Les bourses des boxeurs, les frais de déplacements, l'hébergement, la location de la salle, la sécurité, la publicité, l'organisation, tout, mais lorsque c'est un indépendant qui organise, c'est lui qui investit. Pour ce combat, Gilles avait trouvé Eurosport comme partenaire. C'était déjà très bien, mais au niveau des moyens, Eurosport, ce n'est pas Canal. Et puis ce n'était pas du direct, parce que le combat été retransmis en différé. Est-ce qu'il a passé un accord financier avec la chaîne, ou est-ce qu'il a simplement été question de communication pour lui permettre de trouver des annonceurs, je n'en sais rien. Ce qui est sûr, c'est qu'il s'est mouillé financièrement. J'espère simplement qu'il est rentré dans ses frais, mais ce n'est pas évident du tout. Je dis ça aujourd'hui, mais pour être franc, à l'époque, mon seul souci, c'était mon adversaire, Nicola Marucci.

La victoire de Bordeaux

Marucci n'est pas un figurant, c'est le moins qu'on puisse dire. Il n'a pas de faille. C'est un boxeur complet. Il est très rapide et très dangereux, surtout avec son crochet droit. Je me méfie de lui comme de la peste. Je sais par expérience que s'il est en face de moi aujourd'hui, c'est qu'il mérite la couronne autant que moi. Je sais également qu'en mi-lourds tous les coups font mal et qu'avec lui, la moindre erreur peut devenir fatale. Moi, Je le travaille en anglaise et je termine en low-kick. Je sens que ça rentre bien, mais j'appréhende tellement le contre que je remonte immédiatement à la face avec ma droite pour l'empêcher de s'organiser. Le compteur tourne, les reprises défilent, je place mes low-kicks mais il est toujours là. Il est toujours dangereux. À l'appel de la cinquième reprise, Marucci reste un instant en suspension au-dessus de son tabouret. Il ne parvient pas à se lever. Il abandonne. Le combat est terminé. Et comme je suis toujours debout, j'ai gagné. Oui, j'ai gagné. Je crois que je viens de prendre la ceinture mondiale WKA des mi-lourds. Enfin, il me semble. L'espace d'un instant, j'ai un doute. Je suis tellement concentré sur le combat que je ne sais plus. Et puis c'est l'explosion.

Une nouvelle sensation

Je découvre une nouvelle sensation. Je suis Champion du Monde. Je lève les bras, je monte sur la deuxième corde du ring. Je salue le public, mais je ne redescends pas sur terre. Je ne pense plus du tout à ce que je me disais quelques jours plus tôt, dans ma tête.

« Si je suis champion du monde, j'arrête. »

Non, je veux continuer à éprouver ce plaisir presque physique le plus longtemps possible et à cet instant précis, je sais que ma carrière n'est pas terminée. Cette réflexion arrive presque immédiatement derrière la sensation de libération que j'éprouve au moment précis où je deviens Champion du Monde pour la première fois. Et cette sensation, elle m'envahit tout de suite. Lorsque je lève les mains, parce que l'arbitre vient de raccompagner mon adversaire dans son coin et qu'il fait signe aux juges que le combat est terminé. Non parce que lorsque l'arbitre intervient, même si tu viens de porter un coup très dur, tu ne sais pas si le combat ne va pas reprendre. Tu regagnes ton coin et tu attends qu'il te dise de reprendre. Mais là, il a fait le signe pour dire que le combat était terminé, qu'il ne reprendrait pas. Parce qu'il a estimé que ton concurrent n'était plus en état de combattre. Donc, tu as gagné. Tu le sens, mais tu n'es pas sûr. Alors tu regardes ton coin et tu vois, comme au ralenti, tes soigneurs qui lèvent les bras et qui écartent les cordes pour envahir le ring. Là, oui, tu sais que tu as gagné. Et puis tout de suite derrière, tu te souviens qu'il s'agit du Championnat du Monde et tout d'un coup, la sensation te tombe dessus. C'est une sensation légère, comme un voile qui t'enveloppe entièrement et qui te porte, qui te soulève, qui te transporte, tu n'es plus le même. Tu n'as plus mal, tu n'as plus de pression, tu n'as plus cette concentration qui te plombe, tout s'évapore, tout bascule, tout devient léger, aérien, tu t'envoles dans une autre sphère dont tu ignorais l'existence, jusqu'à présent. Tu pénètres dans un monde nouveau, celui des Champions du Monde en titre. C'est très bizarre comme sensation. C'est très... Impressionnant. Oui, voilà le terme exact. Tu te demandes si après, tu pourras à nouveau éprouver cette sensation si particulière, tellement cet instant est grandiose. Mais non, je crois que c'est uniquement la première fois que ça se produit. Uniquement lorsque tu deviens Champion du Monde pour la première fois. Après, si tu as la chance de gagner, tu es content bien sûr mais ce n'est pas pareil. Ce n'est pas cette sensation hors du temps qui t'envahit. Ce n'est pas cette dimension d'extra-terrestre qui te transporte. Ce n'est pas cette impression de visiter un autre monde qui te bouleverse. Parce que le monde où tu pénètres l'espace d'un instant, c'est un beau monde, harmonieux, serein, calme, joyeux, rien à voir avec le nôtre. C'est d'autant plus troublant que ce monde-là, tu le perçois alors que tu es en sang, au milieu d'un ring, après un affrontement terrible, contre un adversaire malheureux, parce que tu sais qu'il est malheureux, lui à cet instant précis. Le plus curieux, c'est que ce sentiment de compassion naturel chez les boxeurs ne vient même pas gâcher la fête. Non. C'est ce qui est le plus paradoxal, je crois. Après tu retombes dans la réalité, il y a la télé, la presse, les gens qui viennent te féliciter, mais c'est autre chose.

Après l'exploit sportif

Je redeviens moi-même et je lis dans leurs yeux que je viens d'accomplir un exploit sportif. Jevois bien que je ne suis que moi à ce moment-là, donc je ne suis pas malheureux évidemment,
mais ça n'a plus rien à voir comme sensation. Je rentre à nouveau dans le monde des vivants, avec les problèmes, les joies, les mêmes préoccupations que tous les humains et je suis content d'avoir gagné. Dans la salle, il y avait près de trois mille personnes. C'était la première fois que je boxais devant un public aussi nombreux.

Un truc de mecs

Yolande n'avait pas pu faire le déplacement parce qu'elle était enceinte de Tony, notre deuxième enfant. Elle ne sera pas là non plus pour mes autres titres mondiaux, puisque entre temps, on va se séparer. Mais la boxe, c'est un truc de mecs, je crois. Je n'ai jamais eu ma femme, dans la salle, lorsque j'ai boxé pour un titre. Sauf en mai 1997. J'avais refait ma vie avec une personne qui est venue me voir boxer. Paradoxalement, c'était la dernière fois que je
montais sur un ring. J'avais quitté la mère de mes enfants pour elle. C'est moi qui suis parti. Je suis tombé amoureux de cette personne. Oui mais ça arrive.

Mes supporters

Ce soir-là Luis ne m'a pas vu devenir Champion du Monde. D'ailleurs il n'a jamais pu assister à aucun de mes combats. Mais je savais qu'il pensait fort à moi. Et puis j'avais d'autres supporters puisque dans la salle il y avait presque tous les joueurs de l'équipe première du PSG avec notamment Pascal Nouma, Valdo, Francis Llacer, Jean François Domergue. Il y avait aussi tous mes amis qui s'étaient déplacés à Bordeaux, pour m'aider à conquérir ma première ceinture mondiale.

C'est comme ça que j'ai ressenti leur présence. Et c'est aussi un peu grâce eux que j'ai gagné. Je ne l'ai jamais avoué, alors il est temps que je les remercie vraiment du soutien qu'ils m'ont apporté.

Une anecdote

Pour illustrer la nature des rapports que j'entretenais avec les joueurs du PSG je vais raconter une anecdote concernant Valdo. Je n'étais pas encore Champion du Monde de kick-boxing, je ne faisais pas partie du staff, je m'occupais simplement de la sécurité des joueurs et à ce titre, j'assistais aux rencontres réputées à risque. Après un match victorieux en coupe d'Europe qui s'était déroulé au Parc des Princes, Valdo a traversé tout le terrain pour me donner personnellement son maillot. Il m'a dit :
« Tiens, c'est cadeau, c'est pour toi. »
Et moi je lui ai répondu :
« Si un jour, j'ai la chance de disputer un titre mondial, je te donnerai mon short.»
Lorsque j'ai gagné mon premier Championnat du Monde, il était dans la salle et je lui ai donné mon short. C'est beau non ? Voilà comment, Candido Valdo, le numéro 10 de la sélection du brésil est reparti avec mon short sous le bras. Raï, capitaine du brésil, Valdo numéro 10, Ricardo en défense, y a pas à dire, ça avait vraiment de la gueule, le PSG, à l'époque.

Raï

Je me souviens aussi qu'un jour, Raï m'a fait un super cadeau. Je ne peux pas dire ce que c'était parce que ça ne regarde personne, mais je m'en souviendrai toute ma vie. J'ai un respect sans limites pour cet homme. Il m'a fait un cadeau extraordinaire. Je lui en serais reconnaissant toute ma vie. C'est vraiment un mec formidable. Ce n'est pas un mec bien, c'est un mec extraordinaire. Véritablement extraordinaire. Je parle du plan humain, parce que sur le plan footballistique, tout le monde connaît ses qualités.

Kaman or not Kaman
Après cette victoire, j'ai tout de suite voulu rencontrer Kaman, l'empereur de la boxe pieds-poings, pour un titre unifié mais, pour une question d'organisation, les choses ont traîné et au bout du compte, ça ne s'est jamais fait. Gilles m'avait même emmené avec lui, aux Etats-Unis pendant une semaine, pour tenter d'organiser cette rencontre. Il voulait faire un gros truc, mais il n'y est pas parvenu. Je crois que le combat Kaman vs Blondel s'est avéré trop cher à monter aux States.

Kick, Thaï, Boxe Américaine
Comme on était sur place, il s'est rabattu sur Rufus, un immense champion américain qui était bien dans ma catégorie, mais qui ne montait pas en Kick-boxing avec low kick. C'est vrai que c'est un peu compliqué pour quelqu'un qui ne connaît pas. Mais comme Gilles s'était mis en tête de me le faire rencontrer, il fallait que je lui fasse comprendre pourquoi ce n'était pas possible.
« Voilà, Kaman monte en Thaï, en Kick et en boxe Américaine. Moi, je monte en Thaï et en Kick, mais pas en américaine. Et Rufus monte uniquement en américaine. Comme il ne voyait pas trop la différence, il a fallu que je lui explique :
« En Américaine, tu n'as pas le droit de donner de coup de pieds en dessous de la ceinture, c'est-à-dire que la zone de frappe se limite au corps et à la tête. Donc tu n'as pas le droit d'utiliser de low-kick en boxe américaine. Et en Kick-boxing, à la différence de la boxe Thaï, tu n'as le droit de porter une attaque, ni avec les genoux, ni avec les coudes. Tu comprends ? »
Lui, il s'en foutait, il essayait par tous les moyens de me trouver un adversaire qui plaise aux américains. Alors je reprenais mes explications en essayant de lui faire comprendre pourquoi je ne pouvais pas boxer contre Rufus. Et pour rigoler je rajoutais :
« A moins qu'il accepte de monter en Kick, ce qui m'étonnerait. »
Là, je voyais bien qu'il était perdu, parce que tout d'un coup son visage s'illuminait, il s'enflammait et il reprenait espoir, sans comprendre que l'autre n'accepterait jamais cette condition. Alors je recommençais :

« Écoute-moi, Gillou, les coups et les zones de frappe autorisées ne sont pas les mêmes suivant les disciplines. Mais à part ça, je suis d'accord que les règles sont à peu près équivalentes dans les trois disciplines. Sauf qu'en Américaine, tu frappes avec les pieds et les poings mais uniquement au-dessus de la ceinture. En kick, tu frappes avec les pieds et les poings, partout. Et en Thaï tu frappes partout, avec les pieds, les poings, les coudes et les genoux. Donc Rufus avec kick, je le prends très volontiers, mais je ne monte pas contre lui en américaine. »

L'Amérique

Le low-kick étant ma spécialité, je n'allais pas me priver de mon point fort, uniquement pour le plaisir de boxer contre Rufus. Non. Comme rien n'aboutissait, on est parti. Mais Gilles ne voulait pas lâcher le morceau. Il était devenu mon promoteur officiel et il était convaincu que notre avenir pugilistique passait par l'Amérique. Il a rebranché Kaman et au bout d'un certain temps , comme ses tractations semblaient en bonne voie, on est revenu, mais cette fois à New York. On y est resté environ dix jours. J'ai rencontré des promoteurs, des annonceurs, des gens importants, des gens qui voulaient investir. Bref, plein de monde. On avait l'intention de faire de grandes choses mais ça a coincé à nouveau. On n'a pas pu organiser ce qu'on voulait là-bas. L'Amérique est un pays qui est rempli de gros poissons. Ils ne nous ont pas laissé faire. C'est dommage. Et puis il faut dire aussi qu'à la base, Gilles était plus un organisateur de spectacles musicaux que de galas de boxe.

Les mystères de la boxe

Le résultat de tout ça, c'est qu'après avoir remporté ma première couronne mondiale, je n'ai pas combattu avec un titre en jeu, pendant plus d'un an. J'ai fait des combats de transition, des combats de préparation, j'ai eu des combats difficiles aussi, pour rester dans le haut du classement mondial, mais sans titres. Au bout du compte, j'étais toujours classé numéro deux mondial derrière Kaman et comme le combat dont on rêvait ne s'était pas fait, à force d'attendre, mon titre était devenu vacant. Moi, je visais Kaman, alors la défense de mon titre en WKA ne me préoccupait pas tant que ça. Mais maintenant qu'il était vacant, j'avais décidé de le récupérer.

Un deuxième titre mondial unifié

Puisque les Américains ne voulaient pas de nous, Gilles avait décidé de monter un deuxième Championnat du Monde en France. Entre temps, une vieille connaissance à qui j'avais ravi la couronne européenne, Farid Benatia avait progressé dans les classements mondiaux. Il était devenu challenger officiel et c'est contre lui que je devais disputer le titre unifié WKA WKC de Champion du Monde de kick-boxing. C'est ainsi qu'en mai 1997, je le rencontre pour la deuxième fois de ma carrière. Il attendait sa revanche et moi je voulais dissiper le doute quant à ma victoire pour cause de ramadan, comme il l'avait invoqué, lors de notre première confrontation.

Une belle affiche

Pour tous les amateurs de kick-boxing, l'affiche Blondel vs Benatia est passionnante. Ce sera, du reste, le combat le plus éprouvant de toute ma carrière. J'ai alors 33 ans et avant de monter sur le ring, je me dis à nouveau que si je gagne, cette fois, je mettrai un terme définitif à ma carrière. Il est vrai que dans ce cas, je ne perds rien à arrêter la boxe. D'autant que j'ai désormais des perspectives professionnelles qui sont amenées à se développer au PSG. Je suis donc en pleine confiance et je me dis que c'est peut-être le bon moment pour arrêter. Oui, mais voilà ! Je gagne le combat. Très difficilement, mais je gagne par KO, à la neuvième reprise.

Mes 9 reprises

Ce sera aussi le plus long combat de toute ma carrière puisqu'il s'est déroulé en 9 reprises. Moi, j'essayais de faire face à un adversaire que je connaissais mais ce n'était plus celui que j'avais rencontré trois ans auparavant. Cette fois, il n'avait pas dû faire le Ramadan. Il s'était très

bien préparé et il a fait un combat de légende. J'ai gagné, mais ça a été très dur. On a terminé tous les deux en sang. L'affrontement a été très serré et le combat est resté indécis jusqu'à la dernière minute. Il tombe sur un low-kick et il ne se relève pas. Il ne pouvait plus marcher. Il a été obligé d'arrêter. Je le bats, grâce à un coup qui m'avait fait perdre le seul combat de toute ma carrière professionnelle. Le low-kick de Verheyen. Avec le temps et grâce à l'entraînement, on évolue, c'est certain. Plus tu t'entraînes, plus tu fais de combats, plus tu t'endurcis. Mais en Kick ou en boxe thaï, ce n'est pas comme en anglaise. Tu ne peux pas faire de combats tous les deux ou trois mois. C'est top violent. Le corps a besoin de repos. La rencontre a eu lieu aux Pyramides de Port Marly. Mon promoteur avait loué une salle superbe, avec service de restauration et spectacle. Il y n'avait pas beaucoup de monde parce que c'était une formule genre VIP, très chère, avec le gala de boxe inclus dans le prix du dîner. Ça se faisait beaucoup aux Etats-Unis à l'époque. À défaut d'y avoir trouvé un adversaire, on avait ramené la formule. Toute l'équipe du PSG était là. Après le combat, je suis épuisé, mais je suis très content d'avoir gagné. Mon adversaire est déçu. Il est très déçu. Hormis l'absence des extra-terrestres, c'est-à-dire la sensation particulière de voyager dans un autre monde, j'éprouve la même joie que lors de la conquête de mon premier titre.
Alors, j'arrête ou je continue?
Hein, j'arrête ou je continue ?
Cinq mois plus tard, je remets mes couronnes mondiales en jeu contre un champion Marocain de boxe française, Idriss Khellafi.

Le défi de Khellafi

Lorsque j'ai rencontré Benatia pour la deuxième fois, Idriss Khellafi, qui deviendra par la suite Champion du Monde, était dans la salle. Après ma victoire, il a déclaré qu'il ferait de moi un chocolat bleu ciel, si je lui offrais la chance de l'affronter. Il me lançait un défi en quelque sorte. Et il disait à qui voulait l'entendre :

« Je vais le battre facilement, je vais en faire mon petit-déjeuner de Blondel.»
J'ai commencé à recevoir des messages de ce genre, par voie de presse, ou par le biais des fédérations. Au bout d'un moment, j'en ai eu assez. J'ai déclaré que s'il trouvait un promoteur pour organiser le combat j'étais prêt à le rencontrer quand il voulait. Je suppose qu'il avait prévu le coup puisque la rencontre a eu lieu très rapidement après que ses organisateurs aient obtenu l'accord des fédérations concernées pour que je défende mes titres contre lui.

L'affiliation préalable
Il s'est d'abord affilié à la WKA qui lui a demandé de faire deux ou trois combats préalables, pour voir son niveau. Ces combats lui ont également servi de préparation. Manifestement Khellafi était très bon puisqu'il s'est immédiatement installé dans le haut du classement, ce qui fait qu'il s'est retrouvé en position de challengeur possible.

Le rôle du promoteur
Il ne restait plus à ses organisateurs qu'à appeler les fédérations pour leur proposer leur poulain comme prétendant au titre mondial. En l'occurrence ça n'a pas dû être simple parce qu'il s'agissait d'un titre unifié WKA, WKC, c'est-à-dire qu'il leur fallait obtenir l'agrément de ces deux fédérations en même temps. En principe c'est le promoteur qui se charge de ces démarches. Il appelle la fédération et il dit :
« Je voudrais organiser un Championnat du Monde avec telle personne qui est classée contre votre champion. Est ce que vous êtes d'accord ? »
La fédération sollicitée répond :
« Oui on peut le faire, ou non on ne peut pas le faire. »
C'est elle qui délivre le titre et elle est automatiquement co-organisatrice puisque c'est elle qui valide le combat mais elle n'investit pas d'argent. L'idéal évidemment, c'est d'avoir une télé qui rachète tous les droits. Ce n'était pas le cas, mais Khellafi est arrivé avec, dans ses bagages, un financier qui était en mesure de monter

le combat tout seul. Dès lors qu'il s'agit d'un titre mondial, hormis le montant des bourses qui est beaucoup moins élevé, les choses se passent un peu comme en boxe anglaise. D'ailleurs, en anglaise, tous les grands boxeurs ont des promoteurs qui s'occupent de monter leurs combats. C'est avant d'avoir gagné un titre que c'est compliqué mais d'une manière générale, quelle que soit la discipline, les champions ont toujours autour d'eux des gens qui sont en mesure de financer leurs combats. C'était le cas de mon futur adversaire qui avait une équipe très sérieuse autour de lui.

Mon dernier Championnat du Monde

Si après la conquête de mon premier titre, les choses avaient beaucoup traîné sans que je parvienne à remettre ma ceinture en jeu, cette fois, c'est le camp de mon adversaire qui organisait et il avait été tellement rapide que cinq mois après mon second sacre, je boxais à Aubervilliers, chez lui. Je m'étais préparé d'autant plus sérieusement que cette fois, je n'avais pas fait de break, comme c'était toujours le cas après un combat. Non. j'étais resté sur le rythme de ma préparation précédente, parce que j'avais senti qu'aux Pyramides, je manquais un peu de ring. J'avais gagné au mental et je ne voulais pas revivre la même mésaventure. Ce qui fait que pour affronter Khellafi, j'étais très affûté.

Un arrêt non programmé

Je m'apprête donc à remonter sur le ring pour défendre mon double titre mondial. Je viens d'avoir trente-trois ans. Ça fait désormais plus de cinq ans que je boxe chez les professionnels et je sais parfaitement qu'il ne faut pas tenter le diable. Parce qu'il y a les jeunes qui poussent derrière et ils n'ont qu'une envie, c'est de te dérouiller. Je me souviens que le soir du combat, je me suis retrouvé dans mon vestiaire à me dire :

« Mais qu'est ce que je fous là ? »

Quand tu commences à te poser ce genre de questions, c'est que tu n'es plus à ta place. Pourtant j'étais Champion du Monde en titre donc

j'étais bien à ma place. Mais j'ai compris qu'il était temps que j'arrête. Il arrive un moment où il faut savoir tirer le rideau. Parce qu'en réalité je n'étais pas en train de me dire:
« T'as rien à faire là, tu n'es pas à ta place. »
Non, j'étais en train de me dire:
« Je n'ai plus envie de boxer. »
Il y avait ma mère, qui, depuis un certain temps venait assister à mes combats et qui s'inquiétait pour moi. Il y avait ma copine qui me disait sans arrêt :
« Eric, tu as 33 ans, c'est dangereux, maintenant il faudrait que tu arrêtes, tu n'as plus rien à prouver et puis tu as le PSG. »
Je savais que tous ces gens ne me voulaient que du bien. Ils en avaient marre de me voir sur un ring. Ils avaient sans doute peur pour ma santé. Encore une fois, il faut savoir que la boxe n'est pas un jeu. La boxe, le kick, la boxe thaï, ce n'est pas un jeu. C'est un combat. Et même quand tu gagnes, tu prends des coups. De vrais coups. Parce que le mec qui est en face de toi n'est pas là pour faire semblant. Il est là pour gagner. Le chronomètre tourne. J'évacue ces pensées. Le dernier combat d'encadrement vient de se terminer, la porte de mon vestiaire s'ouvre, mon entraîneur vient me chercher, c'est l'heure…
Je sais que mon adversaire est déjà en place puisque je suis le tenant du titre. Donc je monte après lui.

Ce soir-là
Dans la salle, il y a 1500 personnes qui attendent de voir leur champion me détrôner. Le Stade d'Aulaunes est rempli par un public populaire qui correspond parfaitement à notre discipline sportive. Gratien Tonna est l'invité d'honneur du Gala. Ça me change de la dernière fois. Aux Pyramides, il y avait 200 personnes. C'était une soirée privée, avec champagne, petits-fours et tout. C'était sélect. Il y avait même France 3. Pas pour le direct, pour le flash. Ils avaient tourné un sujet sur moi qui a été diffusé aux infos, pour annoncer le combat. Ensuite ils ont donné le résultat aux actualités et ils ont présenté un résumé de deux minutes. Toute la presse écrite s'était déplacée, L'Equipe, Le Parisien,

plus tous les journaux spécialisés. Il y avait également la télévision Yvelines Première qui suivait tous mes combats depuis mes débuts. Mon promoteur avait voulu faire une sorte de gala privé, comme lorsque Hollyfield était venu boxer à Paris, en 1978. Rien à dire, il y avait du beau monde. Et puis le cadre s'y prêtait bien. Cette fois, ce n'est pas du tout le même tabac. Il y a un vrai public populaire. Les gens hurlaient. La salle était totalement acquise à la cause de mon adversaire. Le combat commence et dans ma tête, je marche vers un troisième sacre mondial.

Vers un troisième sacre

J'ai une grosse expérience du ring. Je suis très concentré et je prends immédiatement la mesure de mon adversaire. Je le domine dans tous les compartiments* du genre. Physiquement, techniquement, tactiquement. Alors je le laisse venir. Je maîtrise totalement le combat. Mais je n'ai jamais eu de combats faciles dans ma vie. Lui, il venait de la boxe française. Il avait des lacunes dans ma discipline. Il s'était démené comme un diable pour obtenir une chance mondiale contre moi, donc maintenant qu'il y était, il la prenait à fond et il était pressé de s'imposer mais il avait de grosses difficultés à encaisser les low-kicks. En fait il n'était pas prêt. Pour lui, ça a dû être un combat très difficile. Il avait une bonne anglaise, un bon placement, une vraie volonté de gagner mais ce soir-là, en face de lui, il y avait, un authentique Champion du Monde de kick-boxing. L'histoire n'était pas pour autant écrite à l'avance, parce qu'il s'agissait tout de même d'un Championnat du Monde. Donc tout pouvait arriver. Mais j'avais l'expérience pour moi, j'étais très dur et surtout, même si je sentais qu'il fallait que j'arrête, je ne voulais pas perdre. Parce que je ne me serais pas arrêté sur une défaite. Alors j'étais motivé à mort. Je le bats par KO à la cinquième reprise. Low-kick. C'était ma spécialité. Je lève les bras, je félicite mon adversaire, je salue son coin, et pour la dernière fois de ma vie, je monte à nouveau sur la deuxième corde du ring pour saluer le public. Je savoure intensément cet instant. Parce que je sais que pour moi, maintenant, la boxe, c'est terminé.

L'adieu au ring

En réalité je voulais arrêter depuis le jour où j'avais été Champion du Monde pour la première fois mais les gens de la fédération avaient insisté en me disant :

« Kaman n'a pas pu se faire mais il faut que tu rencontres à nouveau Farid, parce que c'est un grand champion. »

« Si tu gagnes, tu en sortiras grandi et puis tu lui dois une revanche. »

J'avais fini par accepter en espérant qu'il ne s'agissait pas pour moi du combat de trop. Non parce que j'en ai vu, moi, des boxeurs qui ne savent pas arrêter quand il faut. J'avais atteint l'age limite et j'étais conscient que dans le sport de haut niveau, il y a un moment où il faut que les choses s'arrêtent. Je voulais choisir ce moment. Je ne voulais pas qu'il me soit imposé par un autre. Je savais que je vivais mes dernières heures de gloire et je ne voulais pas qu'elles soient entachées par une défaite maladroite. Aussi, lorsque Idriss Khellafi m'a défié, je me suis dit que j'allais y aller, mais que cette fois ce serait vraiment la dernière. En fait, non. Je ne me suis pas dit ça. C'était inconscient comme réflexion. Je savais simplement qu'une couronne de plus ou de moins ne m'apporterait rien de plus que ce que j'avais déjà mais qu'en revanche, chaque fois que je montais sur un ring, je risquais de tout perdre. Il fallait que je songe sérieusement à arrêter ce délire. Involontairement, c'est Khellafi qui m'a fourni le bon prétexte. C'est lui qui a déclenché le déclic. Nous sommes en 1997 et dans ma tête, je viens de décider d'arrêter la boxe.

En 1997 j'arrête la boxe

Sur le moment, je n'ai rien dit. J'ai gardé ma décision pour moi. J'ai attendu le lendemain pour l'annoncer. Je me suis dit :

« Je n'ai pas envie de revivre ce que j'ai vécu hier. Je n'ai plus envie de boxer, donc je vais arrêter. »

Cette annonce a surpris des gens et puis elle en a rassuré d'autres. Quand j'arrête la boxe, j'arrête mon kiff mais ce n'est pas une source de revenus que j'arrête, c'est une source de dépense en réalité. Je n'étais pas un phénomène, mais ce que j'ai fait, je l'ai bien fait. Je le revendique haut et fort. Maintenant, quand ça s'arrête, ça s'arrête. C'est tout. C'est une décision que tu prends, rien de plus.

Travailler au PSG
C'est après ce dernier Championnat du Monde que je suis devenu salarié du PSG. J'y travaillais déjà, mais sur ma fiche de paye, il n'y avait pas marqué Paris Saint Germain. La première fois, c'est une sorte de légion d'honneur que je reçois. Je sais bien que ça peut paraître ridicule mais, pour moi, être engagé au PSG, c'était tellement invraisemblable que je n'osais même pas y penser. Même en étant Champion du Monde, le simple fait de travailler au PSG restait pour moi le plus beau des accomplissements possibles.

Travailler pour le PSG
Je me souviens qu'en 1995, lorsque j'ai conquis ma première couronne mondiale, pour moi, être agent de sécurité dans ce club était déjà tellement énorme que je ne pensais pas, un jour, y être engagé. Parce que travailler pour le PSG, ce n'est pas travailler au PSG. La nuance est subtile, mais elle est colossale. Tous les amoureux de ce club me comprennent certainement, même si vu de l'extérieur, ça semble un peu ridicule. Bref, à l'époque, je travaillais non pas au PSG, mais pour le PSG, ce qui me convenait parfaitement, puisque je ne concevais pas la suite et surtout pas qu'il puisse y en avoir une. Or, non seulement j'allais devenir salarié du club, mais en plus, j'allais intégrer le staff.

Bilbao
Pour l'heure, la seule chose que je savais c'est que la première année, on avait gagné la coupe de France, on avait gagné la coupe de la ligue, on avait été demi-finaliste de la coupe des champions, et la deuxième année, on avait gagné la coupe d'Europe des vainqueurs de coupe. J'étais sur un nuage. Parce que, je le répète, j'étais depuis toujours un supporter du PSG. Et en deux saisons, Luis Fernandez était parvenu à faire entrer mon club de coeur dans l'élite du football mondial. Je n'y étais pour rien, mais comme on était arrivé dans le club au même

moment, j'avais l'impression de partager un peu sa victoire. Quand Luis est parti à Bilbao, moi, je suis resté au PSG.

La coupe d'Europe

Le plus grand souvenir que j'ai de cette période, c'est lorsqu'on a gagné la coupe d'Europe en 1996. C'était incroyable. C'était fantastique. La finale a eu lieu au Hessel. On a gagné 1-0 contre le Rapid de Vienne. But du défenseur Bruno N'Gotty, sur un coup franc de 30 mètres, à la 28ème minute. Le lendemain, quand on est revenu à Paris, c'était fantastique. On a été invité à la mairie de Paris, puis à l'Elysée et après on a remonté les Champs et on a tout redescendu jusqu'au Parc des Princes pour présenter la coupe aux supporters. Pour avoir une idée bien concrète de ce qui s'est passé, il faut savoir que ces trois petites choses nous ont pris toute la journée. J'ai vécu un moment extraordinaire. J'étais tout seul dans la voiture, avec le chauffeur, Luis qui tenait la coupe et Michel Denisot qui était président du PSG. On a remonté les Champs dans une voiture décapotable. C'était à la fin du printemps. Je m'en souviendrai toute ma vie. La Coupe d'Europe était devant et comme j'étais responsable de la sécurité, j'avais pour mission de protéger la coupe, le président et l'entraîneur. Il y avait deux cent mille personnes sur les Champs, c'était fabuleux. Il fallait quand même faire attention à tout, parce que, moi, j'étais en train de travailler. D'ailleurs, ce jour-là, les essuie-glaces ont été pétés, les rétros ont été arrachés, la voiture a été totalement écrasée. Lorsque tu es face à un phénomène de foule, c'est inévitable. Au niveau de la sécurité, c'est très compliqué. Tout le monde voulait toucher la Coupe, tout le monde voulait féliciter le président et l'entraîneur, c'était super dur. C'est extrêmement difficile de repousser les gens fermement, mais sans violence. Il faut anticiper le mauvais geste, voir celui qui peut être dangereux, il faut le désamorcer immédiatement, il faut prévenir, sans agressivité, tous les débordements. Parce qu'au moindre incident, tu sais que la fête peut dégénérer en émeute. Alors tu fais ton travail dans des conditions qui sont épouvantables en terme de sécurité. Les gens sont contents, donc il n'est pas non plus question de les décevoir, mais c'est extrêmement difficile d'assurer la sécurité de plusieurs personnes au milieu d'une foule en liesse. Pour tout dire, c'est un vrai cauchemar. Je crois que pour la remontée des Champs-Élysées, il y avait également Bernard Allou, dans la voiture. Comme c'était le plus jeune joueur de l'équipe, Luis l'avait mis avec nous. Malgré les difficultés, c'était énorme comme sensation. C'était un grand moment. Il préfigure mon passage de la protection rapprochée à ma reconversion dans le sport.

La présentation au Président Jacques Chirac
Je me souviens que lorsqu'on a été reçu à l'Elysée, c'est Bernard Lama qui a présenté l'équipe au président Chirac. Ensuite, il a présenté le staff et quand il est arrivé à moi, il a dit :
« Monsieur le Président, je vous présente Eric Blondel qui est responsable de notre sécurité et qui est par ailleurs Champion du Monde de Kick-boxing. »
Là, le président s'est adressé à moi et il m'a demandé :
« Dites-moi, Monsieur Blondel, le Kick-boxing, c'est comme la boxe française ? »
« Non, Monsieur le Président, les règles ne sont pas les mêmes. »
Je lui ai expliqué rapidement les différences. Il a écouté et avant de passer à la personne suivante, il m'a dit :
« Bonne continuation Monsieur Blondel, je vous souhaite plein de bonnes choses pour la suite de votre carrière»
J'ai trouvé ce moment exquis. C'était bien. Et surtout, j'ai apprécié le geste de Bernard Lama qui m'a présenté au président alors que je ne m'y attendais pas. Le fait que je sois au centre de la photo dans le journal est un hasard. Ce jour-là, on a fait plein de photos et il se trouve que sur celle-là, je suis au centre, mais c'est totalement fortuit.

3- Retour sur ma carrière sportive

Les critiques

Je me souviens qu'à l'époque, les critiques sportifs disaient de moi que je n'étais pas tellement technique mais qu'en revanche, je frappais. Ils me considéraient comme un frappeur. Mais bon, je ne les écoutais pas trop, moi, les critiques…

« Blondel, c'est un bon boxeur, mais il est limité techniquement. Par contre il frappe. Il frappe fort.»

Voilà ce que j'entendais. Ils disaient que je frappais. Ils m'ont quand même reconnu ça. En fait, ils considéraient que par rapport au niveau auquel je boxais, techniquement, je n'étais pas au top. Moi je savais que je frappais, donc, sur cette partie de l'analyse, j'étais d'accord avec eux. Maintenant, pour ce qui concerne mon niveau technique, je ne comprenais pas leur point de vue, parce que le coup de pied, c'est très technique justement. Alors « pas technique », je veux bien, mais il faut me dire ce que c'est « technique », parce que lorsque tu donnes un coup de pied, tu te mets volontairement en déséquilibre, tu perds tes appuis, tu peux te faire contrer et à ce niveau de compétition, surtout dans ma catégorie, ça ne pardonne pas. Il faut le savoir. Je dis ça, mais tous les coups sont dangereux dès que tu boxes au-dessus de 80 kilos. Je savais que j'étais un frappeur. Je voyais bien l'impact, à la salle, quand je tapais dans le sac. Je sentais que je faisais mal. Ce sont des trucs que tu ressens. Mais « pas technique », je n'ai jamais compris pourquoi la presse ne me considérait pas technique alors que j'ai pratiquement gagné tous mes combats grâce à mon low-kick du droit.

Un coup très technique

Or, justement, c'est très technique le low-kick. Il y a une vraie technique pour le donner. Je l'ai apprise avec Pud Pad Noy, quand j'ai commencé la boxe Thaï. Appuis, placement, transfert du poids du corps, rotation, frappe, retour. Ça me fait penser à un crochet. Un mec qui n'a jamais mis de low-kick, c'est comme quelqu'un qui n'a jamais mis de crochet. Il aura la même difficulté. Le crochet, c'est un coup terrible qui est terminé par le poing, mais qui est donné en rotation par tout le corps. Le low-kick, c'est pareil. Tu pars de face et il faut que ta jambe opposée pivote sur la pointe du pied, parce que si tu restes en appuis sur le talon, tu ne peux pas frapper. C'est dangereux parce qu'au moment de l'attaque, tu transfères toutes la puissance de ton corps dans le pied, donc tu perds tes appuis et si tu frappes mal, tu te fais contrer. Mais quand ça rentre, c'est destructeur. Tu balances un coup d'une puissance incroyable.

Ma banane

Je savais que j'avais un low-kick redoutable mais ce n'était pas un hasard. J'avais tout fait pour. Je m'étais confectionné un immense sac de frappe, un peu en forme de banane et j'avais collé des numéros dessus. Dans ma tête, je prononçais le numéro 5, et pan, mon pied arrivait pile sur le numéro 5. J'annonçais le numéro 9, et pan, le pied partait sur le numéro 9. Et ainsi de suite. J'avais défini à peu près une vingtaine de points d'impacts, que je répétais sans arrêt, ce qui fait que j'étais très précis.

L'effet low-kick

Lorsque ton adversaire reçoit un coup sur le quadriceps, en principe, il ne peut plus marcher, parce qu'à l'intérieur du muscle, il y a une poche de sang qui est créée par l'éclatement d'une multitude de petits vaisseaux, ce qui fait que le sang circule en dehors de son circuit habituel et qu'il se répand là où il ne devrait pas, c'est-à-dire, directement dans le muscle. Il gonfle, ça le paralyse et ça fait mal. C'est ce qu'on appelle, une béquille. Pour que ça se résorbe, il faut du temps. Le coup provoque des petits déchirements et le muscle perd son pouvoir.

Un coup sans danger

C'est un coup qui paralyse le système musculaire mais qui ne le détruit pas. En comparaison d'un coup à la tête, un low-kick ne laisse généralement pas de séquelles. Alors qu'une droite à la face touche le système nerveux et détruit des neurones. Ça n'a rien à voir comme coup. Parce que, à la base, le low-kick c'est fait pour détruire lentement l'adversaire, ce n'est pas fait pour le mettre KO. C'est la répétition des coups qui fait qu'il ne peut plus marcher. C'est comme en boxe anglaise, lorsqu'un droitier te balance un jab du gauche. Il ne cherche pas à te mettre KO. Non, il prend la distance pour te cadrer avec sa droite, celle qu'il faut précisément éviter si tu veux rester debout. Sauf qu'a force de prendre des jabs, tu finis par avoir l'oeil qui se ferme et dans ce cas, l'arbitre arrête le combat. Le low-kick, c'est pareil, puisque ça arrête le mouvement.

Un coup qui détruit

C'est vraiment un coup ravageur, mais finalement, pas dangereux, puisque tu frappes dans un muscle, donc tu sais que le mec s'en remettra sans séquelles. Je dis ça parce qu'en boxe, parfois, on a aussi cette préoccupation au cours d'un combat. On veut battre son adversaire sur le ring, mais on veut pouvoir le retrouver en bonne santé dans la vie de tous les jours.

Un coup rassurant

C'est pour ça que le low-kick est devenu ma spécialité. Je savais qu'en frappant dans la viande, je provoquerai un beau bleu, ou au pire, un incident vasculaire immédiatement maîtrisable, mais rien de grave ou de définitif. J'ai toujours été très conscient des risques qu'impliquait la pratique de ce sport. Aussi bien pour moi, que pour mes adversaires. Alors sur un ring, j'étais correct comme mec. Très correct, mais pas sympa. Non, je n'étais pas sympa. Moi je montais pour gagner. Je crois que mes adversaires le savaient.

Le bas du corps

Paradoxalement, le bas du corps, c'est ce qui bouge le moins dans un combat de boxe, donc c'est la cible la plus facile. Parce que la tête bouge sans arrêt, les esquives sont quasi-automatiques, gauche, droite, rotative, retrait du tronc, alors que les jambes sont toujours là. L'adversaire bouge, bien entendu, mais tu peux le suivre. Et quand tu maîtrises la technique, tu peux placer une bonne dizaine de low-kick par round, ce qui n'est pas le cas des coups à la face ou au corps. Il y a les parades, bien sûr, mais quand tu attaques régulièrement, tu finis toujours par en placer quelques-uns. Et là, tu sais que ça fait mal.

Les coups

Je crois que dans un combat le plus fatigant, c'est de donner des coups. L'impact est épuisant. On croit toujours que c'est celui qui reçoit les coups qui à mal, mais ce n'est pas vrai. La plupart du temps, les coups sont parés ou contrés et tu t'épuises pour rien. Le pire, c'est quand le mec te mets dans le vent. Ça veut dire qu'il a esquivé et que tu donnes un coup dans le vide.

Les coups dans le vent

Bizarrement, c'est quand tu rates ta cible que ça fait le plus mal. Tu pars en déséquilibre, te fracasses les articulations et surtout, tu risques le contre. Alors il faut que tu ramènes les mains, que tu retrouves tes appuis, que tu te ressoudes le corps et que tu encaisses l'impact de sa réplique, parce qu'inévitablement, s'il a réussit à te mettre dans le vent à l'aller, c'est pour t'en coller une au retour. En général, seuls les mecs qui viennent de la boxe anglaise sont capables de te faire ce genre de trucs. Donc, si c'est le cas, tu sais qu'il te reste ton low-kick. Toi, tu es tellement entraîné que tu ne sens plus rien. Tu parles, ça fait des années que tu frappes tous les jours sur les paos à la salle. Tous les jours, tous les jours. Il arrive un moment où tu perds la sensibilité au niveau des tibias, mais pour un mec qui vient de la boxe anglaise, le coup de pied, c'est terriblement déconcertant. Donc, low-kick, low-kick, et encore low-kick. Il t'a mis dans le vent une fois mais dans le même temps, il t'a donné la clé du combat. Ça, c'est quand tu es sur le ring, mais avant, il y a l'entraînement. Celui que tu dois te farcir tous les jours de la semaine et pendant des années.

Séance d'entraînement kick-boxing, boxe thaï

Depuis le temps que j'en parle, je crois que c'est le moment d'expliquer comment se passe une séance d'entraînement. Que se soit en kick ou en Thaï, c'est à peu près pareil, il n'y a pas les genoux, il n'y a pas les coudes, mais le kick-boxing avec low-kick, et la boxe thaï, ça se tient au niveau d'une séance d'entraînement. Au niveau de la préparation, tout dépend de ce que j'ai à faire dans le mois qui vient.

L'échauffement

Quand j'arrive à la salle, je commence par m'échauffer pendant dix minutes. Je fais quelques assouplissements, des abdos et un peu de corde à sauter. Ensuite je me fais sept huit reprises de shadow, dans la glace, pam, pim, les pieds, les jambes, les pieds et les jambes mélangés.

Le shadow

Le shadow, ça consiste à s'entraîner tout seul, dans le vide, devant la glace, ou directement sur le ring, en imaginant que tu as un adversaire en face de toi. Tu imagines qu'il y a un mec et tu refais toutes les gammes de tous les coups possibles. Les poings, les jambes, les pieds, les parades, les esquives, les ripostes. Tu travailles, tu te déplaces, tu montes les mains, tu fais toutes les gammes, tout seul, voilà, c'est ça, le shadow. C'est très important parce que tu continues ton échauffement et puis en faisant du shadow devant la glace, tu vois tes points faibles. Par exemple, tu balances une gauche et paf, tu rentes ta droite et là, tu t'aperçois que ta gauche est en croix. Heureusement que tu n'es qu'au shadow, parce que sur un ring, ça ne pardonne pas. Donc tu corriges le geste. C'est à ça que ça sert le shadow glass. C'est tout un truc et c'est très important. Ça t'apprend aussi à regarder ton adversaire. Lorsque tu te retrouves sur un ring et que tu boxes un mec, il faut toujours le regarder dans les yeux. Tu ne regardes ni ses mains, ni ses pieds, tu restes dans les yeux, tout le temps, tu ne le lâche pas des yeux. Il ne faut jamais baisser la tête, même pas pour éviter de te prendre les pieds dans le tapis. Tu peux avoir des absences parce que tu as pris un coup, mais il faut que tu reviennes aux yeux, sachant que la cible, c'est le menton. Même lorsque tu donnes un coup, tu regardes le mec. Toujours. Ça sert aussi à ça le shadow.

Le ring

Quand tu as fini le shadow, avec les mouvements d'échauffement, les abdos, la corde et tout, tu en es déjà à 40 minutes d'entraînement. C'est bon, tu es chaud, alors là, tu montes sur le ring et tu mets les gants avec un mec. Tu fais, trois, quatre, cinq reprises. Peu importe le niveau du mec, on s'en fout, tu n'es pas là pour faire un combat, tu refais les gammes que tout le monde connaît. Moi en 1982, quand j'ai démarré, il a bien fallu que je rencontre des mecs qui étaient au-dessus de mon niveau, et puis surtout, un combat, ce n'est pas avec ton niveau que tu le gagnes, c'est à la stratégie. Tout dépend de ta capacité à trouver les points faibles de tes adversaires et à protéger les tiens. Donc, le niveau du mec qui mets les gants avec toi n'a pas d'importance, du moment qu'il te permet de travailler. Évidemment que si tu prépares une échéance particulière, tu vas plutôt prendre des mecs forts, mais c'est autre chose. Quand tu prépares un titre Européen ou mondial, tu trouves toujours des gars qui ont le niveau, ou qui sont juste en dessous, pour te préparer. Par exemple, moi, je n'avais pas de club mais je travaillais avec des gens qui me faisaient confiance et qui m'ont beaucoup aidé. Grâce à eux, j'ai pu tourner un peu partout dans Paris pour me préparer. Mais pour un entraînement, disons, normal, je mets les gants avec quelqu'un qui va simplement être capable de me donner la réplique. Il faut savoir que lorsque tu es sur un ring, même à l'entraînement, tu portes toujours les coups. Tu es protégé par le casque et puis tu ne frappes pas non plus comme un malade. Cela dit, quand tu mets les gants, tu prends des coups, donc tu marques dès tu as le nez qui est touché par exemple ou les arcades. Il y a les jambes aussi, à cause des low-kiks. C'est pour ça qu'une semaine, dix jours avant un combat, tu arrêtes le ring. Il ne faut plus que tu prennes de coups. D'ailleurs, il ne faut plus que tu mettes les gants du tout. Non, tu axes ton programme sur la recharge. Tu t'entraînes léger, tu fais beaucoup moins de fractionné, tu arrêtes tout ce qui est vitesse, tout ce qui est dur en gros et tu récupères. Lorsque tu te prépares en vue d'une échéance précise, tu t'entraînes dur et la dernière partie de ton programme est consacrée à la récupération. C'est une phase qui est essentielle pour te permettre d'arriver au maximum de tes capacités sur le ring. Tu sais que tu as terminé ta préparation physique, que tu es prêt, et à partir de ce moment-là, tu ne vas plus à la salle que pour te détendre ou pour te décontracter. Tu es en phase de récupération totale, il faut que tu te recharges avant le combat. Mais pour une séance ordinaire, ce n'est pas fini. Ben non, après les gants, tu fais du sac.

Le sac

Là, encore, ça dépend des entraîneurs. Il y en a qui te demandent de faire du sac avant les gants, d'autres, c'est plutôt après. Tout dépend de la personne avec qui tu travailles. Moi je suis passé par toutes les formules et en fait, elles sont toutes bonnes. Peu importe l'ordre, pourvu que tu fasses un programme complet. Allez hop, au sac. Tu tapes dans le sac, tu fais des reprises de deux ou trois minutes. Tu en fais quatre, cinq, ça dépend du temps qu'il te reste. En tout, une séance d'entraînement dure une heure et quart, de toute façon, il faut que tu ailles au bout. Surtout que c'est vers la fin que tu travailles le fractionné. Et ça, c'est capital.

Le fractionné

Ça consiste à alterner la vitesse à laquelle tu donnes les coups dans le sac. Pendant trente secondes, tu donnes le plus de coups possibles, pendant les trente secondes suivantes, tu tapes plus lentement, pour récupérer et puis tu tapes à nouveau très vite, pendant trente secondes et tu récupères trente secondes en tapant un peu moins vite, et ainsi de suite. On appelle ça faire du trente/trente. Mais tu peux également le faire en 15 secondes. Quinze secondes vite, quinze secondes plus doucement. Tout dépend des points que tu as besoin d'améliorer. Trente secondes, c'est long. C'est très long, oui, mais les combats sont extrêmement durs. Et le fractionné, c'est ce qui te permet de coincer ton adversaire dans les cordes et de l'asphyxier. Il faut être prêt à faire la guerre quand tu montes sur un ring. À l'entraînement, le fractionné, c'est le truc qui t'achève.

Les étirements
Après le fractionné, tu fais des étirements, tu fais à nouveau un peu d'abdominaux, tu as fait une heure et quart, une heure vingt et c'est fini, tu peux rentrer chez toi.

Les abdominaux
Les abdos, c'est tout le temps. Il faut que tu sois très costaud à ce niveau-là. Les obliques, par exemple, il faut que ce soit quasiment du bois. Ah oui, les obliques, si ce n'est pas du béton, c'est pas bon. Il faut que tu sois prêt à prendre des coups dans le bide. Donc il faut faire des abdominaux, voilà. Parce que tu encaisses, tu encaisses, enfin, ouais, plus ou moins. En tout cas, ça se travaille les abdos, c'est comme les jambes, comme les bras, donc tu te fais des abdos en béton. Il y a plein de mouvements spécifiques. Mais pour les gens normaux, il y a des petites machines que l'on trouve dans le commerce et qui fonctionnent très bien. Si tu fais des séries de deux cents, ça suffit. Tout dépend du niveau que tu veux atteindre. Le principe, lorsque tu fais des abdos, c'est d'en faire jusqu'à ce que ça brûle. Il faut que ça tire. Il faut que tu aies mal et là, tu sais que tu as bien travaillé. Tu peux faire des pompes aussi. Les pompes, c'est un mouvement de développé couché sans les appareils. Ce n'est pas mauvais. Par exemple, si tu es chez toi, si la salle est fermée, si tu es en vacances, ou si tu n'as pas d'appareils, tu peux faire des pompes à la maison. Ça te permet de travailler les pectoraux, un peu les épaules et un peu les triceps. Mais si tu fais des pompes, ça ne va pas te faire travailler les

jambes. Je veux dire que c'est un exercice parmi d'autres, qui s'inscrit en principe dans un programme complet.

L'incident musculaire, la tendinite et le reste

À l'entraînement, il est rare que je me blesse mais ça peut arriver. Par exemple, si tu travailles au sac, tu frappes, tu frappes, tu ne vois pas que le sac se balance sur le coté, tu frappes et tu rates le sac. Tout d'un coup, tu ne sens pas l'impact, ton bras n'a pas été retenu par le sac, il est parti trop loin, paf, tendinite. Pendant une semaine dix jours, tu es hors circuit. Contre la tendinite tu ne peux rien faire, il faut attendre que ça passe. Alors combien de temps, tu ne sais pas. Ça dépend des morphologies. Il y a des gens qui récupèrent très vite et d'autres pour qui ça prend plus de temps. Il n'y a pas de règle absolue, chacun réagit différemment. Et puis ça dépend aussi de ton vécu. Tu ne peux pas te dire si je fais ça, ça, ça et ça, ça va passer plus vite, non, il n'y a pas un corps qui réagit de la même manière. Aucun corps au monde ne réagit de la même manière musculairement. Si tu as une tendinite, tu n'insistes pas, tu arrêtes tout et tu attends que ça passe. Je ne suis pas médecin, ni diététicien mais je connais mon corps. Je sens ce qu'il faut que je fasse et ce qu'il faut que j'évite de faire en cas de blessure. Grâce au ciel, je n'ai jamais été sérieusement blessé. Si, des bricoles, comme tout le monde, mais rien de grave.

Les blessures

Le vrai bol c'est que je ne me suis jamais blessé, ni aux pieds, ni aux mains. J'ai des mains de pianiste moi. Et les pieds, pareil, c'est même mieux. Ce qui est encore plus rare, parce qu'avec les pieds, tu donnes des coups mais tu en prends aussi pas mal, surtout quand le mec te pare ou quand tu les donnes mal.

La présence physique

Comme j'imposais une grosse présence physique à mes adversaires et que je leur mettais une pression constante, peut-être que les critiques sportifs considéraient que je n'étais pas technique, mais moi je savais que c'était tout le contraire. Ma présence physique me permettait de les détruire avec des coups répétés qui n'étaient pas forcément décisifs, mais qui, à la longue, devaient devenir insupportables. Il faut dire que physiquement j'étais déjà très solide à la base et que je me préparais toujours sérieusement. C'est-à-dire qu'en plus du cardio et des gammes pugilistiques classiques, je m'imposais un programme complet de musculation.

Le programme
En musculation, il y a tout un programme. Ça c'est intéressant. C'est important d'expliquer comment on se prépare physiquement. Parce que c'est tout un truc.

La salle de musculation de l'ACBB
Moi je me souviens que lorsque j'ai entendu, Eric, tu es top maigre, il faut que tu t'étoffes, je suis allé m'inscrire à l'ACBB, puisque c'était mon club depuis le départ. Mais je n'étais jamais rentré dans une salle de musculation auparavant. C'est là que j'ai vu mes deux culturistes, Monsieur Perrier et Monsieur Dupuis, pour la première fois. Je me suis dit qu'ils ressemblaient vraiment à quelque chose ces deux-là. Je les ai observés un instant, pour voir comment ils s'y prenaient, j'étais fasciné. C'étaient deux athlètes qui se donnaient un mal fou pour rester au top. Ils étaient magnifiques. J'ai appris par la suite que l'un était flic et que l'autre travaillait dans l'immobilier. Dans la salle, il y avait également un professeur qui s'appelait Moïse. 1m 95, 130 kilos et pas un gramme de graisse. Quand j'ai vu cette montagne, je me suis dit qu'il devait bien connaître son boulot. Parce qu'en musculation, il n'est pas question de faire n'importe quoi, il faut apprendre avant de pouvoir faire tes trucs tout seul. Au départ, c'est lui qui m'a pris en main. Il m'a fait travailler et j'ai pris du poids. Du poids naturel, j'insiste bien là-dessus. Pour Moïse, il était évident qu'à force d'entraînement, un corps brut ne pouvait que se développer. Parce qu'à 17 ans, je n'avais jamais fait de musculation. Il le voyait et il savait qu'il y avait un manque. Moi j'ai très vite compris

que j'avais besoin de ça pour m'épanouir sur le plan sportif. Bref, je me suis piqué au jeu, mais uniquement au jeu et depuis ce temps-là, je pratique la musculation. C'est un sport que je n'ai jamais abandonné. Le plus drôle c'est que j'ai gardé le contact avec Moïse. Je le vois à la salle, quand je vais m'entraîner, il est toujours là, bon pied bon oeil. Ça aussi c'est formidable.

Les machines

Je travaille sur des machines ou avec des haltères libres, ça dépend. C'est technique évidemment. Quand on ne connaît pas, on se dit : «Qu'est ce qu'ils sont en train de faire, ces bourrins, dans leur salle » Mais en fin de compte, c'est très intéressant et surtout, on se rend compte que c'est indispensable pour pratiquer n'importe quel sport. D'ailleurs, le sport moderne n'est plus envisageable sans musculation.

Une séance de musculation

En fait, ça se programme à la semaine une séance de musculation, pas à la journée. Parce que le corps se divise en plusieurs parties qu'il va falloir faire travailler successivement. Il y a les bras qui sont composés du triceps et du biceps. Il y a les pectoraux qui se divisent en trois zones, la hauteur, le bas et les côtés. Il y a les dorsaux qui se travaillent en épaisseur et en largeur. Il y a les épaules, derrière et devant. Les jambes, qui sont composées de quadriceps, d'ischions et de mollets. Tu comprends très rapidement que même avec la meilleure volonté du monde, tu ne peux pas tout faire en une journée. Tu ne peux pas dire, j'arrive à la salle, aujourd'hui je travaille tout, c'est impossible, ou alors il te faudrait huit heures. Et puis même, sur la longueur, tu ne tiendrais pas le coup. Parce qu'il faut consacrer trente à trente-cinq minutes par groupe musculaire. Un groupe musculaire, c'est par exemple, les pectoraux. Je sais que le lundi, je vais leur consacrer trente-cinq minutes. À partir de là, je vais exécuter trois ou quatre exercices différents à l'aide de plusieurs appareils parfaitement adaptés au travail spécifique que j'ai préalablement défini en fonction du résultat que je souhaite obtenir. Suivant le cas, je fais du développé couché, du développé incliné ou des écartés sur Butterfly. Ce sont trois mouvements différents. Je peux y ajouter du pull-over, mais tout dépend de la manière dont j'ai prévu de réaliser mon programme. Il faut bien comprendre que tu ne peux pas isoler un muscle et te dire, celui-là, il sert à ceci en particulier, ou celui-là, je n'en ai pas besoin, donc je ne le travaille pas, non. Il faut envisager les choses dans un ensemble où tout sert à quelque chose, parce que le corps humain c'est un tout. Et la musculation sert précisément à rendre cet ensemble plus cohérent. Il faut faire très attention à respecter un équilibre général qui se détermine en fonction de ta morphologie particulière et des besoins spécifiques à ton sport de base. En ce qui me concerne, dans la semaine, j'essaye de faire deux fois, tous les muscles. Deux fois les pecs, deux fois le dos, deux fois les épaules, deux fois les bras, deux fois les jambes. Je fais tout deux fois en sachant à l'avance qu'une semaine dure cinq jours. Parce que je m'oblige à prendre deux jours de repos pour la récupération. Voilà, ça, c'est la base absolue, éternelle, inébranlable, compétitions ou pas compétitions, pour moi, la musculation, c'est tous les jours. C'est comme me laver les dents, c'est une question d'hygiène. Ça m'a beaucoup aidé dans ma carrière. Quand j'étais en période de préparation, en plus de cet entraînement, je courrais tous les matins et le soir, je le consacrais à la boxe. Aujourd'hui je ne fais plus que deux joggings par semaines, mais je continue à aller à la salle et tous les jours après chaque séance, je m'impose environ 15 minutes de cardio. Je travaille mon coeur sur les tapis roulants. C'est un rythme à 30%, ça déroule, je vais lentement. Ensuite, je me fais une bonne séance d'étirements et voilà, c'est fini. Hier j'ai fait un jogging avec mon fils, Vincent. Mon activité professionnelle m'oblige à conserver un bon niveau, mais je n'ai plus besoin de courir comme lorsque je boxais. Par chance, je n'ai jamais eu de problèmes musculaires. Je crois même que je n'ai jamais eu de blessure sérieuse. J'ai eu des bobos, des minis claquages, des débuts de tendinites, des contractures. La contracture arrive quand tu es en surcharge de travail. Ça se produit généralement parce que tu en as trop demandé à ton corps. Là, attention, c'est l'alerte générale parce que si tu insistes, c'est la déchirure assurée. Alors il vaut mieux arrêter tout de suite parce que la déchirure musculaire pour un sportif, c'est ce qu'il y a de pire. Ça te fait une poche de sang et là tu ne peux plus rien faire, il faut attendre que ça se résorbe, IRM et tout, c'est l'enfer…

L'aspect des sportifs

En 15 ans, l'aspect des sportifs de haut niveau à totalement changé. Si on prend le rugby par exemple, c'est incroyable. On ne reconnaît pas les mecs. Il suffit de regarder les photos des grands champions pour se rendre compte de l'évolution. Jean Pierre Rives, les frères Sphangero, c'étaient des athlètes, c'étaient des bêtes, mais aujourd'hui, ce sont des culturistes les mecs. Non seulement ils vont à la salle régulièrement, mais en plus, maintenant, quand ils sont chez eux ils sont obligés de faire attention à ce qu'ils bouffent. Ça signifie qu'ils se surveillent en permanence, comme les culturistes, alors qu'avant, l'aspect alimentaire et la musculation, c'était un peu secondaire pour eux. Moi quand j'ai démarré la boxe, j'ai souvent entendu:
« Eric, ne faites pas trop de musculation parce que ça risque d'être préjudiciable à votre vitesse. »
C'était le credo des pédagogues de l'ancienne époque. Mais ça ne tient pas debout. Parce que si tu fais de la musculation et que derrière tu travailles ta vitesse, je ne vois pas pourquoi tu la perdrais. Alors évidemment, si tu fais deux heures de musculation et qu'après tu ne fais pas d'étirements, oui, tu vas te nouer, oui, tu vas te bloquer. Mais il n'est pas question de ça, au contraire, il est question de t'aider à être le plus performant possible dans ton sport de base. Pour la boxe par exemple au lieu de charger lourd, je travaillais la vitesse en chargeant léger et je faisais des mouvements très rapides. En fin de compte lorsque tu fais de la musculation, il faut que tu restes dans le mouvement que tu exécutes naturellement dans la pratique de ton sport. C'est toujours en rapport avec ton sport. Si tu fais du vélo, tu n'as pas besoin de trop insister sur les épaules. Tu vas les travailler un peu, pour améliorer ton équilibre général, mais tu n'as pas besoin de te transformer en déménageur pour faire du vélo. C'est logique en somme. En revanche

tu vas insister sur les cuisses et sur les mollets, puisque ce sont les armes de base dont tu te sers pour gagner des courses. La musculation doit toujours être adaptée au sport que tu pratiques. Elle est un complément nécessaire, mais elle ne remplace pas ta discipline de base. En Kick-boxing, tu as besoin des bras, tu as besoin des jambes, tu as besoin des pecs, tu as besoin du dos, tu as besoin des abdos, tu as besoin de tout. Donc il faut que tu bosses toutes les parties de ton corps. Mais un mec qui fait du tennis de table, il n'a pas besoin de faire quatre heures de musculation par jour, ça ne lui servirait à rien. Il faut qu'il s'entretienne, évidemment, mais ça reste un sport d'influx. Il va donc se préparer en fonction de son sport de base. Il va être athlétique, mais il va rester pongiste. Les connaissances en matière de préparation physique et de diététique ont terriblement évolué en quelques années. Le résultat, c'est qu'aujourd'hui, lorsqu'on regarde les sportifs, on voit des athlètes. Ce n'était pas le cas, il y a ne serait-ce que quinze ans. Ils ne suivaient pas de régimes alimentaires, ils n'étaient pas sous la barre, ils ne faisaient pas de cardio comme ils en font aujourd'hui, ça n'avait rien à voir. C'est là qu'on se rend compte à quel point les choses ont changé dans le sport de haut niveau. Et puis il faut dire aussi qu'on leur en demande plus qu'avant, c'est certain. Probablement que la médiatisation extrême de certains sports n'est pas étrangère à ce phénomène du toujours plus qui pousse parfois les sportifs à la faute. Ce toujours plus qui s'accompagne de ses effets pervers, je veux parler du dopage.

La créatine et le dopage

La créatine est une protéine dont on a beaucoup parlé, mais le fait est qu'en France, c'est un produit interdit. Il est évident que si tu as besoin de 300 grammes de protéines par repas et que tout d'un coup, avec un seul verre de créatine tu avales l'équivalent d'une cinquantaine de blancs de poulets que tu n'auras même pas à digérer, c'est qu'il y a un truc. Mais bon, soyons clairs, qu'un produit soit interdit ou pas, le véritable problème c'est le dopage. C'est dramatique pour les sportifs qui en sont finalement les premières victimes. Mais le plus inquiétant c'est qu'on leur impose des contraintes en faisant semblant de ne pas savoir comment fonctionne le sport aujourd'hui. C'est pourtant simple. D'un côté, il y a des sponsors qui exigent toujours plus d'exploits, plus de spectacles, plus de performances et de l'autre, il y a des lois qui ne sont jamais appliquées. Dans le vélo, par exemple, les directeurs sportifs demandent à leurs coureurs de réaliser des performances invraisemblables et l'on voudrait que les mecs courent à l'eau de vaisselle. C'est impossible. Tu ne peux pas te taper deux cent cinquante kilomètres par jour, pendant trois semaines et être à l'eau de source. Tu es obligé de prendre quelque chose pour t'aider. Alors on t'autorise à prendre un certain nombre de substances qui ne sont pas considérées comme des produits dopants pour tenir le coup. Malheureusement, certains vont toujours un peu plus loin que ce qui est autorisé. La question c'est pourquoi? La réponse est simple. Les sportifs cherchent à améliorer leurs performances et les annonceurs qui les financent veulent augmenter leur audimat. Ils forment donc un très mauvais couple. Parce que le véritable problème c'est l'argent. En quelques années, le sport est devenu l'objet d'un tel enjeu financier que certains se préoccupent plus de rentabilité de leurs affaires que de la santé des sportifs qui les font vivre. C'est sans doute par là qu'il faudrait commencer à faire le ménage. Ça ne veut pas dire que l'argent est responsable de tous les maux, puisqu'il y a des aussi des disciplines où l'argent n'est pas roi et où le dopage existe malgré tout. Les bobybuilders le savent bien. Ils sont soumis à des règles qui sont différentes dans chaque pays. Or les compétitions sont internationales. Donc, ils sont considérés comme dopés ou pas, uniquement en fonction de la législation en vigueur dans leur pays d'origine. C'est totalement absurde et ça contribue à entretenir le flou sur la réalité du dopage. C'est une confusion des genres qui est d'autant plus dangereuse qu'il y a une énorme différence entre un complément alimentaire et un anabolisant chimique. Tant qu'il n'y aura pas de réglementation internationale stricte, les sportifs seront exposés à ce genre de dérapages. Il est un fait que dans le bodybuilding, cette différence de réglementation est criante. Alors il y en a qui prennent de la créatine, puisque c'est un produit qui est autorisé aux États-Unis et puis il y en a qui prennent probablement autre chose. Ce qui est certain, c'est que tu ne peux pas arriver à peser 115 kilos de muscle sec, en te nourrissant à la viande rouge et au blanc de poulet, ça non, c'est impensable. Il est évident qu'il y a dans cette discipline des athlètes qui se chargent. Mais bon, c'est un secret de polichinelle et pour ceux qui s'égarent, c'est avant tout une question de santé. Heureusement que dans l'ensemble ils sont plutôt clean. Maintenant, entre un bonhomme qui pratique la boxe ou un sport de loisir quelconque et celui qui fait du Bodybuilding, il y a une différence de musculation énorme. Mais il n'y a pas les mêmes besoins non plus. Le bodybuilding est un sport extrêmement difficile. Je connais très bien ce milieu. C'est très difficile, les gars s'entraînent dur et peut-être qu'à un moment, ils prennent ce qu'il ne faut pas prendre. Je n'en sais rien. Il est clair qu'à haut niveau, il faut qu'ils soient vigilants, parce que sans une aide complémentaire, ils savent qu'ils ne progresseront plus, alors évidemment, la tentation est grande. Mais il y a des mecs qui ne prennent rien et qui sont magnifiques, et il y a des mecs qui prennent des trucs et qui sont magnifiques aussi. Ils savent ce qu'ils avalent et ils font très attention à leur santé. Non, parce qu'il faut tout de même préciser une chose. Le Bodybuilding, contrairement à ce que l'on entend parfois, ce n'est pas de la gonflette. Lorsque tu travailles un muscle, tu crées ce que l'on appelle une pompe. C'est à dire que le sang se met en activité et il s'engouffre dans le muscle pour l'irriguer. À force de répéter le même mouvement, le muscle est tétanisé. Congestionné. Il est engorgé. Lorsque tu arrêtes de le solliciter, le muscle reprend son volume initial. Seulement à force de recommencer sans cesse le même exercice, tu finis par garder un peu de volume. Mais il faut des années et des années et encore des années, pour faire un muscle. En 15 ans, si tu t'entraînes régulièrement, tu finis par te faire un corps, voilà ce que c'est la musculation. Là, on est loin du dopage, hein. C'est pourtant de cette manière que la plupart des bodybuilders pratiquent ce sport. Alors évidemment qu'il y a une différence de morphologie entre un escrimeur et un bodybuilder. Parce

que ce sont des sports qui n'ont rien à voir. Ce que je sais pour l'avoir vu de mes yeux, c'est que les bodybuilders passent deux à trois heures par jour sous la barre, qu'ils travaillent comme des forçats et qu'ils méritent le respect. Moi qui fais beaucoup de musculation, je sais de quoi je parle. C'est extrêmement contraignant. En plus, c'est une discipline ou l'athlète est obligatoirement obnubilé par deux choses. Le miroir et le régime. Ce que la plupart des gens qui ne connaissent pas ce sport ignorent, c'est qu'en plus de son entraînement quotidien, le bodybuilder est obligé d'être constamment au régime. Dès qu'il voit qu'il prend un peu de masse graisseuse, c'est un drame. Il se prend la tête :
« Qu'est ce qu'il se passe, je suis en train de changer, pourtant je travaille dur, il faudrait peut-être que je me fasse aider ? ...»
C'est un athlète comme les autres, qui est soumis aux mêmes contraintes que tous les sportifs. Il est obligé de travailler son coeur, parce qu'à la salle, généralement, il travaille en force, mais il ne fait pas de cardio. Ce n'est pas indispensable dans sa discipline mais c'est comme la musculation pour les autres sports, ce qui n'est pas indispensable devient essentiel pour progresser. Donc le bodybuilder de haut niveau fait du jogging, comme tous les athlètes. Et il est soumis aux mêmes tentations que les autres. Ni plus ni moins.

Le bilan de mes années 80
Je suis arrivé à la boxe au moment où le Kick et la musculation se développaient en France et je suis monté dans le train. Il n'y avait pas beaucoup de combats, peu d'organisateurs, pas d'argent et j'ai traversé de grandes périodes d'inactivité. En revanche, j'allais à la salle de musculation tous les jours. Je suis passé pro et un jour, à force de persévérer, je suis devenu Champion du Monde de kick-boxing.

J'ai toujours fait la part des choses entre l'amour l'amitié et le sport.
Je sais que je n'y suis pas parvenu seul et j'ai toujours fait la part des choses entre l'amour l'amitié et le sport. Je ne sais pas comment parler

des personnes qui me sont chères, de ceux que j'ai perdu de vue et de tous ces gens qui m'ont aidé. De mes organisateurs, dont je n'ai plus de nouvelles. De mes entraîneurs, Fabien et François… De Pud, de Jacques, de Francis… Il faudrait que je fasse une liste pour bien faire. Je parle de mes compagnons de boxe, de tous ceux qui m'ont aidé dans mes préparations physiques, de ceux qui m'ont permis de découvrir la diététique. Je ne peux pas tous les citer, parce qu'ils sont trop nombreux, mais il faut qu'ils sachent que je me suis souvent demandé comment j'avais fait pour me sortir des embrouilles que j'ai eu en faisant la porte, avec le zonard, le branleur, le conard local, le mec de passage, le saoulard ou le braqueur, quand je travaillais la nuit. Je me suis posé la même question au sujet de la protection rapprochée. Je me suis également demandé comment j'avais fait pour ne pas sombrer après chacun de mes drames sentimentaux. En un mot, je me suis souvent demandé comment j'avais fait pour traverser toutes ces épreuves. Eh bien la réponse, c'est d'abord à tous ces amis anonymes que je la dois. Et je la livre telle qu'elle m'apparaît, sans faux-semblant. Si je suis debout aujourd'hui, c'est en partie grâce à vous. À vous tous. Et à votre amitié.

Chapitre 3

L'évolution

Je me suis souvent demandé comment j'avais fait pour traverser toutes ces épreuves

1- Les rencontres.

La bonne étoile

Pour moi, l'amitié est comme une bonne étoile. C'est ce qui m'a permis de croire à quelque chose qui n'était pas révélé. Par exemple, je m'entraînais comme un champion, alors que je n'avais pas de combats en perspective. Mes amis me forçaient à être au top de ma forme physique et moi, je suivais le mouvement, sans véritablement comprendre qu'un jour, tous ces efforts quotidiens finiraient par payer. Je l'ignorais totalement, mais eux, ils savaient que pour que je puisse accomplir n'importe quoi, il fallait que je sois au top. C'est ce qui a fait que le jour où j'ai rencontré Jacob, j'ai gagné. Mais ce jour-là, c'est physiquement que j'ai gagné. Bien sûr que moralement j'étais prêt. Mais si mon physique n'avait pas été préparé depuis des années à ce type d'échéance, je me serais effondré. À présent, j'en suis convaincu. Eux, ils devaient se douter que je finirais par rencontrer un destin quelconque. Alors, en attendant que le ciel se décide, ils me maintenaient dans un équilibre moral et physique tel que j'étais toujours prêt à exploiter la moindre opportunité. Le plus étonnant, c'est que de 1982 à 1992, c'est à dire pendant dix ans, ces gens-là m'ont soutenu sans que je trouve véritablement ma voie. C'est insensé quand on y pense. Et pourtant c'est la vérité.

Est-ce que ce ne sont pas les astres qui ont choisi de faire de moi un champion du monde ?
Parce qu'à l'époque, je poursuis un destin dont j'ignore tout. Par exemple, lorsque je rencontre Benatia pour la première fois, si je ne suis pas prêt, je ne tiens pas deux rounds, j'explose. En l'occurrence, j'étais tellement prêt, que c'est lui, qui, à la surprise générale, a perdu le combat. Même si je ne vois pas le chemin, est-ce que les étoiles ne se sont pas arrangées depuis le départ, pour que je devienne Champion du Monde ? C'est une question que je me suis souvent posée, d'autant que j'ai pleinement conscience de ne pas avoir été un phénomène. Je sais que j'ai été un bon boxeur, mais comme je le dis souvent et sans aucune fausse modestie, je ne n'avais rien d'exceptionnel.

Sportif de Haut niveau autoproclamé
Alors pourquoi un mec continue-t-il de s'entraîner si dur depuis l'âge de 17 ans, sans l'ombre d'une perspective?
Parce qu'à l'époque je n'en avais aucune.
Pour être en forme ?
Non, pour être en forme, tu fais deux joggings par semaine et c'est bon. Alors… ?
Alors la question qui me dépasse c'est, pourquoi ?
Je ne le sais même pas moi-même. Je mentirais en disant que j'espérais quelque chose. Non, je travaillais pour gagner ma vie et le reste du temps, quand il m'en restait, je le consacrais à la pratique de mon sport, voilà ce que je sais. Mais à la question :
« Pourquoi est ce que je me soumettais à un entraînement de sportif de haut niveau, alors que je ne l'étais pas ? »

La réponse est :
« Je ne sais pas. »
Ça a en tout cas le mérite d'être clair. C'est là qu'intervient la dissociation entre le statut juridique et le fait physiologique. Parce que sportif de haut niveau, c'est un statut juridique*, or, lorsque je passe professionnel, je n'ai pas ce statut. En revanche, j'ai une réalité sportive, qui, de fait, est de haut niveau. Mais je n'ai aucune réalité, aucun signe, aucune distinction particulière, qui me permet de dire que je suis un sportif de haut niveau. Pourtant, dans les faits, c'est ce que je suis. D'ailleurs, dès que je vais commencer à gagner, personne ne me contestera cette appellation. Il y a beaucoup de sportifs de haut niveau de ma génération qui étaient certainement plus doués que moi, qui ne sont pas devenus Champion du Monde et qui ont raccroché avant même que je devienne professionnel. Parce qu'ils ont fait la mauvaise rencontre au mauvais moment, parce qu'ils se sont mariés, parce qu'ils ont dérapé, parce que, parce que, parce que…
Bref, le temps a passé et c'est mon nom qui a été gravé sur les tablettes mondiales du Kickboxing professionnel, pas le leur.

La diététique
C'est là qu'intervient une autre notion fondamentale et indissociable de l'entraînement lorsqu'on est un sportif de haut niveau, c'est la diététique. La diététique, c'est un truc de martien. Parce que je ne vis pas dans un monde virtuel, j'ai une vie de famille, je travaille, je rencontre des gens et au milieu de tout ça je m'impose un régime draconien pour pourvoir rester performant. Mais toujours sans aucune perspective. Et ça dure 10 ans. Là non plus je ne comprends pas moi même comment un mec peut résister, sans contrepartie, aux avances d'une bonne tarte au citron pendant tout ce temps. C'est simple, j'ai l'impression de parler de quelqu'un d'autre. J'ai dû être guidé, quelque part. Par mon père, peut-être. Si c'est le cas, c'est magnifique, j'aurais tellement voulu qu'il me voit boxer. Mais bon, ça n'a pas été le cas. A moins que, de là où il est… ?
Non, en vérité, je ne saurais jamais. En attendant, le petit sandwich,

vite fait, sur le comptoir avec un bon demi, bien frais. Non. Ça, non. Ce n'est pas possible. Jamais. Parce que je sais très bien que même lorsque je vais dans un restaurant, je peux commander quelque chose qui ne sera pas forcément régime mais qui restera diététique. Alors je demande une viande blanche de préférence mais s'il n'y a que de la viande rouge, ça me va aussi, pourvu que je l'accompagne avec une salade et que ça ne se produise pas plus d'une fois par semaine, à cause des toxines. Parfois les gens sont surpris et ils me disent :
« Ah bon, il y a des toxines dans la viande rouge ? »
« Oui et de la graisse aussi. »
« Et tu le sens ? »
« Ben oui, si tu t'alimentes mal, dès que tu fais un effort physique, tu le ressens immédiatement . »
C'est probablement grâce à cette discipline alimentaire que je n'ai jamais eu de blessures sérieuses. Conclusion, je me rends compte que j'ai une hygiène de vie qui est anormale pour un mec normal. Mais je suis incapable d'expliquer pourquoi je suis aussi rigoureux. Alors, ce n'est pas du téléguidage, ça ? En plus, lorsque j'étais gamin, j'étais bon au foot, mais j'étais très mauvais en vélo et finalement, je passe pro dans le kick-boxing, à 28 ans, ce qui est relativement tard. Sur le plan sportif, c'est un parcours curieux, tout de même, non ?

Ce qui fait un Champion du Monde

Aussi, lorsque je dis que je n'ai pas été un boxeur phénoménal, je le pense vraiment. En revanche, j'ai fait des préparations extraordinaires et je me suis imposé une discipline d'enfer, précisément parce que je n'avais pas le sentiment d'être plus doué que ça. Alors, oui, ce que j'avais d'extraordinaire, c'était le mental, c'était la volonté de travailler et c'était la régularité. Ma valeur ajoutée pendant dix ans, celle que je me suis apportée, c'est dix ans de diététique rigoureuse, d'entraînement physique draconien et d'hygiène de vie irréprochable. Est ce que c'est suffisant pour devenir Champion du Monde ?
Non, probablement pas. C'est sûr qu'il faut avoir quelques dispositions à la base et un peu de bol aussi, on ne peut pas le nier. Parce qu'il y

a des gens qui ont travaillé toute leur vie et qui n'ont pas été payés en retour des efforts qu'ils ont fournis. Sinon ça serait trop simple. Il suffirait de bosser pour y arriver. On sait bien que ce n'est pas le cas. Il y a plein d'éléments qui sont susceptibles de venir jouer les trouble-fêtes dans une carrière de boxeur.

La dimension mystique de la lumière intérieure

En fait, la réussite repose sur deux choses. Il y a la valeur de ton travail, bien sûr, mais il y a également la lumière. Celle que tu suis instinctivement et qui te conduit au sommet de la gloire ou au fond d'un précipice. Pour ma part, chaque fois que la voie s'est ouverte, je me suis engouffré dedans. Et j'ai eu de la chance puisque j'ai gagné. Mais on ne m'enlèvera pas de l'idée qu'il y a une part de mystère là-dessous. Lorsque je me retrouve au Cameroun, cet enfer programmé devient une chance. Et le combat tourne à mon avantage. Un avantage qui va m'ouvrir les portes de mon premier championnat d'Europe. Là encore, je vais gagner contre un mec qui est beaucoup plus fort que moi à la base. Mais il n'y a pas que ça. Par exemple, au tout début, lorsque Jacques Mairesse me dit qu'il faut que je m'étoffe un peu pour boxer et que je rentre dans la salle de l'ACBB, ou plus tard, quand je rencontre Abdel, c'est pareil. Lui, il est Champion du Monde de bodybuilding et je saisis tout de suite l'intérêt que cette discipline peut représenter pour moi. J'ai véritablement le sentiment d'avoir été programmé pour suivre un itinéraire tracé par je ne sais pas qui. J'ai suivi l'itinéraire ordinaire d'un homme extraordinaire. Ou plutôt, c'est le contraire. J'ai suivi un itinéraire extraordinaire pour un mec ordinaire. Oui voilà. C'est ce qui s'est passé. Non parce qu'à l'époque, le bodybuilding n'était même pas considéré comme un sport. Pourtant, lorsque je rentre dans cette salle, je vois des gladiateurs et je sais que c'est là qu'il faut que je sois. Pour eux, le mépris ordinaire qu'ils inspirent est probablement terrible. Ils travaillent uniquement pour l'esthétique et même lorsqu'ils gagent un concours et qu'ils sont reconnus comme des champions, les gens se foutent de leurs gueules. Mais il ne faut pas se tromper, il s'agit d'un vrai sport de haut niveau, parce que ces mecs-là soulèvent des tonnes de fonte, tous les jours, dans le seul but d'améliorer le corps que la nature leur a donné. Mais qui peut continuer à soulever des tonnes de fonte, tous les jours, alors que même lorsqu'ils gagnent une compétition, ils sont montrés du doigt ? Eh bien, moi, lorsque je rentre dans leur salle pour la première fois, je ne vois pas ce côté absurde des choses. Non, je vois des mecs qui travaillent pour un idéal. Voilà ce que je vois. Personne n'imagine le travail que ça représente, l'abnégation qu'il faut pour ne plus avoir que la peau sur les muscles, lorsqu'on fait un concours de beauté, puisque c'est de ça qu'il s'agit en définitive. Zéro masse graisseuse, des muscles développés au maximum de leur possibilité, sans nuire à l'équilibre général du corps, c'est une discipline d'acier qu'il faut avoir, pour parvenir à un résultat, dans ce sport. J'ai beaucoup d'admiration pour ces gens. Ils m'ont apporté tellement. Si je n'avais pas croisé leur chemin, mon destin aurait été très différent. J'en suis totalement convaincu. Le pire, c'est que la musculation ait pu, à un moment, être considérée comme incompatible avec le sport. Ça signifie qu'à l'époque, sans le savoir et contre l'avis de tous, grâce à Jacques, j'étais en avance sur ce que doit être la préparation d'un sportif de haut niveau.

Une trajectoire particulière

J'ai tout de même eu une trajectoire particulière. Et j'ai véritablement le sentiment d'avoir suivi l'itinéraire extraordinaire d'un homme ordinaire. Parce que je me considère comme un homme tout à fait ordinaire. D'autres considèrent que ce que j'ai fait tous les jours est extraordinaire. L'entraînement, la musculation, le régime, pendant des années, sans but précis, pour eux, c'est extraordinaire. Pour moi c'est normal, c'est ma vie, mais pour eux, je suis une sorte de martien. Par exemple le fait que je ne boive pas une goutte d'alcool, pour certains, c'est une privation que je m'impose, mais en réalité ce n'est pas le cas puisque je n'aime pas ça, donc je ne fais aucun effort. Je ne fume pas non plus, mais encore une fois, c'est une question de goût. Et puis surtout, je me connais bien et je sais que j'ai besoin de tout mon

capital santé pour pouvoir assouvir la passion dévorante que j'ai pour le sport. Voilà la vérité. J'aime le sport, par-dessus tout. Que ce soit dans la pratique, c'est à dire, dans la performance personnelle, dans le dépassement de soi ou dans le travail, en tant que simple agent de sécurité au service du sport, et même en tant que spectateur. J'ai une vraie passion pour le sport. C'est comme les chanteurs, je suis persuadé qu'on ne devient pas chanteur, mais qu'on naît chanteur. Sportif, c'est pareil. On naît sportif, on ne le devient pas. Cela dit on peut très bien ne pas être sportif et pratiquer tout de même un sport. Et ça, c'est très bien. Mais on ne transformera jamais une vache à lait en cheval de course. Quel que soit l'entraînement, c'est impossible. Il faut avoir des dispositions à la base, sinon, le haut niveau n'est pas envisageable. Parce qu'en plus, il faut trouver la discipline dans laquelle on est susceptible de briller. Je me souviens que dans le vélo, j'étais mauvais. J'étais très mauvais. Ça ne m'a pas empêché de pratiquer ce sport magnifique pendant cinq ans. Et d'adorer ça. Le résultat devient presque secondaire quand on va au fond des choses. Parce que ce qui est extraordinaire, c'est d'avoir une passion et de réussir dans la passion qui te fait vibrer. Ça oui, c'est extraordinaire. Il y a finalement très peu de personnes qui vivent de leurs rêves. C'est ce que j'ai eu la chance de faire. C'est simple, le jour où je suis rentré au PSG, j'ai cru que je rêvais. Le salaire n'avait aucune espèce s'importance, du moment qu'il me permettait de survivre. Le gros plus c'est que j'étais nourri par la passion qui m'habitait depuis ma plus petite enfance. Et ça, ce n'est pas donné à tout le monde. J'aurais fait n'importe quoi pour travailler au PSG. Peu importe la fonction que j'aurais occupée. À vrai dire, ça me semblait tellement inaccessible que je n'avais jamais osé y penser. Alors évidemment, lorsque j'y suis rentré, j'étais heureux. Vraiment heureux. J'aurais pu tenter ma chance ailleurs, mais pour quoi faire. J'étais dans le club qui me faisait vibrer, je pratiquais mon sport au niveau que je souhaitais, j'avais atteint l'équilibre auquel j'avais aspiré toute la vie. Alors pourquoi changer ?
Pour gagner plus ?

Non. J'étais déjà dans mon rêve. Et puis comme par enchantement, au cours de cette période d'équilibre parfait, je suis devenu trois fois Champion du Monde de Kick-boxing. C'était la cerise sur le gâteau. Non seulement j'étais au PSG mais en plus j'étais Champion du Monde. Que souhaiter de plus ? Je ne pouvais pas me douter qu'un jour, j'allais cesser de m'occuper de la sécurité des joueurs pour intégrer le staff. Le Staff du PSG. Et pourtant, c'est ce qui s'est passé. C'est encore une histoire d'amitié qui m'a permis ce passage improbable. L'amitié, voilà ce qui est extraordinaire. Réussir à faire quelque chose d'extraordinaire dans une situation extrême, c'est toujours possible, parce que les circonstances te poussent à réagir mais lorsqu'il t'arrive des choses extraordinaires alors que tu es dans une situation ordinaire, là, oui, c'est extraordinaire. Et c'est en gros ce qui s'est produit pour moi tout au long de ma vie. Les circonstances n'ont jamais été un facteur dynamique pour moi, elles ont toujours été neutres, en revanche les gens que j'ai rencontrés ont tous produit un effet dynamique sur moi.

Les gens qui m'ont aidé

Les gens qui m'ont aidé ne s'inscrivent pas obligatoirement dans le cadre sportif. Il s'agit du petit coup de pouce qui fait que tout d'un coup les choses deviennent possibles. Par exemple lorsque je rencontre Gilles, aux Polymusclés, je suis à des années lumière de me douter qu'il va organiser mon premier Championnat du Monde à Bordeaux. On joue au foot ensemble et puis le hasard fait qu'il s'intéresse à la boxe, que je suis suffisamment bien classé pour disputer un titre mondial, que la personne de la fédération avec qui je le mets en contact est intéressée et que, finalement, il organise un combat, qu'il le fait bien et que je deviens Champion du Monde. Mais rien de tout cela n'est prévisible. Bien au contraire. Il y a mille possibilités pour que les choses n'aboutissent pas. Qu'elles se perdent dans des difficultés administratives, qu'elles se diluent dans le temps, qu'un autre challengeur au titre me soit préféré. Et puis non, les choses se font, sans que l'on puisse expliquer comment tout cela devient possible. Il y a une sorte d'arrangement avec le ciel, d'enchaînement, de combinaisons magiques qui se produisent. Un peu comme si tout était écrit par avance et qu'il suffisait de dérouler le fil des évènements pour qu'ils se produisent. Je dis ça, mais je sais que ce sont souvent mes amis qui ont rendu les choses possibles. Par exemple, lorsque je parle de Dominique et d'Andrée, mes amis intimes, qui m'ont toujours soutenu, quoi que je fasse, sans le savoir, ils ont porté à ma place des projets que je ne nourrissais pas. Ils les ont portés pour moi et lorsque j'ai été en mesure de les défendre, ils me les ont restitués. Pour tout dire, je ne connais pas d'ennemis. J'ai toujours eu une vie propre. Humainement propre. Un peu grâce à eux, sans doute. La vertu de l'exemple est irremplaçable. On ne le dira jamais assez. Surtout pour moi qui avais perdu mon père très tôt, trop tôt et qui n'avais plus de repères, lorsque j'ai dû commencé à affronter les réalités de la vie. Avoir des gens qui te soutiennent et qui te donnent les bonnes valeurs, c'est essentiel lorsque tu te construis. Alors forcément, pour éclairer ce chemin, il y a d'autres valeurs qui s'agrègent à mes propres capacités et à ma volonté de bien faire. Ce sont celles qui m'ont été transmises par les gens qui ont compté.

Tout est une question de rencontres

C'est important de parler des gens qui ont compté dans ta vie. Tu ne peux pas oublier ceux qui t'ont épaulé, parce qu'ils font partie de toi. Tout est une question de rencontres dans la vie. Il faut avoir une bonne étoile, c'est sûr, mais après, c'est une question de rencontres. Tu rencontres la bonne personne qui t'amène à la boxe, puis celle qui te permet de progresser, celle qui te fait passer pro, celle qui te permet de remporter des titres, puis celle qui t'ouvre les portes pour faire autre chose, celle qui te fait rentrer dans le football, celle qui te permet d'accéder au banc de touche et ainsi de suite. Si tu es tout seul, tu n'avances jamais. Ça compte beaucoup les gens que tu rencontres dans ta vie. Je ne peux pas m'empêcher d'en citer quelques-uns et je vais commencer par Catherine et Cruchot, mes amis de toujours.

Catherine et Cruchot, mes amis de toujours

Catherine est une amie d'enfance. Nos parents étaient voisins de paliers. On fêtait Noël avec eux. On dînait régulièrement les uns chez les autres, on était toujours ensemble, parce que Rose et Jeannot, ses parents, habitaient en face de la loge que nous occupions. Ce qui fait que Catherine et moi, on a pratiquement grandi sous le même toit. C'est ma deuxième soeur en quelque sorte. On était tout une bande de jeunes dans le quartier, on sortait, on discutait, on s'amusait. À l'époque, elle avait un fiancé qui s'appelait Thierry. Thierry, c'était mon ami. Au moment du décès de mon père, il m'a beaucoup soutenu. Il m'a littéralement aidé à porter ma peine. On se retrouvait presque tous les soirs et on parlait pendant des heures, de tout et de rien. Il m'obligeait à faire des efforts pour que je remonte la pente. Ça faisait presque un mois que mon père nous avait quitté. On ne s'habitue pas à l'absence, mais il y avait Thierry. Grâce au ciel, lui, il était encore là. Et puis un jour, en revenant de mon travail, je rentre dans la loge et je vois ma mère effondrée. J'ai tout de suite compris qu'un nouveau drame venait de se produire. Instinctivement j'ai pensé à mes grands parents, mais non, c'était Thierry. Un mois après la disparition de mon père, Thierry s'est tué en moto. J'avais perdu mon père et maintenant c'est mon meilleur ami qui partait. J'étais détruit. Je suis allé chez Catherine et on a pleuré. Pour moi c'était terminé. La vie s'arrêtait là. C'est une période terrible, terrible. Cruchot, qui faisait partie de la bande, nous a ramassés Catherine et moi. C'est lui qui m'a pris sous son aile après les décès successifs de mon père et de Thierry. C'est lui, le grand de la bande, qui m'a fait découvrir le Kick-boxing. Il devait avoir quatre ans de plus que moi. Il n'a pas fait carrière dans la boxe. Il était doué mais il n'a pas persévéré. Je lui dois non seulement ma première licence de boxe mais également et surtout le fait de ne pas avoir mal tourné. Parce que sans lui, honnêtement, je ne sais pas ce que je serais devenu. Par la suite, ils se sont mis ensemble avec Catherine. Et ils le sont toujours. Ce sont deux personnes qui comptent beaucoup pour moi. En plus, il se trouve que leur fils est le meilleur ami de mon fils. C'est fou, non.

Dominique et Andrée

Il y a également Dominique et Andrée. Ce sont des personnes adorables avec lesquelles j'ai beaucoup de liens. Ils ont assisté à presque tous mes combats. Ce sont des amis que j'ai rencontrés grâce à Cruchot qui travaillait avec Dominique aux Charpentiers de Paris. J'avais 17 ans, on ne s'est jamais perdus de vue. Ils habitent Noisy-le-Roi et je vais les voir régulièrement.

Slavenne.

J'ai eu d'autres périodes sombres dans ma vie. Très sombres. Je me souviens que dans la tourmente, mon ami Slavenne a toujours été là pour me soutenir. Il m'a beaucoup aidé. Je l'avais rencontré dans la sécurité. Ça fait 20 ans qu'on se connaît. C'est vraiment un ami fidèle.

Jean-Pierre

Jean-Pierre est un ancien joueur du PSG que je connaissais bien puisque j'étais un fan du PSG dont je suivais presque tous les matchs. Et puis un jour, on s'est rencontrés en vrai, aux Polymusclés et on est devenu amis. Notre relation a rapidement dépassé le cadre du foot. On se retrouve régulièrement à Loctudy, en Bretagne. Il m'a toujours encouragé. Quand j'étais boxeur déjà, puis plus tard aussi, quand j'ai traversé des périodes noires, il était là. Il a toujours été là pour moi. C'est extraordinaire d'avoir des amis.

Gilles

Je ne peux pas évoquer mes amis sans parler de Gilles. Mon ami Gilles, c'est mon confident, mon soutien moral, ma béquille. Lui aussi il m'a aidé à surmonter une épreuve très difficile. En ce qui concerne les épreuves, l'existence n'épargne personne, hélas. Mais elle sait également être généreuse. La preuve, j'ai toujours eu la passion des courses. Gilles aussi. Donc, forcément, on s'est rencontré sur un champ de course et depuis on se raconte des histoires de chevaux qui ne finissent jamais.

Bruno
Lui, c'est encore autre chose. On s'était rencontré aux Polymusclés, on s'est perdu de vue et on vient de se retrouver. Il était pilote d'hélicoptère, ceinture noire de kung-fu et magicien professionnel, mais il avait surtout un père extrêmement célèbre qui s'appelait Jacques Mesrine. Il l'a perdu dans des circonstances dramatiques et c'est sans doute l'absence de nos pères respectifs qui nous a rapproché. À quelques mois près, avec Bruno, on a le même âge. On n'avait pas les bonnes cartes à la base et on a essayé de s'en sortir. Parce que lui aussi il s'est fait tout seul. Et voilà que je le retrouve aujourd'hui, après un blanc de plus de dix ans. C'est sûr qu'avec des métiers comme les nôtres, on est souvent obligé de s'expatrier, alors l'amitié doit être solide, sinon on ne se retrouve jamais. En ce qui nous concerne, à ce niveau-là, c'est du costaud.

Mes amis dans le foot
Le football n'est pas un milieu dans lequel tu te fais beaucoup d'amis. En revanche, quand tu t'en fais, c'est pour la vie. Moi j'en ai cinq. Bernard Lama, qui est un mec charmant et très intelligent. Patrice Loko dont je me suis occupé personnellement quand il a eu des soucis de santé. Jérôme Leroy avec qui j'ai fait le PSG et le Betar de Jérusalem. Lorsque j'étais en Israël, tous les soirs j'étais avec Jérôme. Actuellement il joue à Rennes. Je l'ai très régulièrement au téléphone. Avec Patrice Loko, c'est sans doute le joueur avec lequel j'ai eu le plus d'affinités. Il y a également Jimmy Algerino avec lequel j'ai noué des liens solides. On était très proches. Il y a aussi Daniel Bravo qui est un mec adorable et avec lequel je suis toujours en contact. Il est actuellement consultant pour une chaîne de télévision. Il est excellent, mais ça n'a rien de surprenant parce que fondamentalement c'est une personne de grande qualité. Ça me fait plaisir de parler de ces cinq joueurs. C'est mon quinté d'amis dans le foot.
Loko, Algerino, Bravo, Leroy, Lama…

Et puis bien sûr il y a Luis. Mais Luis, c'est un cas à part, parce que c'est comme un frère pour moi.

Mon chemin

Sur mon chemin, il y a trois éléments fondamentaux qui se mélangent sans arrêt. Il y a la personne que je deviens à force d'entraînement, l'amitié qui m'ouvre des portes, et ce que je suis à la base. Et pour moi, la base c'est mon père. Mon père meurt un dimanche matin, je dois partir disputer une course cycliste et puis finalement je n'y vais pas. Je voulais la gagner pour lui. Mais non, je ne l'aurais pas gagnée. Je sais que la maladie existe bien sûr. Je ne peux pas le nier mais je pense que les choses vont finir par s'arranger. Je vois que mon père est malade, simplement je ne mesure pas la gravité de son état. Quand tu as 16 ans, tu ne te rends pas bien compte des choses. Plus tard, oui. Mais quand tu es jeune, tu ne penses pas au pire puisque tu ne sais même pas qu'il existe. Tu as confiance, tu sais que ton père est soigné par de bons médecins. Donc il ne peut rien lui arriver. Et pourtant, ce dimanche-là, j'ai vraiment eu la sensation que la terre s'arrêtait de tourner. C'était terrible. J'avais le sentiment de ne plus avoir d'avenir. Pour moi, demain n'existait plus. Je me disais :

« Demain, il n'y aura pas de demain puisque je ne verrai plus papa. » Cétait une sensation horrible, franchement. Et puis je voyais que ma mère était malheureuse, je voyais que ma soeur était malheureuse, moi j'étais malheureux. Chez nous, il y avait une ambiance que je ne souhaite à personne. On vivait dans une loge minuscule et tout d'un coup, elle est devenue presque trop grande du fait de l'absence de mon père. Ça faisait mal. Il y avait un vide incompréhensible que l'on ne parvenait pas à combler malgré l'étroitesse des lieux. Il y a à peine cinq ans que maman a quitté cette loge. Elle y aura passé toute sa vie professionnelle. Toute sa vie dans la même loge. Maintenant qu'elle est à la retraite, elle habite toujours la même rue mais juste au numéro d'à côté. Elle a gardé ses habitudes, ses amis et rien n'a changé à part qu'elle ne travaille plus. Maman avait 46 ans lorsque mon père est décédé. C'était encore une jeune femme mais elle n'a pas refait sa vie. À l'époque je vais finir par prendre une chambre indépendante dans le même immeuble, pour rester près d'elle et de ma soeur, ce qui fait que nous prenons toujours nos repas ensemble. Je vais occuper cette chambre jusqu'à ce que je rencontre Yolande et que je m'installe avec elle. Je devais avoir 22 ans. Ma mère était contente de me voir entretenir une relation stable avec cette jeune fille qui va bientôt lui donner un petit-fils. Ma soeur a quitté la maison quelques mois avant moi. Mais elle s'est installée dans le quartier, ce qui fait qu'on se voit tout le temps. Lorsque mon père est parti, je me suis juré de ne jamais laisser ma mère toute seule. A dire vrai, c'est une promesse de plaisir et sans contraintes que je me suis faite ce jour là.

2- Mon père, ma famille, les femmes, le foot.

Mon père

C'était un sportif et un amoureux de sport qui n'a pas été professsionnel mais qui aurait pu. Il ne faisait pas le régime comme moi, il fumait, il buvait un peu de vin, donc il n'avait pas l'hygiène de vie d'un sportif de haut niveau mais il était totalement fou de sport. Et quand je suis né, pour lui, il était évident que je serais un sportif. Normal, je pesais 4k100 à la naissance. C'était déjà beau. Il mesurait 1,76m, ce qui était une bonne taille pour l'époque. Et maman mesure 1,75m. Elle est de Boulogne. C'est papa qui était du Nord. Ma mère est grande, imposante, mince, c'est une très jolie femme. Et mon père était blond, mince, il avait les yeux bleus. Quand ils se promenaient, on voyait passer deux belles personnes. C'est vrai qu'ils allaient bien ensemble. Ils avaient deux ans d'écart, mais ils étaient très jeunes lorsqu'ils se sont rencontrés. Ils se sont aimés, ils ont eu Myriam et ils ont trouvé la loge. Je ne pense pas que mes parents aient considéré que c'était le paradis mais ce que je sais, c'est qu'ils cherchaient à se loger. Non parce que si c'est ça, le paradis, franchement, c'est petit. Cela dit, c'était un couple heureux. C'est ma grand-mère paternelle, Simone, qui, par relation, avait déniché cette loge et qui l'a proposé à ma mère. Voilà comment on s'est retrouvé à habiter le 16ème.

Les tragédies de l'enfance

Papa était né en 1933. C'était une personne qui avait connu la guerre, les privations et toutes les tragédies de l'enfance. Il a également subi l'absence d'un père qui est resté prisonnier des Allemands pendant six ans. Ce qui fait que mon père avait deux ans lorsque mon grand père est parti et quand il est revenu, il en avait huit. Du jour au lendemain, il se retrouve en face d'un bonhomme qu'il n'avait jamais vu de sa vie et qui prétendait lui imposer sa loi. Comme ils avaient tous les deux des caractères forts, ça ne pouvait pas fonctionner. Ils s'aimaient beaucoup mais ils ne s'entendaient pas. Ça pétait dans tous les sens. Je sais que mon père a beaucoup souffert de cette absence ainsi que de la mésentente qu'il y avait entre eux. Quand mon grand père est revenu de captivité, au lieu d'y aller doucement il a commencé à lui donner des ordres. Mon père s'est braqué et il resté braqué longtemps. Je crois qu'il a toujours été braqué contre son père, c'est toujours resté. Comme une plaie ouverte qui ne se referme pas. Et puis un jour, il va au bal, il rencontre ma mère, Myriam arrive, ils trouvent la loge et le 30 juin 1964, je pèse 4, 100kilos.

Le transfert

Mon père a fini par fonder la famille qu'il n'a pas eue. Je pense que pour ce qui concerne le sport, il a fait la même chose. Je dis ça parce que j'ai commencé à jouer au foot et ensuite, j'ai fait du vélo, comme lui. J'étais une sorte de miroir et je sentais qu'il essayait de me donnait une enfance sans ombres. Alors que lui, comme il ne s'entendait pas avec son père, dès l'âge de 10 ans, il s'est retrouvé en Pension à Saint-Nicolas. Et ça a duré des années. Je sais qu'il en a beaucoup souffert. Il n'a sans doute pas voulu que je vive la même chose que lui, alors il a tout fait pour que je sois heureux. À travers moi, il a peut-être rattrapé un peu de l'enfance qu'il aurait voulu avoir. Ce qui est sûr, c'est qu'il m'a donné toutes les chances de pratiquer les sports que je voulais faire. Que ce soit le foot et puis après le vélo, il a tout fait pour moi. Je sais que lui, il n'a pas pu faire tout ça parce qu'il était en pension. Et puis la pension, de son temps, ce n'était pas ce que c'est devenu aujourd'hui. Non, à la moindre connerie, c'était les coups de règles sur les doigts, la privation de nourriture ou la nuit debout dans la cour et dans le froid.

Les grands souvenirs
Mon père était un dur au coeur tendre. Je le reverrai toujours venir me chercher un jour à la loge et me dire :
« Viens, on va faire un tour tous les deux. »
Je devais avoir neuf ou dix ans peut-être. Il y avait un match de l'équipe de France au Parc des Princes et il m'a fait la surprise de m'y emmener. Je me souviens qu'à l'époque, il y avait beaucoup de marchands ambulants qui vendaient des tee-shirts, des maillots, des casquettes, des écharpes. Ils s'installaient devant le stade avec leurs camionnettes. En arrivant, on s'arrête devant un marchand et là mon père me dit :
« Choisis ce que tu veux. »
Comme c'était l'hiver, j'ai pris une écharpe de l'équipe de France. Je m'en souviens comme si c'était hier. Je suis reparti avec mon écharpe autour du cou. Mon père m'a offert cette écharpe, ce n'était pas prévu, c'était inattendu. Il n'avait pas de thunes et il m'a offert cette écharpe. Ça, c'est vraiment un beau souvenir que j'ai de lui. C'était un homme généreux avec rien. Il avait un coeur d'or. Un vrai coeur d'or qui pouvait aussi disjoncter à cause d'une injustice, et tout d'un coup, il devenait excessif pour un rien. Il pouvait s'emporter pour une queue-de-poisson en bagnole, pour un mot de trop dans la rue, il partait au quart de tour. Comme moi. Pareil. Moi, le sport m'a canalisé, mais lui, il était ouvrier en usine, avec tout ce que ça comporte comme contraintes. Il avait été embauché chez Renault, grâce à mon grand-père. Il y a travaillé deux ans, mais il n'y est pas resté. Les grands souvenirs que j'ai de mon père, c'est le foot. On allait souvent voir les

matchs ensemble au parc. Pas tous, parce que ça coûtait tout de même un peu d'argent mais dès qu'il pouvait, il m'y emmenait. Et puis il y avait le tour de France qu'on regardait à la télé. Ah, ça, le tour de France, c'était sacré. On ne loupait pas une étape. J'ai des souvenirs extraordinaires avec lui.

Les vacances

J'aimais bien aussi quand on partait en vacances. On allait systématiquement en Bretagne, à Loctudy. On y allait tous les ans. On ne changeait jamais. Mais étant donné que mes parents n'avaient pas les moyens de payer une location, on faisait du camping presque sauvage. Je dis presque, parce que mon père ne voulait pas se retrouver avec des gens qu'il ne connaissait pas, alors il louait un bout de champ à un monsieur très gentil et il y plantait notre tente. J'adorais ça. Il y avait pourtant un camping à 500 mètres, mais papa ne voulait pas aller au camping. Non. Lui, il ne supportait personne, il voulait être tout seul avec sa famille et il ne fallait surtout pas qu'on vienne l'emmerder dans son camping sauvage. Ah, ça, non. Ce n'était pas Robinson Crusoé mais on n'en était pas loin. Alors chaque été c'était le même cérémonial. On débarquait cher Monsieur et Madame Gloagen et on s'installait dans leur champ pendant un mois. On faisait le voyage en voiture. On avait toujours une belle voiture. Il a eu deux 404 et à la fin de sa vie, il avait une Ford Taunus. Il aimait bien les voitures. Il les achetait à crédit et pas neuves, évidemment. Au mois d'août, maman fermait la loge, tout le monde montait dans la bagnole, Litz, le chien, toute la famille et hop, direction la Bretagne, on partait en vacance. Il avait trouvé le plan du champ grâce à ma tante, Yvette, qui faisait du camping depuis des années et qui connaissait bien la région. Elle lui avait dit :

« Je connais des gens qui veulent louer leur champ, l'été, si ça t'intéresse, je te les présente. »

C'est comme ça que ça s'est fait. On aurait pu aller ailleurs, puisqu'on campait, oui mais ailleurs, il n'y avait pas le champ des Cloagen. Voilà pourquoi, chaque année, au mois d'août, on allait à Loctudy.

Ma tante Yvette savait qu'en louant le champ, mon père se sentirait vraiment chez lui. Elle savait également qu'il n'aurait pas accepté qu'on le lui prête. Non. Alors il louait son champ. On y accédait par une petite route qui bordait l'horizon et au fond, il y avait la maison des Gloagen. On était près du port. On était vraiment en bord de mer. C'est joli Loctudy, c'est du côté de Quimper.

Ca fait rêver tout le monde

Je garde des souvenirs inoubliables de ces vacances, mais ce qu'on vivait n'a rien à voir avec ce que les gens imaginent. Aujourd'hui, quand je raconte cette histoire, ça fait rêver tout le monde. C'est vrai que c'est extraordinaire de partir avec sa tente, sans aucune contrainte, de s'installer dans un endroit magnifique comme ce champ que mon père louait et de passer un mois dans la nature avec sa famille. À l'époque, c'était possible. Mais ça ne l'est plus. Parce si tu demandes à un paysan de te louer un champ en bord de mer, à 500 mètre d'un camping, soit il te prend pour un dingue, soit ça te coûte une tonne. Et puis surtout, les gens ont arrêté de rêver. Maintenant, ils vont à l'hôtel et ils se font servir matin midi et soir. Ils ne lavent plus leurs affaires, ils ne vont pas dans les chiottes au bout du jardin, ils ne veulent pas se faire un trip spartiate. Ou alors ça dure deux jours et à la première vraie pluie, parce que la Bretagne, ce n'est pas la côte d'Azur, ils s'arrachent, ils laissent tout sur place et ils font démonter la tente par le portier du palace dans lequel ils vont s'installer. Donc le camping comme je l'ai vécu, ça n'existe plus. C'est devenu irréel comme un souvenir d'enfance. C'est pour ça que c'est beau.

Le club Mickey

Je me souviens que mon père nous inscrivait au club Mickey sur la plage. Pour une famille modeste, financièrement, c'était un gros sacrifice le club Mickey. On y allait tous les jours. Et le jour où c'était fermé, j'allais à la pêche avec lui, il adorait ça. On faisait de la pêche à la ligne, moi aussi j'adorais ça, parce qu'on restait entre hommes. Ma mère allait à la plage avec ma soeur. Après on se retrouvait et on se faisait la tambouille près de la tente, c'était bien. On se lavait à l'eau froide. Ça c'était moins génial, parce qu'il n'y avait pas d'eau, alors tous les jours, il fallait qu'on aille remplir des jerrycans au robinet des Gloagen et après il fallait qu'on les porte jusqu'à la tente, pour se laver. C'était extraordinaire. Contact avec la nature, contact avec les vraies choses, contact avec les parents, on passait des vacances de Club Med, avant que le Club Med ne devienne à la mode. Oui, enfin, ce n'était pas des vacances de riches, mais avec le peu qu'ils avaient, nos parents nous offraient tout de même des vacances inoubliables. On habitait tous les quatre ensemble sous notre grande tente et le soir, on faisait notre petite ballade sur le port. On se promenait, on mangeait une glace. On se mettait des pulls marins, des vareuses et tout, parce qu'à Loctudy, même en été, le soir, il fait froid.

Le champ des Gloagen

Le plus beau dans cette histoire, c'est que ma mère va toujours à Loctudy. Plus dans le champ, non, maintenant elle loue une petite maison. Mais ça fait plus de quarante ans que ma mère y passe toutes ses vacances. Elle n'a pratiquement jamais raté un mois d'août là-bas. Je suis même allé la rejoindre une semaine l'été dernier et bien sûr, on est allé se promener dans le champ. Chaque année, on revient dans le champ. Je revois mon père. Monsieur et Madame Gloagen sont décédés depuis mais le champ existe toujours. Il y a cinquante centimètres d'herbe, ce sont de jeunes qui occupent la maison, mais ça n'a pas été construit. Le champ est toujours là. Chaque fois que je revois ce champ, je repense à mon enfance, à ma mère, à mon père, à ma soeur. On a toujours été très complices ma soeur et moi. Elle a un caractère très fort. D'ailleurs on se ressemble un peu à ce niveau-là. Alors parfois, ça pique un peu, même encore maintenant. Mais on s'aime très fort, donc il n'y a pas de problèmes. On a pris ça du côté de mon père, sans doute, parce que ma mère a un caractère très doux. Elle ne se laisse pas faire mais elle est beaucoup plus souple que nous. C'est une crème ma mère, elle ne crie pas, elle est capable de se faire comprendre sans hausser le ton et ça, c'est génial. Alors que mon père se mettait souvent en colère et là, ça y allait. Il ne s'en prenait jamais à sa femme ni directement à ses enfants, mais je me souviens que ça partait comme la foudre. Il se révoltait contre tout, pour un oui, pour un non, pour une fiche de paye pas assez remplie, parce qu'il entendait une connerie à la télé, contre l'école, parce que je n'en foutais pas une rame, mais il ne s'emportait jamais contre ma mère, jamais. Mes parents s'aimaient. Pour moi, c'est une certitude. Ils formaient un couple uni, serré, qui s'aimait très fort et qui aimait ses enfants. Dans ma famille, il n'y avait pas beaucoup d'argent, mais on savait faire avec. Voilà le sentiment que conserve de mon enfance.

Après le décès de mon père.
On est resté une famille unie. On a toujours été très soudés. J'aurais voulu avoir beaucoup d'argent pour aider ma mère et ma soeur mais avec le peu que je gagnais, ce n'était pas possible. Alors j'ai essayé de ne pas être une charge, voilà. De toute façon, je n'ai pas eu le choix. J'ai été obligé de travailler très jeune. Ma soeur Myriam aussi. Elle a terminé son école d'infirmière et elle a été embauchée tout de suite. Et moi, après mon CAP de menuisier, j'ai un peu galéré mais à partir du moment où je suis rentré dans la sécurité, je me suis stabilisé. Sur le plan sportif, c'est à cette période que j'ai commencé la boxe. Contrairement à mon père, j'ai choisi de faire de la boxe Thaïlandaise, ce qui n'a rien de commun avec la boxe anglaise. Ce que je veux dire, c'est que dans la boxe anglaise, tu fais une vraie carrière amateur et après, si tu es bon, tu es pris en main et tu passes pro. Tandis que dans la boxe Thaï, et plus tard dans le Kick, les choses sont différentes. Ce sont des disciplines nouvelles qui ont du mal à s'imposer. En France, elles ne sont pas encore très structurées et il n'y a pas de filières. Ce qui fait que lorsque tu débutes, tu es totalement livré à toi-même. C'est très curieux parce qu'avec le recul, maintenant que j'y repense, ce sont des sports qui ressemblent totalement à ce que j'étais à l'époque. Mon père est parti trop tôt et il a fallu que je me structure sans lui. Heureusement qu'il y avait ma mère et ma soeur. Sans le savoir, ce sont elles qui m'ont tout appris.

Ma mère

Ma mère est une femme extraordinaire. Elle a toujours fait tout ce qu'elle a pu pour que je m'en sorte. Je ne la remercierai jamais assez de ce qu'elle a fait pour moi. Ne serait-ce que par sa présence, elle me donnait et elle me donne encore aujourd'hui un bonheur, un équilibre et une force qui m'aident à traverser les moments difficiles de mon existence. C'est un exemple ma mère. Quand j'ai démarré la boxe, elle ne voulait pas assister à mes combats. Et je la comprends, parce que c'est très violent comme sport. Elle avait peur pour ma santé et puis, en fin de compte, elle est venue voir deux de mes Championnats d'Europe et deux de mes Championnats du Monde. Elle ne me l'a jamais dit, mais je sais qu'elle a été soulagée quand j'ai arrêté. On se voit pratiquement tous les jours, ma mère, ma soeur et moi.

Ma soeur

J'adore ma soeur parce que l'air de rien, elle ne m'a jamais laissé faire n'importe quoi. Et même aujourd'hui, je sais qu'elle m'a toujours à l'oeil. Quand elle désapprouve quelque chose, elle revient à la charge sans arrêt, jusqu'à ce que je saisisse bien ce qu'elle pense. Et comme elle n'a pas sa langue dans sa poche, à défaut d'écouter, je suis bien obligé d'entendre ce qu'elle a à dire. Ce n'est pas pour lui faire plaisir, mais je dois reconnaître qu'elle a souvent raison. Elle parle avec son coeur. Moi je le sais. C'est pour ça que je ne fais pas gaffe à la façon parfois rude qu'elle a de dire les choses. Elle a six ans de plus que moi. Elle a fait de l'athlétisme au Stade Français. Elle était très douée, mais elle a arrêté assez vite. À l'adolescence, elle a découvert autre chose, elle a commencé à fumer, à sortir et en ce qui concerne le sport, elle a complètement décroché. Et puis elle n'avait peut-être pas l'envie ni la volonté de continuer, parce qu'il faut dire ce qui est, le sport, c'est un éternel sacrifice. Du reste, ma mère non plus n'était pas sportive. Elle n'aimait pas ça. Elle répétait souvent que même lorsqu'elle était plus jeune, elle n'a jamais supporté de voir mon père rentrer à la maison avec des coquards, le nez écrasé ou des marques de sang sur le visage.

Par la suite, elle a été servie avec moi, mais bon, elle ne supportait pas non plus.

Mon oncle

Le pilier masculin de cette famille, parce qu'il y en a tout de même eu un, c'était mon oncle Christian, le frère de mon père. Il avait 18 ans de moins que mon père et je n'ai que 12 ans d'écart avec lui. C'est quelqu'un qui a toujours été présent pour moi. Même si on a connu une petite période de froid due à une histoire de famille, c'est une personne à qui je suis très attaché. Je me rends compte à présent que je n'aurais pas dû me mêler de certaines choses. J'ai eu tort. Il faut savoir rester à sa place. Aujourd'hui on est réconcilié, donc tout va bien mais j'ai beaucoup souffert de cette brouille passagère.

Mes 3 garçons

J'ai été un enfant mais maintenant je suis un père, alors s'il y a quelque chose qui est vraiment important dans ma vie, ce sont mes trois garçons.

Alexandre

C'est mon fils aîné que j'aime très fort, mais avec qui je n'ai jamais vécu. Je ne voudrais pas qu'il se passe ce qui s'est produit entre mon père et mon grand père qui s'est imposé à son fils comme un étranger qui a eu du mal à se faire accepter. Alors je le laisse venir à son rythme, sans rien précipiter. On se découvre peu à peu. On n'a que très peu de souvenirs en commun. On n'a pas partagé les grandes choses de la vie ensemble mais je sais intuitivement que quelque part, l'avenir nous appartient. Dans cet avenir que nous sommes en train de nous construire, il pourra toujours compter sur moi. Un jour, il m'acceptera peut-être comme le père que j'aurais tellement voulu être pour lui, si j'avais seulement connu son existence, si, si et si…

À nous de faire disparaître tous ces « si » et d'en faire une chanson douce. L'avenir nous appartient et même s'il est incertain, même si on ne fait pas toujours ce qu'on veut, il deviendra ce qu'on en fera.

Vincent
Tous les jours je vais à la salle avec Vincent. On fait de la musculation ensemble. Il est doué pour le sport et le pire c'est qu'il ne le sait pas. Il ne se rend pas compte à quel point il est doué pour le sport, ce garçon. Il fait des squats à 160, c'est incroyable. Il a une force de Titan. Il charge 160 kilos sur la barre. Il a vraiment la caisse pour faire du sport. J'aurais voulu qu'il continue le Rugby, mais ça fait deux ans qu'il a arrêté. Maintenant il joue uniquement pour le plaisir. À l'époque, je ne l'ai pas trop poussé, parce que je ne voulais pas qu'il fasse comme moi qui ai fait du vélo pour faire plaisir à mon père, alors qu'en réalité, ça ne me plaisait pas plus que ça. Pour moi, le plus important, c'est son bonheur. Et lui, son bonheur, c'est la musique. Ça lui prend tout son temps la musique. Et puis il faut dire aussi qu'il m'a tellement vu morfler, qu'il n'a peut-être pas envie de pratiquer à haut niveau non plus. Mais c'est dommage. C'est une perte pour le sport. C'est un garçon qui aurait pu passer pro sans problèmes.

Anthony
Et enfin il y a Anthony. Lui, c'est encore autre chose. Il joue au foot, mais c'est un tendre. Il est plus câlin, plus doux que son frère. Il est encore petit et c'est un peu le chouchou, mais je ne pense pas qu'il se destine à une carrière dans le sport. Non. Bon, maintenant, rien n'est définitif, mais il me semble qu'il est plus doué pour les études que je ne l'étais. Sa mère s'occupe bien de lui et il a de bons résultats à l'école. On ne peut pas savoir à cet âge, mais je crois que c'est plutôt par là qu'il va s'orienter. Encore une fois, l'important c'est qu'il soit heureux. Alors quoi qu'il fasse, je le soutiendrai à fond, mon petit bonhomme, en essayant de lui donner les bonnes informations, mais sans tenter de l'influencer. De toute façon, ça ne fonctionnerait pas, parce que derrière son air doux, il a un caractère très fort en réalité.

Les femmes ne sont pas faciles
J'ai commencé très jeune à aimer les femmes. Je crois que j'ai toujours eu tendance à trop les aimer, bien qu'en mûrissant, je me sois

calmé. À cause des échecs, sans doute. Et puis en apprenant à mieux les connaître, je me suis rendu compte qu'elles n'étaient pas faciles. Ce n'est pas qu'elles sont méchantes mais je pense qu'elles sont complètement différentes de nous. Par exemple, elles ne supportent pas la vérité. Je dis ça parce qu'il a fallu que j'apprenne à ne plus me retourner sur les femmes, alors que, lorsque j'étais plus jeune, il m'arrivait de rester carrément à l'arrêt. Aujourd'hui, il y a quelqu'un qui compte beaucoup dans ma vie et par respect pour elle, je ne le fais plus. Mais ce n'est pas naturel chez moi. Il a fallu que j'apprenne à me contrôler. C'est comme une sorte de mensonge que tu t'imposes en fait.

Celle qui m'a donné des enfants
Quand je rencontre Yolande, je ne sais pas qu'avec elle je suis sur le point de fonder une famille. Je fais la porte à la Loco et elle se fait engager comme serveuse parce qu'elle a besoin de travailler. Elle vient de rompre avec le guitariste d'un célèbre groupe de rock et moi je sors d'une relation tumultueuse avec Elisabeth. On va vivre 10 ans ensemble et on va avoir deux beaux enfants. J'aimerais tellement que l'histoire se résume ainsi. Mais, non.

Les histoires de coeur ne sont jamais simples.
Avant de vivre avec Yolande, sans le savoir, j'avais déjà un petit garçon. J'ai appris son existence trois ans après sa naissance. Ça m'a fait un choc de savoir que j'étais papa d'un petit Alexandre, parce que lorsque je me suis séparé de sa mère, j'ignorais totalement qu'elle était enceinte. Elle a caché la chose à tout le monde. On s'était rencontré au moment où je faisais mon service militaire. C'était dans une discothèque, j'étais en uniforme et voilà. Le prestige de l'armée, sans doute. Je plaisante. Avant mon service militaire, j'avais déjà eu une histoire de coeur qui m'avait rendu fou. J'avais 18 ans. C'est un âge où les choses ne peuvent pas fonctionner. C'est impossible. Chacun a besoin de faire sa vie. C'était mon premier amour. Elle s'appelait Emmanuelle.

Un parcours incertain

Yolande savait que j'avais déjà vécu des histoires fortes mais je reconnais volontiers qu'au bout de dix ans de vie commune, je n'étais plus très clair avec elle. Un jour, je suis tombé sur Corinne, une amie d'enfance que j'ai retrouvée par hasard. Entre nous, ça a été le coup de foudre immédiat. C'est une belle histoire qui s'est arrêtée comme elle avait commencé. Du jour au lendemain. Et puis, en 1997, j'ai rencontré Stéphanie qui m'a complètement fait tourner la tête. C'est pour elle que j'ai quitté la mère de mes enfants. Les choses ne se sont pas bien terminées parce qu'elle voulait absolument avoir un enfant. Pour moi, c'était hors de question. J'en avais déjà trois et il me semblait que ça suffisait largement. C'est pour ça qu'on s'est séparé. Rupture délicate, je suis parti. Laetitia est arrivée dans ma vie et j'ai partagé la sienne pendant deux ans. Mais là non plus ça n'a pas fonctionné. C'est Vanina qui m'a consolé. Je n'ai pas vécu avec elle, mais on s'est vu pendant presque deux ans. Lorsque j'ai une histoire de coeur, c'est toujours sérieux. Je suis un sentimental qui s'investit totalement dans ses relations affectives. J'ai eu des hauts et des bas et j'ai toujours vécu des histoires fortes. Mais ça n'a jamais fonctionné parce que les femmes que j'ai connues voulaient trop souvent que la vie soit définie en fonction d'elles. Et dès qu'elles n'étaient plus le centre du monde, dès qu'elles avaient l'impression de vivre à travers moi, dès que je m'intéressais à quelque chose qui leur échappait, elles me rejetaient parce que tout d'un coup, elles avaient l'impression qu'elles n'existaient plus. Or quand tu prépares un Championnat du Monde, le temps s'arrête. L'entraînement, le sport et ton combat passent avant ta femme. Et ça, elles ne le supportent pas. C'est un peu comme les artistes qui ont besoin d'être au centre du monde. Elles ont besoin d'être aimées et elles ont besoin d'être avec quelqu'un qui les rassure et qui les rassure sans arrêt. Sinon elles pensent que tu ne les aimes plus. C'est très compliqué comme relation. De toute façon, c'est simple, les femmes te choisissent parce que tu es différent. Et puis un jour elles veulent te changer et une fois qu'elles t'ont changé, elles se barrent parce que tu n'es plus le même. Moi, j'anticipais.

C'est pour ça que je me cassais avant que ça explose. Et puis s'il y a un truc que je ne supporte pas, c'est l'engueulade. Le ton qui monte, les cris, les vas-y que je sors de la voiture en hurlant, que je claque la porte, que je cours dans la rue en pleurant, ce cirque qu'elles sont capables de te faire et toutes les conneries qui vont avec, pour moi, c'est véritablement insupportable. Alors je ne dis pas que je n'avais pas de torts, ni que j'étais un saint, je ne dis pas non plus qu'elles sont toutes comme ça, je dis que je suis peut-être mal tombé mais que j'ai bien connu ce genre de crises et malgré tout l'amour que je pouvais leur porter, ces choses-là étaient définitivement au-dessus de mes forces. C'est pour ça que je partais.

J'ai souvent eu du mal à concilier ma passion pour le sport et les femmes

D'un autre côté je sais que j'ai toujours eu du mal à concilier ma passion pour le sport avec les femmes qui partageaient ma vie. Ne serait-ce qu'au niveau de la diététique, il faut au moins qu'il n'y ait pas une incompatibilité totale à ce niveau-là. C'est sûr qu'au début d'une relation tout est possible, du moins c'est ce qu'on croit, mais les pâtes à l'eau, à la longue, c'est dur pour quelqu'un qui ne partage pas ta passion du sport. La personne avec qui tu vis ne peut pas comprendre que tu te couches tôt tous les soirs, et surtout, elle ne comprend pas pourquoi tu t'entraînes comme un malade alors que tu n'as pas de carrière, ce qui était le cas à mes débuts. C'est un exemple, mais c'est assez pénible comme reproche pour que ce soit assez clair pour tout le monde. La situation devenait invivable pour elles évidemment. La vie avec un sportif de haut niveau, c'est très spécial, ce n'est pas fun pour une femme, à moins qu'elle partage ta passion pour le sport. Mais bon, moi, je suis souvent tombé sur des femmes qui n'étaient pas sportives. Alors à la longue, elles se sont lassées et je les comprends. Parce qu'il arrive un moment ou en plus des contraintes que tu t'imposes, il y a les soucis de la vie quotidienne qui viennent se greffer. Tout devient compliqué, tu commences à t'engueuler et là, tu sais que c'est mort. C'est pour ça que je me suis souvent barré. Mais à la base, j'ai bien conscience que les ruptures ont été provoquées par mon manque de disponibilité à leur égard. À cause de ma passion pour le sport. Ce n'est pas facile de faire en sorte que les choses aillent bien dans ces conditions. Sans compter que je ne suis pas un ange, et je sais parfaitement que j'ai des torts. Il est clair que je ne suis pas l'homme idéal. Des destins ont été incompatibles et j'ai déçu des personnes que je ne voulais pas blesser, mais je ne l'ai jamais fait par méchanceté, ni volontairement. Il a y forcément des gens qui ne m'aiment pas quelque part. Et il y a des gens que je n'aime pas. Mais comme je le dis souvent, je ne suis pas sur terre pour régler des comptes alors je ne veux pas parler des gens que je n'aime pas. Ça ne sert à rien.

Les femmes qui ont compté
Quelle qu'en soit l'issue, dans chaque relation que j'ai vécue, j'ai été sincère. Les femmes qui ont compté m'ont permis de devenir ce que je suis. Mon histoire avec Emmanuelle, qui a été mon premier amour, ressemble à celle de mes parents. Ils avaient 17 et 19 ans lorsqu'ils se sont rencontrés. Comme nous. Dans ma tête, tout était simple. J'étais convaincu qu'on allait rester toute notre existence ensemble et qu'il n'y aurait pas d'autre femme dans ma vie.
En définitive, ce n'est pas comme ça que les choses vont se passer et en fin de compte, je vais chercher pendant plus de 20 ans avant de trouver la bonne. Lorsque je rencontre Emmanuelle, je sens bien que je ne suis pas fini, elle non plus du reste, mais à la fin de notre histoire, par rapport à la manière dont je rêvais les choses, c'est une désillusion qui me reste. Ensuite, avec Elisabeth, il y a l'attirance physique, il y a le feet mais la vie devient très rapidement impossible entre nous et je pars sans savoir qu'elle attend un enfant. Puis il y a Yolande, avec qui je vis 10 ans. Nous avons deux enfants, Vincent et Anthony. Deux ans après la naissance de Vincent, j'apprends que j'ai un fils avec Elisabeth. Je retrouve Corinne mon amie d'enfance et après, je rencontre Laetitia. Laetitia a été pour moi une grosse histoire. Ça n'a pas fonctionné. Elle vivait à Saint Germain en Laye, dans une maison magnifique qui donnait sur du golf. Il y avait une énorme différence de milieu social entre elle et moi. Ses parents ont

eu du mal à accepter cette différence. Mais c'est normal, leur fille leur présente un bonhomme qui vient de la boxe, ça leur a fait peur. Ils n'ont pas arrêté de nous mettre des bâtons dans les roues. C'était sans arrêt des histoires que personne ne peut imaginer. Ils nous ont cassé, ils nous ont achevé. C'était une intellectuelle, mais elle était également sportive. Elle s'entraînait tous les jours. Comme une Américaine. C'était une vipère, c'est-à-dire, une belle personne, bien faite, avec la tête bien pleine, à laquelle tu ne peux pas échapper, mais avec laquelle tu es condamné d'avance, parce que, quoi que tu fasses, tu ne seras jamais à la hauteur de ses espérances ni de celles de son entourage. En l'occurrence, c'est l'entourage qui nous a séparé pour le compte, mais je ne pouvais pas non plus lui demander de renier ses parents. Après Laetitia, il y a eu Stéphanie et Vanina et puis un jour, Mélanie est arrivée. Les circonstances ont voulu, qu'à ce moment-là, je sois dans une période de grande incertitude professionnelle, ce qui, pour un couple, est insurmontable. Notre séparation était inévitable. Et puis, lors d'un séjour à l'étranger, j'ai rencontré Revital. Avec un nom pareil, notre histoire était prédestinée. Le dossier est en cours d'instruction alors je n'en parlerai pas, mais aujourd'hui, c'est elle qui fait battre mon coeur.

Si si et si

Si les choses n'avaient dépendu que de moi, une seule femme m'aurait suffi. Je n'aurais pas couru à droite à gauche, pour rencontrer la bonne. Je l'aurais tout de suite rencontré et on aurait eu des enfants ensemble. Je ne suis pas en train de dire que les femmes que j'ai rencontrées ont tous les torts, ni qu'elles ont tort du reste. Je comprends très bien à quel point il est difficile de vivre avec un sportif, parce que moi non plus je ne suis pas un cadeau. Je dis simplement qu'il faut trouver la personne qui te correspond et que dans cette démarche, la vie ne te facilite pas toujours la tâche. Voilà ce que je dis. Alors quand tu tombes dessus, il faut que tu essayes de tout faire pour ne pas gâcher la chance que tu as de vivre avec la personne que tu aimes.

PSG 2ème période

Cette vie sentimentale mouvementée a eu pour toile de fond une activité professionnelle qui s'est totalement transformée au cours de toutes ces années. Le grand tournant s'est amorcé lorsque je suis rentré au PSG. Je suis resté 8 ans d'affilée au PSG. De la saison 1994/1995 à la saison 2002/2003. J'ai travaillé successivement avec Raymundo Ricardo Gomes et Joël Bats, puis avec Alain Giresse, puis avec Artur Jorge, puis avec Philippe Bergeroo.

En décembre 2000, Philippe est remercié. On est au milieu de la saison. J'avais arrêté ma carrière sportive après à mon troisième titre mondial et ça faisait maintenant trois ans que j'étais salarié par le club. J'étais toujours responsable de la sécurité des joueurs, mais je faisais d'autres choses également. J'étais chargé de l'intendance par exemple. Et là, j'apprends que notre nouvel entraîneur, celui qui vient d'être nommé par la direction du club s'appelle Luis Fernandez. Pour moi c'est le bonheur.

J'intègre le Staff

Lorsque Luis revient, il est d'abord surpris de voir que je suis toujours là. Mais il est content de me retrouver. Moi aussi. On se connaît bien. On se raconte les bouts manquants de nos histoires respectives et il me demande d'intégrer le staff. Bon, là, pour moi, c'est le bâton de maréchal. Tout d'un coup, Je me suis revu, quelques années en arrière, avec les Dogliani, Les Just Fontaine et tous ces héros que j'avais croisés dans le bureau du président Hechter, grâce à mon prof d'école. Et presque tout de suite après, une autre image s'est imposée dans ma tête. Celle du petit garçon de,11 ans que j'étais, quand mon père me tenait la main et qu'ensemble on allait voir jouer notre club. Parce que le PSG, c'était notre club. On n'était pas sociétaires parce qu'on n'avait pas les moyens de s'offrir un abonnement à l'année, mais on ne ratait pas un match. On le suivait à la radio, ou à la télé, quand il était retransmis, et puis dans la presse aussi. Parce qu'après chaque rencontre, mon père me lisait les commentaires de L'Equipe. Et quand par hasard ce qu'on lisait ne nous plaisait pas, on s'enflammait contre

les articles et on refaisait le match pendant des heures. Alors c'est sûr que lorsqu'on allait au parc, on était chaud comme la braise. Je me souviens que je regardais de loin tous ces gens importants qui s'affairaient sur le banc de touche. Et voilà qu'aujourd'hui, c'est moi qui étais sur le banc de touche. La première fois que je m'y suis assis, j'ai presque eu du mal à y croire. J'ai levé les yeux vers les tribunes et je me souviens très bien qu'à cet instant précis, j'aurais voulu que mon père soit là pour partager cet instant avec lui. C'est vrai que le jour où j'ai intégré le staff du PSG, j'ai cru que c'était un rêve d'enfant qui était en train de se réaliser.
Alors merci à toi, Luis, mon ami.

Le boulot d'assistant
Étant donné que j'étais salarié du club et que j'occupais depuis des années une fonction précise, il fallait que je m'organise. Alors à partir du moment ou j'intègre le staff, je supervise toujours la sécurité, mais j'engage quelqu'un pour me seconder afin de pouvoir me consacrer pleinement à mon nouveau boulot d'assistant. Un assistant, comme son nom l'indique, ça assiste, c'est donc extrêmement étendu comme fonction. Surtout dans un grand club comme le PSG, qui a un gros effectif, de grosses infrastructures, avec beaucoup de gens différents à gérer et où il y a toujours mille choses à régler. Il faut savoir que lorsque tu travailles dans le staff, tu es amené à faire plein de choses différentes. Je fais évidemment tous les déplacements du club, on parle de la préparation des joueurs, du recrutement, de l'organisation, bref, je seconde Luis.

Du staff à la préparation physique
À la base, je n'avais pas vocation à m'occuper de la préparation physique des joueurs, puisque j'étais assistant technique de Luis. Alors on parlait de l'équipe et de tout ce qu'il y a autour, c'est-à-dire, des problèmes spécifiques qu'il fallait régler quotidiennement, de la logistique, des infrastructures, des plannings à mettre en place, des déplacements, ou encore de choses plus confidentielles concernant le

club et son organisation, bref, j'étais son homme de confiance. Alors bien sûr, je lui donnais mon avis quand il me le demandait, mais pour ce qui était de la préparation physique des joueurs, c'était Féliciano di Blasi et son second, Thomas Pavillon, qui s'en occupaient. C'est en fait un concours de circonstances très particulier qui va me donner l'occasion d'endosser cette nouvelle casquette de préparateur. Il se trouve qu'au cours de ce qui va par la suite s'avérer être ma dernière année au PSG, une chose inattendue se produit. Nous sommes au beau milieu de la saison et Féliciano s'en va. Luis nomme alors Thomas numéro 1 et il me demande de m'occuper de la préparation physique de certains joueurs. Il savait que je connaissais parfaitement ce boulot. Parce que malgré le fait que je ne boxais plus, je continuais à m'entraîner tous les jours, ne serait-ce que pour rester en forme. Et puis quand tu travailles dans le sport, c'est le minimum. En tout cas c'est comme ça que j'ai commencé à exercer cette activité qui va bientôt devenir mon véritable métier. Je me souviens qu'au moment où Luis m'a demandé de m'occuper de la préparation, j'ai pensé à mon ami Abdel. Comme c'est souvent le cas dans les grands clubs, on était trois à faire ce boulot. Il y en a un qui s'occupait du groupe. Il y en a un autre qui s'occupait de ceux qui ne faisaient pas partie du groupe. Et moi je faisais tous les extra, c'est-à-dire que je m'occupais de certains joueurs en particulier qui avaient besoin d'un plus et notamment de ceux qui étaient un peu en retard sur les autres.

Le groupe

Pour être clair, le groupe, c'est les joueurs qui sont sélectionnés pour le match qui est en préparation. L'entraîneur choisit dans l'effectif ceux qu'il met sur la feuille de match. Dans le foot, le groupe, c'est la feuille de match, celle sur laquelle il y a les titulaires, les remplaçants et le staff. Les autres joueurs doivent continuer de s'entraîner s'ils veulent avoir une chance d'être sur la feuille suivante. Chaque rencontre a une feuille de match différente. C'est ce qui permet à l'entraîneur de faire tourner son effectif. Moi je m'occupais de ceux qui revenaient après une blessure, de ceux qui avaient besoin de se refaire une forme physique et de ceux qui pour une raison ou pour une autre avaient décroché et qui avaient besoin d'un coup de main.

Les Joueurs et le respect

Cette nouvelle aventure a été pour moi une véritable révélation. Tout s'est très bien passé. Mais il faut dire aussi que les joueurs du PSG ont toujours eu beaucoup d'égard envers moi. Parce qu'ils savaient ce que j'avais fait. Certains m'avaient vu boxer et il y a quand même une certaine forme de respect pour les performances entre sportifs. À ce titre, j'ai eu beaucoup plus de facilité que certains à demander un effort supplémentaire à un joueur, même si ce que je demandais était parfois difficile. Peut-être que j'avais une manière de faire particulière ou que j'étais plus sympathique que d'autres, je ne sais pas, mais j'ai eu plus de facilité à ce niveau-là et je dois dire que j'étais assez écouté par rapport aux autres. Et puis il y avait une part de crédibilité aussi sans doute. Le mec se doutait bien que si je lui demandais de faire un effort particulier, ce n'était ni par hasard ni pour l'emmerder, mais pour le faire progresser. C'est vrai qu'il y a beaucoup de joueurs qui venaient me demander spontanément des conseils sur la manière d'améliorer leur préparation physique. Ils voyaient bien, sans aucune prétention que j'étais taillé, disons, un peu athlétique. Ils devaient se dire :
« Ce mec-là, s'il dit quelque chose, c'est bon à prendre. »
Parmi eux, il y a des joueurs qui sont devenus entraîneurs aujourd'hui. Ce n'est pas très vieux, mais en cinq ans beaucoup de choses ont changé. La préparation a changé, l'alimentation a changé, même la morphologie des joueurs à changé. Les salles de musculation se sont développées. C'est simple, aujourd'hui, un joueur qui ne fait pas de musculation, ça n'existe plus. D'ailleurs les jeunes footballeurs sont beaucoup plus grands qu'avant, ils sont plus athlétiques. Bien sûr qu'il y aura toujours des phénomènes hors normes et heureusement mais dans l'ensemble, le foot est devenu beaucoup plus physique qu'avant. Les Africains sont très physiques et très athlétiques. Beaucoup d'entre eux ont été recrutés dans le Championnat de France pour apporter la touche physique qui manque aux équipes qui le disputent. Ils sont très

techniques évidemment, mais en plus, ils ont le physique. C'est pour ça qu'ils sont très demandés.

La fin du rêve

Luis Fernandez avait signé pour de deux ans. Lorsque le contrat arrive à son terme, il n'est pas renouvelé et moi, je subis de plein fouet le changement de politique du club, avec, notamment, l'arrivée d'un nouvel entraîneur, qui ne veut surtout pas que je reste dans le staff, et c'est normal, puisque j'étais un proche de son prédécesseur. Comme tous les grands entraîneurs, Vahid Halilhodzic est arrivé avec son équipe et il n'y avait pas de place pour moi. Evidemment, sur mon contrat, je conservais le département de la sécurité. Donc j'aurais pu rester, mais après avoir été au staff, ça ne m'intéressait pas de continuer dans ces conditions. Je n'avais plus le choix, je ne pouvais que partir. De toute façon, dans le football, les hommes ne sont pas éternels. Ce qui est éternel, c'est le club et les supporters. Les gens qui travaillent dans les clubs savent qu'il y a un turn-over et qu'à un moment, ils vont devoir partir. Ça tourne. Pour moi, l'aventure du PSG se termine en juillet 2003. Je pars avec Luis, mais on n'a pas de club. Je sais qu'une nouvelle carrière s'ouvre à moi et que je vais désormais me consacrer entièrement à la préparation physique.

Le devoir de réserve

En 8 ans de PSG, j'ai vu beaucoup de choses dont je ne parlerai pas. Mais les personnes qui travaillent dans le football sont généralement très discrètes. C'est pour ça qu'il n'y a jamais de grandes révélations et que, d'une certaine manière, la vie d'un club est toujours plus ou moins occulte, même lorsqu'il n'y a rien à cacher. Les gens s'imaginent parfois des choses qui n'existent pas. Ça fait partie de la légende. Et finalement, c'est très bien comme ça. Parce que personne n'imagine le centième de ce qui se passe réellement dans un club.

Les anecdotes personnelles

Je peux cependant livrer deux anecdotes personnelles qui m'ont beaucoup impressionné quand j'étais au staff. L'une concerne l'incroyable imagination dont Luis était capable de faire preuve pour conserver intacte la motivation de son équipe avant un match important. L'autre révèle les extraordinaires dispositions d'un footballeur d'exception.

Le tennis-ballon avec Ronaldinho

Un jour, à la fin d'un entraînement particulièrement important, Luis décide de faire un tennis-ballon pour détendre les joueurs. On installe le terrain, c'est-à-dire qu'on délimite la valeur d'un terrain de volley-ball avec les marques d'un terrain de tennis. On place des barrières de sécurité au milieu, pour faire office de filet et au moment de faire les équipes qui vont s'affronter deux contre deux, on s'aperçoit qu'il manque un joueur. Luis est dans une équipe, son adjoint Jean-Louis, dans une autre, Thomas le préparateur physique, encore dans une autre et au bout du compte, on se retrouve avec un chiffre impair. Comme je suis là et qu'il manque une personne, Luis m'appelle en renfort, et là, Ronadinho se précipite et il dit :

« Moi, je veux jouer avec Éric. »

Je n'en revenais pas qu'il me choisisse. Non parce que même lorsqu'il s'agit d'un jeu, il ne faut pas perdre de vue que les footballeurs de ce niveau sont des compétiteurs qui veulent absolument gagner. Sur le coup je me suis dit qu'il n'avait pas forcément choisi le bon cheval. On a commencé ce tournoi de tennis-ballon qui consiste à jouer au tennis, avec un ballon de football, tout en respectant les règles du volley-ball. C'est-à-dire qu'on a droit à trois touches avant de renvoyer le ballon dans le camp adverse mais comme on est des footballeurs, on joue uniquement avec la tête et les pieds. Ça a l'air un peu compliqué comme ça, mais en réalité c'est très simple. On est placé comme pour jouer en double au tennis. D'où le nom, tennis-ballon. Et voilà que le spectacle commence. Parce que bien qu'étant son partenaire,

avec Ronaldinho je suis carrément au spectacle. Lorsque je suis au filet, c'est lui qui récupère, il me fait la passe, je la lui remets et il termine le point. Et si c'est moi qui réceptionne, je lui fais une passe et il termine directement. Lui, à chaque coup, il trouvait des solutions extraordinaires. Même si je n'avais pas le niveau d'un joueur de D1, étant donné mon passé de jeune premier buteur dans le football, j'étais capable de faire une passe correcte. Mais lui il faisait des trucs invraisemblables. Je récupérais la balle, je lui faisais une passe, il la remettait de l'épaule, il la remettait du dos, il la remettait du pied, il la remettait de la tête, il la remettait du talon, du genoux
Voilà Ronaldinho...
Il faisait des trucs complètement invraisemblables. Je n'avais jamais vu ça. Sur les points de finition, il était totalement imprévisible. Ce jour-là, il a fait des trucs avec le ballon que personne n'avait jamais vus. Pour la petite histoire, on a gagné le tournoi, mais en réalité, il l'a gagné tout seul. C'est ça qui est incroyable. Ce mec est un génie, c'est un vrai génie. Je peux en parler parce que je l'ai bien connu. Il y a des joueurs qui m'ont marqué dans la vie. Lui, sur le plan footballistique, il m'a impressionné. Personne ne peut imaginer le niveau réel de ce joueur. Personne.

Ronaldinho encore
Je me souviens aussi qu'un jour, avant un match, je l'ai vu jongler dans les vestiaires du Parc des Princes avec une bande d'élastoplast. Il faut savoir ce que c'est que l'élastoplast. C'est un pansement adhésif qui sert à faire des strappings ou des bandages en cas de blessure. C'est un gros rouleau de scotch en somme. Eh bien, lui, il jonglait, tête, pieds, genoux, torse, dos, épaules, et la bande n'a pas touché le sol pendant dix minutes. C'est un truc extraordinaire. Non parce que l'élastoplast, ce n'est pas régulier comme surface, ce n'est pas rond, il y a des angles, des points morts, des trous, mais ça n'avait pas l'air de le déranger outre mesure. Ce garçon est hors normes. Il est surnaturel. En termes de football, c'est définitivement un extraterrestre.

Vers un nouveau métier

Après le PSG, j'ai eu une petite période de flottement et puis les choses se sont arrangées progressivement. Mais encore une fois, c'est le PSG qui m'a permis d'évoluer puisque grâce à Luis, j'avais un cadre d'attributions assez large et c'est dans ce cadre que j'ai été amené à m'occuper de la préparation physique de certains joueurs. Je l'ai fait parce que Luis me l'avait demandé, mais je tiens à préciser que je n'ai pas été Le préparateur physique du PSG. Pourtant, c'est à partir de là que je découvre mon nouveau métier.

Red Star

Tout démarre vraiment quand Luis a l'opportunité de reprendre le Red Star. C'est un club parisien mythique qui est descendu en division d'honneur et qu'il espère relancer. C'est une aventure délicate. Il prend un risque énorme, il apporte son nom, son expérience, son équipe technique. Il nomme Azzedine Meguellatti comme entraîneur et je deviens officiellement préparateur physique. Malheureusement, c'est un club amateur. Certaines promesses d'investisseurs potentiels n'ont pas été tenues et il n'y a finalement pas suffisamment de budget pour remonter le club. L'expérience dure à peine une saison. Après le Red Star, les choses se sont enchaînées naturellement.

3- Un nouveau chapitre

Week-end à Deauville

Je vais peut-être partir deux ou trois jours en vacances avec ma femme. Elle veut qu'on aille à Deauville. J'aurais préféré aller à Cannes, mais bon, je n'ai pas envie de me prendre la tête pour ça. Je la laisse décider. On ira à l'hôtel Normandie. Il y a une salle de musculation avec sauna, piscine et tout. En plus, je peux faire mon jogging sur la plage. J'aime bien Deauville mais je préfère Cannes. En plein hiver, il fait 15 degrés là-bas. On ne se rend pas compte. Tu prends un rayon de soleil en terrasse et tu es content, franchement. Ne serait-ce que trois ça fait plaisir de voir un peu le soleil. C'est rare qu'il pleuve là-bas. Je le sais, j'y habitais encore il y a deux ans. J'adore cette ville. J'ai fait une saison complète en tant que préparateur physique à l'AS Cannes. J'avais un appartement à Mandelieu, j'étais bien là-bas. Quand je suis revenu à Paris, ça m'a fait tout drôle, parce qu'avant ça, j'étais en Israël et l'année précédente, j'étais au Qatar. Ce qui fait que ça fait trois ans que je ne m'étais pas tapé d'hiver à Paris.

Al Rayan

C'est lorsque l'aventure du Red Star s'est terminée que je suis parti au Qatar avec Luis. On avait un bon contrat. J'étais son assistant technique et en plus, j'étais préparateur physique. J'étais numéro deux et j'ai eu la chance d'avoir Félicciano di Blazzi, comme numéro 1. Félicciano avait une grosse expérience puisqu'il avait travaillé dans les grandes écuries européennes comme le Milan, la Juventus et compagnie. C'est curieux, le Qatar parce que c'est le football sans être le football. Déjà, c'est très petit comme pays. Mais là-bas, le plus impressionnant, c'est que les matchs se disputent sans public. Il n'y a pas de public. Donc il n'y a pas de supporters. C'est pour ça que je dis que c'est le football sans être le football. Par contre, il y avait de grands noms dans les équipes. Par exemple, chez nous, il y avait Fiores, Anderson, Yasek Back, qui étaient des joueurs internationaux. Et dans les autres équipes, c'était à peu près le même tabac. Autant dire que le niveau du championnat Qatari était bon, mais il n'y avait pas de public. Il y avait la tribune présidentielle, avec le cheik au milieu et autour de lui, il y avait cent cinquante personnes à tout casser. Et c'est tout. Tout le reste était vide. Ce qui fait qu'on jouait les matchs de championnat dans des stades vides. Parce que là-bas, les gens ne s'intéressent pas au football et surtout, c'est un tout petit pays, voilà. En tout cas, c'est très impressionnant. Cela dit on avait des compensations. Par exemple, on habitait à Doa, au Four Seasons. C'est une magnifique résidence accolée au plus beau spa du Moyen-Orient. Salle de musculation, hammam, jacuzzi, sauna, enfin tout, quoi. Professionnellement, ce n'est pas parce qu'il n'y a pas de public au Qatar que ça ne travaille pas. Non, pas du tout, au contraire. C'est exactement le même boulot que dans tous les clubs de D1. On a des joueurs qui sont au top niveau et on fait tout pour les y maintenir. D'autant qu'ils disputent un championnat qui est plutôt relevé et qu'on veut absolument le gagner. Donc, pour nous, la pression était la même que partout ailleurs. Je me souviens qu'on n'a pas terminé la saison mais je sais que le club a gagné le championnat. Pour nous, c'était surtout ça qui comptait. Le reste n'avait pas d'importance. Les circonstances ont voulu qu'on parte en cours de saison et qu'on signe au Betar Jérusalem.

Le Bétar

Au Bétar, j'ai été engagé comme assistant technique de Luis et second préparateur physique. J'avais Tiburce Darou avec moi. C'est un mec génial Tiburce. Contrairement au Qatar, en Israël les stades sont toujours bourrés. C'est même carrément le paradis du foot. Je me souviens qu'on est arrivé dans un pays en état de guerre où il y avait des check points presque tous les trois cents mètres, ce qui était un peu surprenant au départ. Mais on s'est très vite habitué. On vivait à Jérusalem et j'ai tout de suite aimé les gens, leur gentillesse, leur simplicité. Ce qui était amusant, c'est qu'on faisait tous les déplacements en bus. À part les fois où les rencontres avaient lieu à l'autre bout du pays, tous les déplacements s'effectuaient en bus. Même pour aller à Haiffa on prenait le bus. Cinq heures de bus. J'ai aimé la vie là-bas. C'est très particulier. Ils ont une façon de faire qui est spécifique. Par exemple, dans les clubs européens où partout ailleurs dans le monde, au cours d'une rencontre, lorsqu'un joueur est remplacé, il sort et il vient s'asseoir sur le banc de touche. Eh bien, là-bas, ça ne se passe pas comme ça. Le joueur sort, mais au lieu de regagner directement le banc de touche, il fait le tour du stade, jusqu'à ce qu'il arrive à la tribune où se trouvent les supporters de son club, il les salue, il se fait acclamer, ça dure trois ou quatre minutes, et puis il fait à nouveau le tour du stade sous les ovations du public et il rejoint le banc de touche. Je n'avais jamais vu ça. C'est extraordinaire. Surtout que pendant ce temps, le match continue. Mais les clubs ont des supporters extraordinaires en Israël. Ils applaudissent leurs joueurs. Victoire ou défaite, ils applaudissent les prestations de leurs joueurs. C'est génial, franchement. Là-bas, le foot est une grande fête populaire. Il y a une vraie bonne ambiance dans les stades. Il y a cependant un autre truc qui est très spécial en Israël, c'est que les joueurs ont du mal à comprendre ce qu'est un régime. Ce sont de vrais sportifs de haut niveau, mais ils n'ont aucune notion de diététique. Et quand je dis, aucune, c'est aucune. C'est littéralement sidérant. Je me souviens que lorsqu'on a fait notre première mise au vert, on est resté vert, c'est le cas de le dire. Pour nous c'était l'occasion de mieux se connaître. Parce que la mise au vert, c'est quasiment le seul moment où toute l'équipe vit au même rythme. On descend tous dans le même hôtel, on prend systématiquement nos repas ensemble. La veille du match, il y a le dîner, le lendemain, on prend le petit-déjeuner et enfin on déjeune à nouveau tous ensemble, avant de se rendre au stade pour jouer le match. On peut dire que comme prise de contact, ça a été plutôt réussi. Parce qu'on a vu des trucs invraisemblables. Les joueurs apportaient des gâteaux, des friandises, des plats de chez eux, des sauces, des omelettes, des frites. Par la suite on a été obligé de se battre corps et âme pour essayer de leur faire comprendre ce qu'était le régime d'un sportif de haut niveau. En fait, je crois qu'ils ne comprennent pas que lorsqu'on fait du sport, on ne peut pas manger n'importe quoi. On a essayé de leur apprendre ce qu'était vraiment le régime, en quoi ça pouvait les aider à être plus performant, à avoir moins de blessures, à éprouver moins de fatigue, à récupérer plus vite, mais bon, il est vrai que l'hygiène alimentaire, ce n'est pas ce qu'il y a de plus facile à expliquer non plus. Surtout quand tu as de bons petits plats en face de toi. Je dois avouer que c'est un truc qui m'a terriblement surpris là-bas. Le plus grave dans l'histoire, c'est que la préparation physique, sans un minimum de diététique, ça ne sert pas à grand-chose. Alors évidemment, ça conditionne tout le reste. En clair, ça veut dire que l'outil de travail est très limité. L'outil de travail, c'est le terrain, c'est le matériel de musculation, c'est tous les constri-foot, c'est-à-dire tout le matériel qu'on installe sur le terrain pour faire pratiquer des exercices aux joueurs. Il y a un réel problème à ce niveau-là. Ils pensent qu'il est possible de faire avec ce qu'ils ont. On peut, oui, un peu. Mais non. En fin de compte, on ne peut pas y arriver, c'est impossible. Pour bien faire, il faudrait avoir un bon outil de travail, des terrains de meilleure qualité, du matériel de musculation et tout ce qui va avec. Alors, est-ce que c'est un problème d'argent ? Est ce qu'ils veulent se hisser au niveau des grands clubs européens, ou est ce qu'ils sont contents comme ça ? Voilà la question. Ce qui est sûr, c'est que ce sont des fanatiques de foot, de véritables fanatiques. D'ailleurs, en Israël, le niveau des clubs s'est considérablement amélioré depuis quelques années. Même le niveau de leur équipe nationale est monté d'un cran. Elle est désormais considérée comme un sérieux client pour tout le monde. Mais il lui faudra encore faire des progrès pour parvenir au plus haut niveau et surtout pour s'y maintenir. Ce qui est sûr, c'est que lorsque notre contrat est arrivé à son terme, c'est un pays que j'ai quitté à regret. Après le Betar, on est parti à Cannes.

AS Cannes

Quand j'atterris à Cannes, j'ai un contrat de préparateur physique, mais je ne suis plus assistant parce que Luis n'est pas entraîneur, il est dirigeant. Il est directeur sportif du club. Il nomme Michel Dussuyer comme entraîneur. C'est un homme charmant et je travaille avec André Amitrano comme second préparateur. Lorsque je suis arrivé, je savais qu'il n'y avait pas beaucoup de moyens mais c'était tout de même de ce club qu'étaient sortis des joueurs comme Zidane, Micoud, ou Viera. Alors on dit ce qu'on veut, mais Cannes, c'est Cannes. Même si l'équipe joue actuellement en Nationale, ce qui correspond à l'ancienne troisième division, ça reste un grand club. Aujourd'hui, il faudrait investir sur des joueurs de fin de D1, voire tête de D2, pour remonter le club. Mais pour ça, il faudrait de l'argent. Parce qu'il faut beaucoup d'argent pour faire tourner un club. Pour nous, l'aventure Cannoise s'est arrêtée à la fin de la saison. Le président a nommé un nouvel entraîneur. Étant donné que je faisais partie de l'ancienne équipe, il a fallu que je passe la main. En fait, il a viré tout le monde. On a tous été limogé. Manque de résultats. Mais dans le football, c'est comme ça que ça fonctionne. On est sur un siège éjectable. C'est la règle du jeu. Dès que tu signes quelque part, tu sais qu'à un moment tu vas te faire virer. Avec nous, le club a progressé, mais il y a eu plein d'histoires au niveau des dirigeants et à partir du moment où Luis s'est fâché avec le président, la situation est devenue très compliquée. Parce que lorsque tu débarques et que tu veux relancer une équipe de foot qui a une grande notoriété comme c'était le cas pour l'AS Cannes, ça prend du temps. Il faut deux, trois ans minimum. Le président aurait voulu qu'au bout de six mois, on soit premier du championnat. C'était impossible. En plus on avait des joueurs moyens, pas de recrutement en perspective et inévitablement sur le plan sportif il devenait compliqué de faire mieux.

Les galères

Ma plus grande souffrance avec l'AS Cannes, c'était les déplacements. On faisait 900 voire 1000 km en bus. On se tapait parfois 16 heures de route. Ça n'en finissait pas. On passait des journées entière dans ce bus. Quand il n'y a pas de budget ne serait-ce que pour prendre l'avion, c'est dur. Il est vrai que ça coûte très cher l'avion mais d'un autre côté, lorsque tu t'es tapé 15 heures de bus, tu ne peux pas demander à tes joueurs d'être performants. Ils sont vides, morts. Ils ont perdu tout leur influx. C'est un truc que les directeurs financiers et les dirigeants de clubs qui te demandent de faire des résultats ont du mal à comprendre. Tu peux faire remonter un club si on te donne les moyens de le faire, mais même avec la meilleure volonté du monde, dans la configuration actuelle du football, s'il n'y a pas d'argent, tu ne peux rien faire. Il arrive un moment où tu as besoin de t'appuyer sur des joueurs qui vont te permettre de terminer la saison dans les trois premiers. Ce n'est pas facile de terminer dans les trois premiers d'un championnat. Il faut avoir une bonne équipe pour y parvenir. Or la plupart du temps, on te demande de courir un grand prix de formule un avec une voiture de série. Tu ne peux pas gagner. C'est impossible. Ou alors il faut acheter des joueurs. Parce que ce n'est pas en changeant l'entraîneur ou le préparateur physique que tu vas gagner. Ils peuvent faire beaucoup de choses mais ce n'est pas eux qui vont transformer les gens. Non. Lorsque tu es préparateur physique, ou lorsque tu es entraîneur, tu dois être capable de tirer le meilleur de ton effectif. Mais il y a une limite au-delà de laquelle tu ne peux plus rien faire. Donc si tu as de bons joueurs mais qu'ils n'ont pas le niveau pour aller au-dessus, c'est mort. Le club ne monte pas. On fait une bonne année à Cannes. Ce qui nous amène à la fin de la saison. Nos contrats ne sont pas renouvelés et nous sommes à nouveau libres.

L'AS Saint Etienne

Le monde du Football est ainsi fait qu'au cours d'une carrière, à un moment ou à un autre, tu es certain de te retrouver sur le carreau. Dans ce cas, il faut essayer de rebondir et pour ça, il faut être prêt à s'adapter et à changer de statut. C'est ainsi qu'après une période de creux de plusieurs mois, je suis devenu le collaborateur de l'un des deux présidents de L'AS Saint-Étienne. C'est Bernard Caïazzo qui m'a tendu la main. J'ai rejoint le club mythique des verts et même si les fonctions que j'occupe n'ont plus rien à voir avec la préparation physique, je travaille toujours dans un grand club européen. Pour moi, c'est un vrai bonheur.

Les classements

Pour que tout le monde comprenne bien la différence de niveau qu'il y a entre les clubs, il est important de préciser que Qatar, PSG, Betar Jérusalem ou ASSE, c'est D1, Red Star c'est DH et AS Cannes c'est National. Mais National, c'est professionnel. Entre la D1 et le National, il y a une différence puisqu'il y a 2 divisions d'écart. Ça dépend des équipes évidemment, mais il y a tout de même une très grosse différence. Elle se situe au niveau des salaires, au niveau de l'équipe, c'est-à-dire de l'effectif des joueurs, au niveau de l'outil de travail, au niveau des infrastructures du club, au niveau des moyens dont tu disposes. Il y a des différences à pratiquement tous les niveaux. Ça se traduit essentiellement par une différence de moyens financiers.

Les nouveaux clubs

Cela dit, quels que soient les moyens, chaque fois qu'on arrive dans un nouveau club, on s'aperçoit qu'il y a quelque chose à améliorer. Il y a toujours un truc qui te paraît énorme et que ton prédécesseur n'a pas vu, qu'il n'a pas pu, ou qu'il n'a pas voulu faire. Mais le fait est que quand tu débarques dans un club, il y a toujours quelque chose à améliorer. C'est curieux, non ?

Et au milieu de tout ça, Luis et moi avons réussi à tisser les liens d'une amitié indéfectible. Pour moi, c'est la chose la plus importante qui soit.

Travailler dans le football

Lorsqu'on travaille dans le football, il faut avoir une grande confiance dans son entourage. Luis me connaît bien depuis le temps. Il sait que je suis travailleur, sérieux, ponctuel. Professionnellement on a beaucoup de points communs. C'est pour ça qu'on s'entend bien. On partage la même philosophie du travail bien fait. Parce que c'est tout un trip le football. Il y a des métiers à l'intérieur des métiers, une organisation qu'il faut bien connaître, des règles qu'il faut respecter, sans compter qu'un staff a toujours une manière de fonctionner qui lui est propre. C'est Luis qui m'a présenté Bernard Caïazzo et il l'a fait parce qu'il a pensé que j'étais capable de m'adapter à de nouvelles fonctions. Mais il avait déjà fait la même chose lorsque quelques années plus tôt il m'avait demandé de m'occuper de la préparation physique des joueurs.

Le diplôme

En principe, il faut un diplôme pour être préparateur physique. Tout comme il en faut un pour être entraîneur. Mais beaucoup d'entraîneurs de D1 sont d'anciens joueurs qui ont obtenu leur diplôme par équivalence. Ils ont une expérience du terrain qui leur permet d'entraîner des formations complexes mieux que quiconque. C'est vrai que dans le domaine de la préparation physique, grâce à mon expérience et à ma carrière professionnelle, les gens avec lesquels j'ai travaillé m'ont toujours fait confiance. Pour tout dire, c'est plus leur confiance que mon diplôme qui m'a permis de travailler. Parce que ce n'est pas un diplôme qui t'ouvre les portes d'un club. Ce n'est jamais ton diplôme qui te permet d'obtenir un contrat. Dans le football, la seule chose qui te permet de travailler, c'est le parrainage et les relations. Si tu es bon, tu travailles sans problèmes. Mais si tu n'es pas parrainé, si tu n'as pas de relations, tu ne travailles pas dans le football. Je connais beaucoup de mecs qui ont des diplômes, il y en a plein les bureaux. Ils en ont plein les tiroirs et ils ne trouvent pas un travail en rapport avec leurs compétences théoriques. Parce qu'ils ont le papier mais ils n'ont pas le sens des choses, ils n'ont pas l'expérience du terrain, ils n'ont pas le charisme, ils ne sont pas capables de diriger un joueur, etc

Alors, le diplôme, c'est très bien mais dans ce domaine, il faut beaucoup plus qu'un diplôme pour travailler. Lorsque je suis entré à l'AS Cannes, par exemple, j'ai été engagé comme préparateur physique. Il y a des équivalences automatiques lorsque tu es sportif de haut niveau. Elles sont validées par l'expérience. Lorsque j'ai travaillé avec le grand Félicciano di Blazzi, je me suis rendu compte qu'on avait la même approche de la préparation. C'est un monsieur qui avait une grande expérience, et au début, je regardais un peu ce qu'il faisait. Mais je me suis très vite aperçu qu'en matière de boulot, on était pareil. On avait les mêmes méthodes, les mêmes règles, les mêmes techniques. En fin de compte, la préparation ce n'est pas une question de feeling, c'est très technique et c'est pour tout le monde pareil. Il s'agit de détecter les faiblesses et de proposer un programme pour les renforcer. Lorsque tu connais le corps, tu n'as pas de problèmes, c'est instinctif. Même si le diplôme te permet de répondre par une approche théorique aux problèmes que tu rencontres, ce qui compte c'est la connaissance, la perception que tu as des choses et surtout, les réponses que tu es en mesure d'apporter sur le terrain. Tu proposes une solution, tu regardes si ça fonctionne, et si ça ne va pas, tu essayes autre chose. Ça reste très empirique. Mais en principe il n'y a pas trente-six solutions possibles pour un problème précis. Le plus important c'est de détecter la source du problème, et ça, on ne te l'apprend pas dans les livres. C'est un peu comme un médecin. Il connaît toutes les réponses mais son rôle consiste à poser le bon diagnostic. Toute proportion gardée, le préparateur physique fait la même chose. Il faut qu'il trouve l'origine du problème et qu'il tente d'améliorer les choses, en fonction des impératifs du club, des disponibilités du joueur et de ses capacités. C'est pour ça que c'est un métier compliqué.

Le staff de l'entraîneur

Les entraînements de football sont très contraignants. Si, pour les joueurs, il est prévu que la séance démarre à 15h, pour le staff, l'entraînement débute généralement vers 12h par une réunion de mise au point. Parce que c'est tout le staff qui prépare la séance. Dans le staff, il y a l'entraîneur, son adjoint, son assistant, l'entraîneur des gardiens et les préparateurs physiques. Et ça, c'est le minimum, parce qu'il faut savoir qu'un staff de banc de touche, ce n'est pas une seule personne. Par contre, le chef, c'est l'entraîneur, c'est lui qui décide. Et c'est lui qui donne ses objectifs pour la séance. Par exemple il dit :
« Voilà, ce week-end, on va jouer en défense, il me faut un attaquant de pointe très rapide pour monter en contre. »
Le préparateur sait qu'il va faire travailler les joueurs pour qu'ils soient capables de faire des passes en profondeur. Si l'entraîneur a pris son équipe en main au début de la saison, c'est-à-dire en juin, ça signifie qu'il a à peine eu le temps de repérer son effectif, puisque le championnat démarre presque tout de suite après. Malgré tout, le staff doit être en mesure de répondre très rapidement à ses demandes. En clair, avant la reprise du championnat, on fait deux ou trois semaines de stage avec les joueurs, et après, c'est parti, la saison commence. Ça va très vite, le championnat démarre fin juillet et il se termine fin mai. Ensuite, les joueurs partent en vacances. Alors si l'entraîneur est nommé dans un club qu'il ne connaît pas, il va falloir qu'il travaille tout l'été sur le choix et la composition de son équipe d'encadrement.

Il va devoir constituer son staff, mettre en place ses méthodes et préparer sa feuille de route. Il ne connaît pas forcément le club, mais comme tout le monde, il connaît déjà tous les joueurs. S'il est en D1, c'est obligé. Il sait déjà comment il compte s'y prendre pour atteindre les objectifs que le club lui a fixés et il est obligé de faire avec les moyens qu'on met à sa disposition pour y parvenir. Maintenant, s'il s'agit d'un grand club qui dispute les compétitions européennes, style PSG, OM, Bordeaux ou Lyon et que son équipe se qualifie, la saison se termine plus tard, et là, pour lui, c'est une course contre la montre qui s'engage. En tant que préparateur, je suis au service de l'entraîneur. Mon boulot consiste uniquement à prendre l'effectif qu'il me donne et à faire en sorte qu'il soit physiquement et moralement, le plus performant possible.

La préparation des joueurs

Alors est-ce que dans ces conditions, j'ai le temps de préparer une équipe ?

La réponse est oui.

Est ce que j'ai le temps de la transformer ?

La réponse est non.

Depuis quelques années, il y a aussi le Mercato d'hiver, ce qui fait que l'effectif d'une équipe peut changer en cours de saison. En général on le sait à l'avance, parce qu'on ne recrute pas un joueur, comme ça, n'importe comment. Mais si c'est le cas, il faut intégrer les nouveaux arrivants et après il faut rééquilibrer le groupe. Chacun essaye de recruter ce qu'il y a de mieux pour son équipe, mais encore une fois, comme c'est une question de budget, tu sais à l'avance si le club va être en mesure de recruter ou pas. Tu connais les faiblesses de ton équipe. Par conséquent, si elle a le budget, tu te doutes qu'au Mercato d'hiver, il y aura du mouvement et tu t'y prépares. Et puis surtout, l'entraîneur en parle avec son staff. Parce que c'est son staff qui lui signale les faiblesses. Mais encore une fois, le recrutement ne fait pas partie du domaine de compétences du préparateur, c'est celui de l'entraîneur. Il dirige son équipe. Pour l'aider, il a un staff qui est

chargé de s'occuper de différentes fonctions. Les rôles sont très précis et très définis. Son adjoint s'occupe principalement du tableau noir avec lui. Le tableau noir, c'est tout ce qui a trait au football. C'est le jeu. Le jeu footballistique. Ça concerne la composition de l'équipe, la définition des positions de chaque joueur sur le terrain, la stratégie générale du jeu, la sélection pour chaque match, la manière dont on va gérer le match, etc...
C'est l'entraîneur qui décide mais il travaille avec son adjoint sur le jeu du football. Il y a l'assistant technique qui chapote un peu tout. C'est le bras droit, l'homme de confiance de l'entraîneur. Ensuite il y a les préparateurs physiques qui s'occupent de préparer les joueurs et il y a l'entraîneur des gardiens de but qui s'occupe uniquement des trois gardiens. C'est tout un truc le staff. Les trois gardiens peuvent être amenés à jouer. Parce que dans tous les grands clubs, il y a au moins trois gardiens. Si le numéro 1 se blesse et que le numéro 2 prend un carton rouge, c'est le troisième gardien qui prend sa place. Et c'est lui qui joue le match suivant. Moi je l'ai vu. Ça va vite. En général, le troisième gardien, c'est un jeune qui sort du centre de formation du club.

Le boulot de préparateur

Le préparateur fait ce que l'entraîneur lui demande de faire.
« Je te les laisse vingt minutes aujourd'hui, tu me les prépares pour ma séance. »
Là, je leur fais faire toutes les gammes d'échauffement. Je les échauffe physiquement. Je leur fais faire trois ou quatre tours de stade, tranquillement, sans forcer, ensuite je fais un peu d'étirements, après je fais toutes les gammes du haut du corps, puis toutes les gammes du bas. J'essaye de faire en sorte que ce soit varié comme programme, pour qu'ils prennent un peu de plaisir à le faire. Il faut que ce soit ludique, style ballon prisonnier, il faut essayer de mettre en place un jeu avec un challenge. Par exemple je mets dix joueurs de chaque côté et je les fais jouer au rugby pendant un quart d'heure. Pour qu'ils s'échauffent tout en s'amusant. Le rôle d'un préparateur physique,

c'est de donner des joueurs prêts à l'emploi à l'entraîneur. Il faut qu'ils soient chauds et qu'ils aient la tête fraîche. Il faut qu'ils soient chauds pour qu'ils ne se blessent pas lorsqu'ils vont taper leur premier ballon, style contracture ou tendinite et il faut qu'ils aient la tête fraîche pour que l'entraîneur sente qu'ils ont envie de travailler. Voilà la mission du préparateur physique lors de l'entraînement. Il doit amener ses joueurs à la bonne température avec le sourire. Et ça, c'est super dur. C'est super dur parce qu'il y a 25 mecs et que c'est difficile de donner le sourire à 25 mecs qui ont tous des caractères différents, qui ont tous leurs états d'âme, qui ont tous leurs soucis et leurs préoccupations personnelles. Parce que tout ça, il faut le laisser au vestiaire. C'est un peu comme un chef d'orchestre qui parle à ses musiciens avant la répétition. Il faut essayer de comprendre le problème de chacun et il faut l'aider à le relativiser ou à faire en sorte qu'il le mettre de côté, au moins durant le temps de l'entraînement. C'est simple, dès que j'en ai un qui ne va pas bien, je le vois tout de suite. Et puis il faut savoir gérer le collectif, parce qu'au cours de la saison, dans une équipe, il y en a toujours six ou sept qui ne jouent pas. Ils sont en réserve. Et ceux-là sont beaucoup plus durs à gérer que les autres. Il faut qu'ils soient prêts, il faut qu'ils soient entraînés et il faut qu'ils gardent le moral, tout en sachant qu'ils ne vont pas jouer. C'est très difficile pour eux. Et pour le préparateur physique, je n'en parle même pas, c'est l'enfer. Si ce sont de jeunes, ça va encore, parce qu'ils ont tout l'avenir devant eux et ils savent qu'à un moment ils vont finir par être sur la feuille de match, mais si ce sont des vieux briscards qui restent sur la touche, là, c'est plus difficile, parce que ceux-là, ils ne se font pas d'illusions. Un entraîneur dispose généralement d'environ 25 joueurs. S'il y en a 17 qui partent au vert, c'est-à-dire 17 qui partent en déplacement pour faire un match, il y en a tout de même huit qui restent sur le carreau. Mais le lundi matin, lorsque tu les récupères en préparation, il faut les remettre dans le groupe. Il faut en faire des tonnes pour les motiver et c'est d'autant plus difficile que tu sais très bien qu'ils ne joueront pas non plus le match suivant. Parce que ce sont quasiment toujours les mêmes qui jouent. Et puis parmi ceux qui sont partis au vert, il y a aussi les six joueurs qui ont fait le déplacement et qui sont restés sur la touche, puisque sur 17 il n'y en a que 11 qui sont titulaires, donc ceux-là aussi il faut les gérer. Quel que soit l'effectif du club, il y a toujours de joueurs qui restent sur la touche. Il y en a qui sont moins demandés et il y a ceux qui ne sont jamais sur la feuille de match.

La feuille de match

Personne ne sait à l'avance qui est sur la feuille de match. C'est l'entraîneur qui décide. C'est lui qui choisit les onze joueurs titulaires et les remplaçants. Il en discute avec son adjoint mais c'est lui qui choisit. Le préparateur physique n'intervient pas à ce niveau-là. Il n'a rien à dire. En principe, tous les joueurs de D1 sont des formules un. Et puis surtout, un préparateur physique n'est pas là pour donner son avis sur l'aspect footballistique des choses. Lorsqu'il y a une bonne ambiance dans le staff, évidemment que chacun met sa pâte, évidemment que les gens se parlent, mais le préparateur physique n'est pas là pour donner les leçons de football à son entraîneur, non, il est là pour faire en sorte que tous les joueurs de l'effectif soient prêts physiquement, lorsque l'entraîneur fait appel à eux. En revanche, si tu sais qu'un joueur à un problème, si tu sens qu'il est fatigué, si tu vois qu'il n'a pas dormi de la nuit, comme j'en ai vu certains se présenter, le lundi matin, à l'échauffement, là oui, tu préviens l'entraîneur. Et dans ce cas-là, il faut que tu le protèges. Il n'est pas utile d'expliquer au boss que le gars est carbonisé parce qu'il a passé la nuit en boîte, par exemple, mais tu dois le préserver. Tu dis simplement à l'entraîneur que ce n'est pas la peine de lui imposer un programme qui va l'épuiser encore plus parce que tu sais qu'il a un problème aujourd'hui. En général ça se passe très bien. C'est un vrai boulot, c'est un vrai taf la préparation physique.

L'entraînement, c'est autre chose

Le préparateur livre des joueurs prêts à l'emploi. Prêts pour un entraînement footballistique. À partir de là, l'entraîneur définit la stratégie du match à venir et les joueurs travaillent les formes de jeux qu'ils vont devoir développer sur le terrain, les passes, les combinaisons et tout ce qui concerne l'entraînement footballistique pur. Au cours d'une saison, il y a toujours deux ou trois joueurs qui sortent temporairement du groupe, parce qu'ils sont mis sur le côté, parce qu'ils sont blessés, parce qu'ils sont malades. Il faut les réintégrer progressivement. Ceux-là, quand ils reviennent, pour les remettre au niveau, tu les prends tous seuls sur le côté et tu leur fais faire des exercices spécifiques, après l'entraînement. Obligé. C'est un vrai boulot. 25 mecs à gérer, c'est un vrai boulot. C'est énorme. Il n'y a jamais un mec de trop dans une équipe de foot. C'est une usine.

Les joueurs

Les joueurs ont leur famille, leurs enfants, leur femme, leur vie, leurs amis, leurs impôts, le petit dernier qui a la varicelle, ils ont tout comme tout le monde, sauf que ce sont des footballeurs. Ils sont salariés par leurs clubs. Ça se passe comme dans une entreprise normale. Ce sont des professionnels. S'ils ont l'obligation d'être au travail le matin de 9H00 à 14H00, ils doivent y être. Par exemple, au PSG les joueurs viennent au camp des loges par leurs propres moyens. Chaque semaine, l'entraîneur présente un tableau sur lequel sont indiqués les jours, les horaires de tous les entraînements et les matchs. Chaque fin de semaine, on fait l'organigramme pour la semaine qui suit. Un joueur pro consacre environ 6 heures par jour à son club, tout en ne s'entraînant finalement qu'une heure et demie, voire deux heures par jour en moyenne. Tout dépend de la date à laquelle se déroule le match, en réalité. S'il a lieu le samedi, le vendredi, on n'en fait pas beaucoup, le jeudi non plus. Ce qui signifie qu'au niveau de la préparation, on insiste plutôt le lundi, le mardi, et le mercredi. Parce que si on joue le samedi, il faut que le vendredi, tout soit axé sur la vitesse. La veille d'un match, il faut réveiller le corps donc il faut faire beaucoup de vitesse. Et le jeudi, c'est-à-dire, deux jours avant, il faut faire des séances courtes, pour éviter d'être grillé. Parce que la fatigue arrive 48 heures après l'effort. C'est curieux, mais c'est comme ça. On a plus mal 48 heures après une grosse séance d'entraînement, que le lendemain. En conséquence, si on fait une grosse séance le jeudi, le samedi, les joueurs sont cuits. C'est vraiment le truc à éviter. En revanche, le mercredi, on peut doubler. On fait une séance le matin et une l'après-midi. Bien souvent, le matin, on travaille sur le physique et l'après-midi on le consacre à l'entraînement purement footballistique. Le mardi, on peut également faire deux séances et le lundi une seule, parce qu'il faut tout de même que les joueurs récupèrent. Quoi qu'il arrive, la préparation fait partie de la séance d'entraînement. Le préparateur est sur le terrain avec les joueurs, au début et à la fin de chaque entraînement. C'est lui qui les prépare et c'est lui qui les termine. Il les échauffe avant de les mettre sur le terrain et personne ne rentre aux vestiaires avant d'avoir effectué ses étirements. C'est lui qui s'occupe de cette phase indispensable à la récupération.

Les jours de match

Quand on arrive au stade pour disputer un match, c'est le même topo. Les échauffements ont lieu une demi-heure avant le coup d'envoi. Si on joue à 20H00, à 19H25, tous les joueurs sont sur la pelouse pour l'échauffement. Ils rentrent aux vestiaires vers moins cinq, uniquement pour se mettre en tenue et ils ressortent immédiatement. Mais ils sont chauds. Je sais qu'il est parfois arrivé que certaines équipes pénètrent sur le terrain sans échauffement, mais avec moi, ça ne s'est jamais produit. En principe, on s'échauffe pendant la demi-heure qui précède le coup d'envoi. C'est comme ça que ça marche. Lorsqu'une équipe arrive dans un stade, elle va directement dans les vestiaires, les joueurs mettent leur tenue d'entraînement, ils vont sur le terrain pour l'échauffement, ils rentrent à nouveau dans le vestiaire pour enfiler leur tenue de match et quand ils pénètrent à nouveau sur le terrain, c'est parti, le match commence.

La mise au vert

La veille d'un match, il y a ce qu'on appelle la mise au vert. S'il se déroule le samedi et qu'il est joué à domicile, l'entraîneur convoque l'ensemble de son équipe le vendredi à 18H00. Elle s'est entraînée

normalement tout l'après-midi, mais les joueurs savent qu'ils sont bloqués pendant deux jours. Donc ils viennent avec leurs affaires. Tous les déplacements de l'équipe s'effectuent en avion, en train ou en car. Lorsqu'on arrive à l'hôtel, les 17 joueurs qui composent l'équipe sont répartis dans les chambres, a raison de deux personnes par chambre. Au cours du dîner, ils reçoivent le planning du lendemain matin.
9H00, réveil collectif et petit-déjeuner.
11H00, vidéo de l'équipe adverse.
Midi, promenade d'une demi-heure pour prendre l'air.
12H45, déjeuner.
13H30, sieste obligatoire jusqu'à 16H00.
16h30 collation, fruits secs, laitages, miel, pain, etc…
Après, rassemblement et départ pour le match.
18H45, arrivée sur le stade.
19H25, séance d'échauffement sur la pelouse.
20H00, coup d'envoi.
Après la projection vidéo de 11H00, l'entraîneur délivre sa feuille de match. C'est à ce moment-là que chacun apprend s'il est titulaire ou pas. Ils étaient 17, ils ne sont plus que 11. Forcément que les cinq ou six visages de ceux qui ne jouent pas se crispent un peu, parce qu'ils sont déçus de savoir qu'ils ne vont pas jouer. Mais c'est normal, lorsque tu es sportif professionnel, tu veux jouer. Tu veux faire ton métier. Parce que c'est vraiment un métier. Les gens ne se rendent pas toujours compte, mais c'est un métier difficile. Travailler dans une équipe de foot, c'est être disponible 24h/24, ça te prend tout ton temps, c'est ta vie entière qui y passe
Les gens ne voient que le match, mais lorsque tu travailles dans le foot comme préparateur, déjà, tu pars au vert avec les joueurs tous les week-ends. Je parle uniquement du championnat parce que tout le monde ne joue pas les coupes. Alors je reste sur un truc normal. Mais en plus si tu joues une coupe d'Europe, alors là, tu passes ta vie dans l'avion. Tu as les matchs le mercredi ou le jeudi et le championnat le samedi ou le dimanche. Il faut tenir le choc. A ce rythme-là, tu as plus

d'un ménage qui explose. C'est intenable pour la vie de famille. En tout cas, tu n'as pas la même vie que les autres, ça, c'est sûr.

L'organigramme et la préparation physique

Au niveau sportif, le problème c'est d'adapter l'organigramme de la semaine en fonction de ces contraintes supplémentaires, parce qu'on revient toujours au planning hebdomadaire.
Si tu joues le mercredi et le samedi, l'entraîneur se dit :
« Il va peut-être falloir que je fasse des changements. »
« Est ce que mercredi, je vais avoir des blessures ? »
« Est ce que j'ai assez d'effectif pour tourner ? »
C'est un vrai casse tête. Quoi qu'il en soit, si tu joues le mercredi, le mardi, il faut faire un peu de vitesse et le vendredi aussi, puisque tu joues le samedi. Le lundi, il ne faut pas que ce soit trop dur pour permettre aux joueurs de récupérer. Alors quand est-ce que tu t'entraînes en définitive ? Le lundi, puisqu'il ne reste que le lundi, mais tu sais qu'il ne faut pas trop forcer non plus. C'est très compliqué pour un club, de jouer une coupe d'Europe. Il faut disposer d'un gros effectif, il faut savoir le faire tourner correctement et ce n'est plus 25 joueurs qu'il te faut, c'est presque le double. Avec en prime, de grosses pointures que tu es obligé de laisser sur le banc parce que tu as besoin d'eux pour les matchs décisifs. C'est évident, pourtant, personne ne comprend comment il est possible qu'un club laisse ses stars sur son banc de touche au risque de perdre contre une équipe plus faible sur le papier. Quoi qu'il en soit, tu ne peux jamais gagner tous les matchs, c'est impossible. Alors tu perds. En général c'est au moment où l'équipe commence à perdre que les dirigeants du club limogent l'entraîneur. Mais bon, on le sait. C'est le football.

La Coupe du Monde

Pour la Coupe du Monde, c'est un peu différent, parce que c'est un tournoi qui se déroule à un moment où il n'y a plus de compétitions nationales. Heureusement pour nous, mais il est clair qu'assurer la préparation physique d'une équipe nationale, c'est encore plus compliqué parce que les joueurs arrivent en fin de saison et ils sont fatigués. Et puis après aussi c'est compliqué pour les clubs qui récupèrent des joueurs épuisés par la Coupe du Monde au moment où ils démarrent une nouvelle saison. C'est un boulot très spécial pour les préparateurs physiques. C'est pour ça qu'ils sont indispensables.

Les appels en sélection nationale

Le plus difficile dans la Coupe du Monde, c'est quand les matchs de barrage tombent en cours de saison. Là, pour aménager un planning compatible avec les matchs de championnat, ceux de la coupe d'Europe et ceux de qualification pour la coupe du monde, c'est l'enfer. Honnêtement, c'est très compliqué. Et puis il y a également CAN qui a lieu tous les deux ans. Elle concerne uniquement les joueurs africains qui sont appelés à disputer la Coupe d'Afrique. Ça veut dire que pendant un mois, ils ne jouent pas dans leurs clubs. Si le sélectionneur national de leur pays d'origine les appelle, ils sont obligés d'y aller. Mais c'est normal, c'est la Coupe d'Afrique. Ils sont fiers d'y participer. De toute façon, les clubs n'ont pas le choix, ils sont obligés de laisser partir ceux qui sont appelés en sélection nationale. Ils jouent pour le drapeau. Ils veulent porter le maillot de leur pays. Aucun sélectionneur de club au monde ne prendrait le risque de se mettre un joueur à dos pour une histoire de planning. Même si financièrement, ils sont pris en charge par leurs clubs d'origine, puisqu'ils en sont salariés. Quand un joueur est appelé par son sélectionneur national, le club à l'obligation de le laisser partir. Surtout que c'est valorisant pour le club, d'avoir des joueurs internationaux. Tout le monde s'y retrouve. En principe, la règle, c'est qu'il n'y a pas d'oppositions entre les clubs et les sélectionneurs nationaux. C'est un véritable honneur pour un joueur d'être appelé en sélection nationale. Bien sûr qu'il y a des histoires, mais c'est dérisoire par rapport à l'ensemble de l'organisation du foot mondial. En général, ça fonctionne très bien.

Le cas Zidane

Lorsqu'on prend le cas de Zidane, qui est pour moi le plus grand joueur de foot de tous les temps, on s'aperçoit d'une chose. C'est que Zidane est un athlète qui a toujours joué tous les matchs, que ce soit en club ou en sélection. Il n'en a pratiquement jamais raté aucun. Quand il était à la Juventus, par exemple, il a joué le championnat, la Coupe d'Europe et les matchs de la sélection nationale. C'est quelqu'un qui se tapait un nombre incroyable de matchs à l'année, et le plus beau c'est qu'au lieu de se fatiguer, il s'améliorait un peu plus chaque fois. Il devenait de plus en plus ergonomique. Chaque geste était utile, il n'y avait pas de déchet dans son jeu, tout était déterminant, c'est fou, non. Et puis physiquement, il était toujours là. Zidane est un phénomène dans le foot, un véritable phénomène. C'est plus qu'un extraterrestre. Il était capable de s'adapter à n'importe quelle stratégie et dieu sait si elles ontévolué, en dix ans, dans le foot. C'est un génie. Il inventait des dribles, il était capable de faire des passes impossibles, c'était un créateur, et à son niveau, c'était véritablement quelqu'un d'extraordinaire. Physiquement il était toujours présent, il était capable de marquer même de la tête, il savait tout faire Zidane. Mais parmi toutes ses qualités, ce qu'il avait d'encore plus formidable, c'est qu'il était capable de mettre sa force personnelle hors norme, au service du groupe. Il devenait un atout pour son équipe. Il mettait son jeu au profit du collectif. Voilà toute la différence. C'est un joueur qui améliorait le collectif. Tout le collectif.

Un club de football est une entreprise comme les autres

Dans une équipe, le collectif, c'est essentiel. C'est le ciment qui lui permet de tenir debout. Aussi, lors d'un match, même quand il s'agit d'une rencontre à domicile, c'est une entreprise en déplacement qui se présente au stade. Tous les joueurs sont concernés. Parce qu'un club de foot c'est une entreprise comme les autres. Les femmes n'ont rien à voir dans l'histoire, elles peuvent venir voir jouer leurs maris, mais ça s'arrête là. Elles ne font pas partie du collectif.

D'ailleurs, une personne qui est chef de rang dans un restaurant n'emmène pas sa femme pendant son service. Dans le foot, c'est pareil. Elles peuvent venir voir les matchs si elles le souhaitent, mais elles ne font pas partie de l'équipe. Vu la fréquence des compétitions, il est clair qu'elles n'ont pas des vies de famille faciles mais quand, par bonheur, il y a un gros salaire qui tombe, ça compense un peu.

La formation des jeunes

C'est dur pour les jeunes joueurs. En D1, il y a des garçons très talentueux qui ont 20 ans et qui sortent à peine des centres de formations. Il faut savoir que vivre dans un centre de formation de football, ça consiste à faire du sport toute la journée. Toute la journée, pendant des années. Ils y arrivent à 12, 13, 14 ans et tout d'un coup, à 17 ou 18 ans, ils signent dans de grands clubs, avec à la clé, des salaires énormes. Dans le même temps, ils ne sont plus protégés par les éducateurs de leur centre d'origine et ils se retrouvent totalement livrés à eux-mêmes. Je ne dis pas qu'il faut les plaindre mais je constate simplement qu'ils sont lâchés d'un jour à l'autre dans la vie professionnelle, avec pour la première fois de leur vie, de l'argent et plus aucune contrainte, ce qui les conduit presque toujours à faire des excès en début de carrière. Alors ils sortent, ils rencontrent des filles, ils font toutes les conneries que font les mômes quand ils ont 20 ans. Et comme ils ont beaucoup d'argent, ils dépensent sans discernement, ils achètent de belles voitures, ils font des cadeaux, ils flambent. Pour eux, c'est normal. On ne peut pas leur en vouloir. Ils ont été tenus pendant des années et tout d'un coup, ils découvrent ce qu'ils croient être la vraie vie. Mais la vie, ce n'est pas ça, loin de là. Avec le temps, ils l'apprendront à leurs dépens, hélas. Il y a sûrement quelque chose à faire de ce côté-là, pour les protéger, c'est évident.

Les frasques des joueurs

Quand je vois arriver un joueur sur le terrain, je sais tout de suite ce qu'il a fait de sa nuit. Il y en a qui sortaient directement de boîte. Ils étaient tellement décalqués que manifestement ils ne s'étaient pas couchés de la nuit. Ils avaient beau être sportifs de haut niveau, ils n'en mettaient pas une, parce qu'ils avaient fait des excès, c'est tout. Ça se voit tout de suite ce genre de truc. Quels que soient les clubs dans lesquels j'ai travaillé, j'ai toujours vu des mecs arriver avec la tête à l'envers. De toute façon, quand un joueur se présente à l'entraînement en costard cravate, ce n'est pas bon signe. Mais bon, ça arrive et il n'y a pas grand-chose à faire. Moi, je les prépare, je les lâche vers 18H00 et je les retrouve le lendemain matin à 9H00. Ça leur laisse tout de même le temps de bien délirer s'ils le souhaitent. D'un autre côté, c'est leur vie privée, ils en font ce qu'ils veulent, ça les regarde mais c'est aussi pour cette raison qu'il y a ce système de mise au vert qui a été instauré par les grands clubs, avant chaque rencontre.

Les secrets de la mise au vert

Les entraîneurs connaissent parfaitement la musique. Ils ont été jeunes, ils sont pour la plupart anciens sportifs, et même s'ils laissent au préparateur physique le soin de faire la police, ils ne sont généralement pas dupes. Mais ils ont des obligations de résultat vis-à-vis de leurs clubs. Alors pour éviter les débordements, ils gardent leurs joueurs sous le coude avant chaque échéance importante, c'est-à-dire que pour un club de D1 qui joue une coupe d'Europe on arrive à cinq jours par semaine de mise au vert, ce qui laisse peu de temps pour les dérapages. Il faut dire aussi que les enjeux financiers sont désormais considérables dans le football et que les contre-performances peuvent avoir des conséquences incalculables. C'est sans doute aussi pour conserver un minimum de pression sur les joueurs que la liste des titulaires n'est dévoilée que pendant la mise au vert. Parce qu'il y a deux convocations. Il y a celle des 17 sélectionnés qui figurent sur la feuille de match, et il y a celle qui est annoncée le jour de la rencontre, à 11H00, après la projection vidéo et qui concerne ceux qui vont disputer le match.

L'organisation d'un club

En définitive, l'entraîneur a un milliard d'éléments à gérer. Il est là pour entraîner et, forcément, il les a tous les jours de la semaine avec lui, ses oiseaux. Le Président est là pour présider, ça veut bien dire ce que ça veut dire non ? C'est lui qui dirige le club mais il n'a aucune compétence sportive. En principe, il n'est pas là pour demander des comptes à son entraîneur au sujet de sa feuille de match, style qui joue, qui ne joue pas ce soir, puisque ce n'est pas son domaine. Un bon président ne s'occupe pas de l'aspect sportif de son club. Il vient au match et basta. Mais on ne doit pas le voir de la semaine. C'est comme la reine d'Angleterre. Il a nommé un entraîneur qu'il paye, et il lui fait confiance, sinon il ne l'aurait pas nommé. Alors il le laisse travailler tranquillement pendant toute la semaine et il lui donne rendez-vous pour les matchs. Bien sûr qu'ils s'appellent de temps en temps, pour savoir comment ça se passe, c'est normal, mais il y a des présidents qui se promènent sur le rond central, et ça, c'est insupportable. Un entraîneur a une responsabilité extrêmement lourde qui pèse en permanence sur ses épaules. C'est la clé de voûte du système. C'est sans doute le poste le plus important dans un club. Il n'y a aucun doute là-dessus. Il faut une somme et une variété de compétences invraisemblables pour faire tourner une équipe de foot. Et pourtant, un entraîneur, si grandiose soit-il, ne peut pas être partout à la fois, ni avoir tous les talents en même temps. C'est pour ça qu'il a besoin d'un staff et qu'il a besoin d'un assistant. Il y a des domaines de compétence qui sont très clairement définis et chacun a un rôle précis à jouer pour que l'ensemble fonctionne correctement. Chacun fait son travail, on se réunit régulièrement, on fait des rapports circonstanciés afin de bien résumer les choses et en fonction de tous les éléments épars et complémentaires qui lui ont été communiqués, l'entraîneur prend ses décisions. C'est comment ça que ça se passe. Ça fonctionne véritablement comme une entreprise. La seule différence c'est l'objet social. Et les stars.

Les stars

Dans un grand club de foot, les joueurs sont exposés à une médiatisation due à l'omniprésence de la télévision. Ils deviennent des stars, avant tout parce qu'ils jouent bien, c'est certain, mais également parce que le moindre de leurs gestes, qu'il soit technique ou d'ordre privé fait l'objet d'une exploitation médiatique démesurée. Pour l'entraîneur, ça complique sérieusement les choses.

« Untel est sur la feuille, ok, mais est ce qu'il est en forme ? »

On l'a vu à l'inauguration de telle grande enseigne, il était présent à la soirée d'untel, il a fait la Une de tel magazine people. C'est bien beau la médiatisation mais il ne faut pas perdre de vue que le foot est un métier. C'est un métier très exigeant. Le joueur n'est pas là pour le fun. C'est un sportif de haut niveau qui doit s'entraîner, qui doit gérer sa santé, qui doit se maintenir au poids, qui doit être performant et dès lors qu'il n'est plus en mesure de porter les espoirs qu'on a fondés sur lui, il disparaît du terrain, aussi rapidement qu'il est apparu sur le paysage médiatique. C'est un véritable danger. En début de carrière, ça peut même lui être fatal. Pour demeurer au haut niveau, il y a tout un tas de facteurs qui rentrent en ligne de compte. Dès qu'un joueur fait un écart de conduite, il sort de la course et malheureusement, il n'est pas à l'arrivée.

La pression

Pour bien comprendre la pression qui s'exerce sur les joueurs, j'ai une petite anecdote significative à raconter. Sans citer le nom du club ni celui du joueur, je me souviens qu'un jour, à la mi-temps d'un match, un joueur fait appel au kiné pour une douleur au pied droit. Le kiné regarde, il le soigne et il lui dit :

« Ça devrait aller mieux à présent.»

Le joueur repart et en effet, il va mieux. J'ai pensé que ce kiné était un vrai sorcier. Je lui ai tout de même demandé si la blessure en question était grave. Il m'a regardé avec une sorte de sourire résigné et il m'a répondu :

« Oui, c'est très grave, mais son pied va bien, regarde, il avait mis

deux pieds gauches. »
« C'est insensé, tu es en train de me dire qu'il a joué une mi-temps complète avec deux pieds gauches sans s'en apercevoir ??? »
C'est exactement ce qui s'était passé. C'est comme si j'avais mis deux mains droites pour faire un combat de boxe. Qu'est ce qui peut se passer dans la tête d'un joueur qui met deux pieds gauches, sans s'en apercevoir ???
La pression. Voilà ce qui se passe. C'est terrible. La pression est terrible dans le football. Après le match, on lui a fait prendre un peu de repos et tout et rentré dans l'ordre.

Le low-kick du footballeur ou le penalty du boxeur ?

Au foot, quand j'étais enfant, je jouais avant-centre, mais le low-kick n'a aucun rapport avec le penalty. Ce n'est pas le même geste du tout. Evidemment qu'un buteur, c'est toujours explosif dans la conclusion du geste mais ce n'est pas le même geste du tout, ça n'a rien à voir. C'est juste une parenthèse destinée à détendre l'atmosphère. Parce qu'on m'a souvent posé la question.

Conclusion

Combien d'élus ?

Il est intéressant de comparer ma propre expérience de sportif et celle d'un footballeur qui évolue dans un cadre plus protégé que celui qui était le mien. En effet, on met à sa disposition, toute une série de spécialistes, tels que coach personnel, entraîneur, soigneur, équipementier, préparateur physique, on organise son suivi médical, scolaire, psychologique et tout le toutime. En définitive, les moyens dont il bénéficie sont différents de ceux que j'ai connus, mais la discipline et la rigueur dont il va devoir faire preuve pour s'en sortir sont identiques. Alors, s'il est très doué et s'il échappe à la pression médiatique, s'il s'entraîne régulièrement et s'il s'alimente correctement, s'il n'est pas blessé et s'il reste concentré sur l'essentiel, s'il n'est pas perturbé pas des éléments extérieurs et qu'il continue de progresser, s'il a beaucoup de chance et s'il ne tombe pas dans les pièges de la vie facile, alors oui, il a peut-être la possibilité de faire une belle carrière. Ce n'est pas très encourageant, mais c'est la vérité. C'est la réalité des sportifs de haut niveau d'aujourd'hui. Les deux exemples extrêmes, que sont celui d'un Kick- boxeur qui ne dispose d'aucun encadrement, et celui d'un espoir du football qui est surprotégé, sont anecdotiques. Entre ces deux disciplines, il y a toutes les autres. De la plus pauvre à la plus riche, elles sont indifféremment pratiquées par des sportifs de haut niveau. Et pour cause, il faut être animé de la même détermination, du même courage, il faut avoir la même abnégation, il faut faire les mêmes efforts et consentir les mêmes sacrifices pour parvenir au sommet de chacune d'elles. Ce sont des années de travail et c'est la même passion qui habite toutes les personnes qui engagent leur vie dans le sport. Mais au bout du compte, il y a combien d'appelés pour combien d'élus ?

Alors que deviennent ceux qui se perdent en cours de route ?...

Que deviennent ceux qui arrêtent leur carrière sur blessure ?

Que deviennent, enfin et surtout, les élus, ceux qui ont réussi, une fois que leur carrière est terminée ?

Ils se retrouvent loin des projecteurs et proches de l'ANPE. Loin de la Marseillaise, qu'ils ont fait retentir aux quatre coins du monde et proches de la misère qu'un avenir incertain leur réserve.

Le constat

Quand tu montes sur un ring, tu sais que tu vas prendre des coups, mais le coup qui te met hors de combat, tu ne le vois pas venir. C'est comme un accident de bagnole. Tu as tout prévu, sauf que le camion allait traverser à ce moment-là. Eh bien, en boxe, c'est pareil. Tu as beau répéter les gammes, quand tu prends un coup c'est trop tard. C'est pour ça que même l'entraînement est dangereux. Parce que tu prends des coups que tu ne vois pas venir. Sinon tu les éviterais. Et ça se produit quel que soit ton niveau. Au cours de ma carrière professionnelle, j'ai perdu un seul combat. Celui que j'ai livré contre Luc Verheyen. C'est une défaite qui m'a beaucoup marqué par les choses qu'elle m'a enseignées.

Une espèce de ring

Pour moi, tous les athlètes montent sur une espèce de ring qui s'appelle le sport de haut niveau. Et quand ils en descendent, ils se retrouvent dans la vie. Celle de tous les jours. S'ils ne sont pas préparés, ils ne tiennent pas debout très longtemps. Ils connaissent la défaite, celle dont l'humiliation dure jusqu'à la fin de leurs jours, parce qu'ils ont donné le meilleur d'eux-mêmes à un rêve qui ne correspond plus à ce qu'on attend d'eux. Le judoka, le kick-boxeur, l'haltérophile, le pongiste, le nageur, le rugbyman, le cycliste, le gymnaste, le basketteur, le jockey, le footballeur, même celui qui tire son épingle du jeu, sont les victimes d'une réalité que rien ni personne ne les prépare à affronter.

L'Appel

Qu'en est-il de la reconversion des sportifs de haut niveau ? L'ensemble des compétences nécessaires à l'éclosion d'un champion, ne seraient-elles pas utilisables dans la vie civile ? Le monde est-il devenu si parfait qu'il peut désormais se priver de ces héros qu'il a pourtant adorés ?
Ces acteurs de l'exploit n'auraient-il rien d'autre à transmettre que le silence ?
La république qui les a encensés, n'aurait-elle soudain plus la force de leur ouvrir les portes d'une reconversion honorable? Le fait est qu'il n'y a pas de place pour les sportifs de haut niveau dans notre société. Une autre forme de réussite consisterait à convertir ce dramatique constat d'échec en flamboyant programme de reconversion. C'est mon souhait le plus cher et c'est la raison d'être de ce livre. Je ne suis pas satisfait de moi-même. Je ne l'ai jamais été. J'ai vu tellement de gens extraordinaires exploser en plein vol et se retrouver sans rien, que ma mission d'homme m'impose ce témoignage. À travers lui, j'espère que chacun comprendra l'importance du message.

Le sport, tout pour le sport, tout par le sport. À nous, sportifs et anciens sportifs, de faire en sorte qu'il y ait un après quand nous mettons un terme à nos carrières.
Je sais que je ne suis pas le seul à nourrir ce rêve.
Faites en sorte que dans le pays des droits de l'homme, ce rêve devienne une réalité.

Signatures de sportifs et d'anciens sportifs qui considèrent que la reconversion des athlètes de haut niveau mérite l'attention des pouvoirs publics, au même titre que l'éducation et que la formation.

Luis FERNADEZ

Stéphane PASQUIER

Roger VACHON

Daniel BRAVO

Vincent MOSCATO

Bruno CORNILLET

Sylvain WILTORD

Jean Claude BOUTTIER

Jérôme LEROY

Guillaume KERNER

Bernard HINAULT

Remerciements

Je remercie tout particulièrement Luis Fernandez, Bernard Hinault, Jérôme Leroy, Sylvain Wiltord, Jean Claude Bouttier, Guillaume Kerner, Bruno Cornillet, Roger Vachon, Daniel Bravo, Vincent Moscato et Stéphane Pasquier, qui ont signé mon appel pour la reconversion des sportifs de haut niveau. À travers eux je remercie également tous ceux qui partagent nos préoccupations et que je ne peux pas citer parce qu'ils sont trop nombreux. Je sais cependant qu'ils se reconnaîtront à travers ces personnalités emblématiques qui portent très haut les valeurs de la communauté sportive.

Je dédie ce livre à tous les jeunes, qui, comme moi, ont pu se sentir perdus à un moment de leur parcours. Sans prétendre être exemplaire, loin de là, je voudrais leur dire que tout est possible et que, même lorsqu'on n'a pas les bonnes cartes en main, on peut changer la donne. Mais pour ça, il faut beaucoup de travail, de la volonté et de la persévérance. Alors, battez-vous les gars, je vous accompagne. Sachez que rien n'arrive par hasard et que tout est possible à celui qui veut vraiment.

Enfin je pense à mon père, à ma mère et à ma soeur que j'embrasse très affectueusement.

Et j'adresse pour terminer un grand merci à Carline Arnaud, mon éditeur sans qui ce livre n'aurait pas vu le jour.

Table des matières

L'impression de cet ouvrage a été réalisé par l'imprimerie Sign'up
19, rue de la Paix - 75002 Paris - FRANCE

Pour le compte de DIE : Diffusion International Edition
91, avenue de clichy
75017 PARIS
Tél : 01 42 63 45 86 - Télécopie : 01 46 27 11 02
Site : www.die-livres.com - E-mail : info@die-livres.com

Dépot légal Editeur : Mai 2009
Achevé d'imprimer en Avril 2009